THE MEDIEVAL FORTRESS
by J. E. Kaufmann, H. W. Kaufmann and Robert M. Jurga
Copyright © 2011 J. E. Kaufmann, H. W. Kaufmann, Robert M. Jurga
Simplified Chinese translation copyright © 2022
by SDX Joint Publishing Company Ltd.
Published by arrangement with Da Capo Press, an imprint of Perseus Books, a division of PBG Publishing, LLC.
a subsidiary of Hachette Book Group, Lnc.
through Bardon-Chinese Media Agency
博达著作权代理有限公司
ALL RIGHTS RESERVED

兵战 事典 ⑦ 欧洲中世纪要塞篇

[英] J. E. 考夫曼、H. W. 考夫曼 著
罗伯特·M. 朱卡 绘图　王翎 译

生活·讀書·新知 三联书店

Simplified Chinese Copyright © 2022 by SDX Joint Publishing Company.
All Rights Reserved.
本作品简体中文版权由生活·读书·新知三联书店所有。
未经许可，不得翻印。

图书在版编目（CIP）数据

兵战事典.7,欧洲中世纪要塞篇／（英）J. E. 考夫曼,（英）H. W. 考夫曼著；（英）罗伯特·M. 朱卡绘图；王翎译. —北京：生活·读书·新知三联书店，2022.9
 ISBN 978 – 7 – 108 – 07315 – 0

Ⅰ.①兵⋯　Ⅱ.① J⋯ ② H⋯ ③罗⋯ ④王⋯　Ⅲ.①战争史 – 欧洲 – 中世纪 – 通俗读物　Ⅳ.① E19-49

中国版本图书馆 CIP 数据核字（2021）第 228330 号

责任编辑	徐国强
装帧设计	康　健
责任校对	曹秋月
责任印制	张雅丽

出版发行　生活·讀書·新知 三联书店
　　　　　（北京市东城区美术馆东街 22 号 100010）
网　　址　www.sdxjpc.com
图　　字　01-2018-7539
经　　销　新华书店
印　　刷　天津图文方嘉印刷有限公司
版　　次　2022 年 9 月北京第 1 版
　　　　　2022 年 9 月北京第 1 次印刷
开　　本　787 毫米 × 1092 毫米　1/16　印张 19.5
字　　数　238 千字　图 338 幅
印　　数　0,001 – 6,000 册
定　　价　79.00 元

（印装查询：01064002715；邮购查询：01084010542）

献给挚爱的双亲与沃伊切赫（Wojciech）、雷亚（Rea）和利奥（Leo）

目 录

谢辞	001
导言	003

第1章　中世纪要塞的构成元素 —— 011

- 郭区、土垒与内场、射击塔及城堡主楼 —— 013
- 塔楼 —— 015
- 门楼与开合桥 —— 021
- 城郭 —— 024
- 城垛、射击孔与屋顶 —— 027
- 护城河 —— 036
- 城堡内部 —— 039
- 堡垒与其他要塞 —— 045
- 攻城技术 —— 047

第2章　中世纪早期的要塞 —— 059

- 黑暗时代的要塞 —— 059
- 伊斯兰教、拜占庭及法兰克帝国的要塞 —— 069
- 不列颠群岛的要塞 —— 074
- 斯堪的那维亚人所建要塞及与其抗衡者 —— 075
- 斯拉夫民族分布地区的要塞 —— 079
- 要塞与马扎尔人 —— 084

第3章　城堡时代 —— 093

- 中世纪盛期初期的要塞 —— 094
- 早期的西欧城堡 —— 095
- 西欧的城堡 —— 099
- 中世纪的防御型城市 —— 104
- 东欧的郭区 —— 109
- 中欧及南欧的要塞 —— 113
- 从郭区到城堡 —— 116
- 伊比利亚半岛的要塞 —— 119
- 十字军的要塞 —— 121
- 转捩点 —— 123
- 对抗蒙古人的要塞 —— 129
- 社会组织与军队规模 —— 132

第 4 章　高耸城墙走入历史 ——— 141

英法百年战争中火炮的使用 ——— 141
君士坦丁堡的陷落 ——— 153
西班牙复地运动中的要塞攻防战 ——— 157
罗得岛围城战及最后结局 ——— 161
高墙时代告终，城墙高度下降 ——— 165

第 5 章　中世纪的城堡与要塞 ——— 177

大不列颠 ——— 181
英格兰 ——— 181
苏格兰 ——— 187
威尔士 ——— 187
爱尔兰 ——— 196
法国 ——— 203
低地国家 ——— 219
瑞士 ——— 225
神圣罗马帝国 ——— 227
斯堪的那维亚及芬兰 ——— 235
中欧 ——— 239
波兰 ——— 245
立陶宛 ——— 253
乌克兰 ——— 254
俄罗斯 ——— 255
东地中海地区 ——— 257
亚平宁半岛 ——— 263
伊比利亚半岛 ——— 271
北非 ——— 283

附录

附录一　中世纪要塞的建筑师及营造师 ——— 285
附录二　围城战年表 ——— 287
附录三　中世纪火炮的发展史 ——— 294

术语一览 ——— 296

插图与平面图目录

◆ 导言

城堡的构成元素……006
防御型城市的构成元素……008

◆ 第1章

塔楼……016
塔楼与主楼……018
城门的构造元素……020
门楼与开合桥……022
城墙射孔示例……026
木造旋转式射孔结构……027
垛口与幕墙走道……029
围板……030
堞眼……032
屏护幕墙、堞眼望台及瞭望小塔……034
厕所……040
水井与蓄水槽……042
攻打要塞的方法……048
攻打城墙的方法……050
防守要塞的方法……052
防御结构的构造元素……053
英国博迪亚姆城堡……054
法国普罗斯旺城堡……055
法国昂热……057

◆ 第2章

古罗马城平面图……060
英国波特切斯特……064
罗马防线壁垒的结构……066
君士坦丁堡……070
君士坦丁堡的三层式城墙……072
郭区的种类……078
波兰比斯库平……080
各种郭区城墙的构造……082
10—13世纪的乌克兰基辅……086

◆ 第3章

诺曼底法莱斯城堡……097
法国朗热城堡……098
威尔士哈勒赫城堡……102
法国的防御型城市卡尔卡松……106
防御型城市耶路撒冷……108
郭区的木造城门……110
德国比丁根堡……112
德国布格施瓦尔巴赫堡……112
意大利圣天使堡……114
斯洛伐克特伦钦……115
14世纪波兰的欧斯诺卢布斯……117
波兰尼济察堡……117
西班牙柯卡堡……118
12世纪时中东的凯撒利亚……120
11—12世纪时土耳其的安条克……122
叙利亚的萨拉丁城堡……122
中世纪末期的阿维尼翁……124
13世纪初的古撒马尔罕……128

◆ 第4章

1415年诺曼底阿夫勒尔的平面图……142
15世纪诺曼底的卡昂……144
布列塔尼富热尔城堡……146
法国吉索尔城堡……147
法国塔拉斯孔城堡……148
法国纳雅克城堡……149
法国皮埃尔丰城堡府邸……151
鲁梅利城堡……152
安达卢西亚的马拉加……158
1480—1522年的罗得岛老城……162
意大利萨索科尔瓦罗城堡……166
意大利奥斯蒂亚城堡……167
意大利萨尔扎纳城堡……169
法国萨尔斯防御堡垒……170
英国迪尔城堡……172

法国波纳吉耶城堡……174

◆ 第5章

英国及爱尔兰……179
伦敦塔……180
英国多佛……183
多佛城堡……183
英国罗切斯特城堡……184
苏格兰卡拉弗罗克城堡……186
威尔士卡菲利城堡……188
威尔士康威城堡……190
威尔士卡那封城堡……192
威尔士博马里斯城堡……194
西欧……201
诺曼底加亚尔城堡……204
布列塔尼圣弥额尔山……206
法国库西城堡……208
法国万塞讷城堡……210
法国拉斯图城堡群……212
法国佩赫培图斯城堡……214
法国皮伊洛朗城堡……214
法国蒙特塞居尔城堡……215
法国凯里布斯城堡……216
法国艾格莫尔特城堡……217
荷兰默伊德城堡……218
比利时根特格拉文斯丁……220
比利时贝尔瑟尔城堡……221
卢森堡菲安登城堡……222
瑞士希永城堡……224
瑞士格朗松城堡……225
德国马克斯堡……228
德国奥茨堡……229
德国布鲁贝格城堡……230
波兰马林堡……232
马林堡镇……232
波罗的海区域……233
瑞典卡尔马城堡……234
芬兰维堡城堡……235
芬兰瑞斯伯格城堡……236
波希米亚卡尔斯腾城堡……238
斯洛伐克斯皮什堡……240
匈牙利维谢格拉德城堡……242
斯洛文尼亚布莱德城堡……243

波兰拉森切尔明斯基……245
波兰克拉科夫市……246
克拉科夫的瓦韦尔城堡……246
波兰奥格罗杰涅茨城堡……247
波兰奥尔什丁城堡……248
波兰施德沃夫……249
波兰本津城堡……250
波兰亨齐内城堡……252
立陶宛特罗基城堡……253
乌克兰霍恰姆城堡……254
俄罗斯科波尔……255
莫斯科克里姆林宫……256
以色列贝尔沃城堡……257
叙利亚骑士堡……258
希腊迈索尼……260
意大利卢切拉城堡……263
意大利新堡……264
意大利锡尔苗内城堡……266
伊比利亚半岛……269
西班牙阿维拉……270
西班牙塞哥维亚阿尔卡萨……272
西班牙格拉纳达阿尔罕布拉宫……273
西班牙坎波城莫塔城堡……276
西班牙佩纳菲耶尔城堡……277
西班牙防御型城市阿尔梅里亚……280
西班牙阿尔梅里亚的阿尔卡萨瓦……280
葡萄牙吉马拉斯城堡……282
埃及开罗堡垒……284

◆ 相关资料

中世纪的卫生状况……41
中世纪的食物……43
韦格蒂乌斯《兵法简述》……62
罗马时代的城市及兴起于
　　中世纪的新城市……87
中世纪盛期重要事件一览……89
中世纪盛期的重要战役……91
中世纪的波兰……137
中世纪的俄罗斯……139
中世纪围城战之最……175
巴利亚多利德派……274
建筑师及营造师的头衔……286

谢辞

笔者在此衷心感谢各位于成书过程中就各个主题及层面不吝提供协助：马尔库·艾里拉*（芬兰城堡）、伊斯梅尔·巴尔巴*（西班牙城堡）、查尔斯·布莱克伍德（提供修订意见）、约翰·布雷（英国城堡）、雅罗斯瓦夫·丘兹帕（波兰城堡）、皮埃尔·埃切托*（法国、希腊、阿拉伯和中亚要塞）、保罗·甘斯（中世纪人口）、胡安·巴斯克斯·加西亚*（西班牙城堡）、帕迪·格里菲斯（维京人）、弗朗索瓦·霍夫（法国城堡）、英格·约翰森（早期瑞典要塞）、肯尼斯·冯·卡塔休*（瑞典城堡）、帕特里斯·朗（法国城堡）、阿兰·勒孔特（欧洲城堡）、伯纳德·劳里（威尔士及英国城堡）、韦恩·尼尔（重力抛石机）、戴夫·帕克（中世纪人口）、法兰克·菲利帕尔*（比利时城堡）、保罗·兰波尼*（意大利要塞）、戴维·里德（封建时期军队人数统计）、亚历克斯·赖因哈特（斯洛文尼亚城堡）、努诺·鲁宾中校*（葡萄牙要塞）、约翰·斯隆（俄罗斯及中亚要塞）、克里斯托弗·绍博（匈牙利城堡）、尤里·杜鲁本科（早期俄罗斯要塞）、泽格·韦廖夫卡（基辅及俄罗斯要塞）、李·乌特伯恩（提供参考资料）、乔·韦尔默朗（城堡）、斯蒂芬·威利（君士坦丁堡）。另外，感谢贝尔瑟尔和埃吉尔城堡的管理处以及布莱德湖的莫妮卡·雷平提供资讯及参考资料。

我们也想向以下几位致谢：谢谢雅罗斯瓦夫·丘兹帕、皮埃尔·埃切托、伯纳德·劳里、约翰·斯隆、克里斯托弗·绍博和斯蒂芬·威利提供照片；另外也很感谢皮埃尔·埃切托大方提供几幅素描，谢谢沃伊切赫·奥斯特洛夫斯基提供书中所需的城堡素描和平面图，也谢谢 Combined Publishing 出版社的芭芭拉·基恩-皮金协助我们完成本书。最后我们想向其他曾提供协助但可能因为我们的疏忽而未列名于上的 SiteO 交流平台成员致谢。

加注"*"者表示为本书提供了大量资讯和参考资料。谢谢所有人为此书付出的宝贵心力，希望此处没有遗漏任何人的姓名。

读者如有任何问题或评语，欢迎通过 SiteO 国际要塞及火炮资讯交流平台（http://www.siteo.net）的论坛联系作者或其他爱好研究要塞建筑的成员。

英国博迪亚姆城堡城门

导言

提及欧洲中世纪，一般人脑海中浮现的不外乎封建制度、专门作战的骑士阶层以及各方面发展皆停滞的社会，当然也少不了城堡。然而这种概括的印象却足以误导大众，比如封建制度在中世纪虽是主流，但并不是所有地区在每段时期都实行封建统治；或者像骑士在欧洲封建时期确实举足轻重，但其作战方法和装备则因时因地而有所不同；此外城堡和其他要塞也会随着社会和科技的发展不断演进。尽管文艺复兴时期的历史学家将中世纪的欧洲人视为落后的野蛮人，但是中世纪的人如果知道绝对不会认同。当时欧洲大部分地区在文化和科技上都有长足的发展，绝对不是像刻板印象中的将近千年都在原地踏步，而城堡和其他防御结构的建设和运用就充分反映了中世纪社会和技术的演进。

中世纪的开始与结束并无简单的时间分界点，传统上皆以公元476年西罗马帝国的末代皇帝遭到废黜的时间为起始，至于标志中世纪结束的几项重大事件则包括1453年君士坦丁堡沦陷、英法百年战争告终、发现美洲以及1492年摩尔人被逐出伊比利亚半岛。就社会变动的层面而言，宗教改革运动的发端也可视为分水岭；另一方面，阿让库尔战役也宣告了以骑士为主要战力的时代结束，而军事史上的全新时期到来。在中世纪之前是属于古代史范畴的古典时期，之后则是文艺复兴时期，接续的前后时期之间自然有些许重叠，而要塞建筑的变迁未必完全符合5世纪和15世纪的时代分界点，因此在探讨时有必要往前或往后延伸以便了解中世纪要塞的演化全貌。

关于中世纪究竟何时开始、何时结束已经出现不少分歧的意见，至于中世纪这段时期应如何进一步区分就更难达成共识。比较传统的看法是将5世纪之后数百年蛮族入侵的时期称为中世纪早期，10—13世纪称为中世纪盛期，至15世纪结束的时期则称为中世纪晚期。本书采用的也是传统分法但进一步简化，将中世纪分为前半段5—10世纪的黑暗时代以及后半段10—15世纪的中世纪盛期。虽然很多研究中世纪的学者认为黑暗时代一词并不妥当，但在本书中使用已符合讨论上的需求；中世纪盛期通常会再细分为不同时期，但为了避免增加讨论上的复杂度，只采用此较为概括性的称呼。

在黑暗时代的西欧，各地仍具防御功能的石砌要塞多半奠基于罗马帝国留下的防御型城市遗迹。在原来的西罗马帝国与以拜占庭帝国之名闻名于世的东罗马帝国境内还保留一些石砌要塞，其中最坚固的几座就是为了抵御所谓的"蛮族"入侵所建造，在原西罗马帝国疆域以外的地区则以木造结构为主流，除了拜占庭帝国的领土以外的欧洲地区新建的要塞仍以木造为主。法兰克人所建帝国境内的防御设施就多为木造，其重要性也逐渐降低；在地中海沿岸较干燥的地区，由于木材取得不易，因此即使到了阿拉伯人占领北非和中东之后仍然以石头为主要建材。

俗称维京人的北欧斯堪的纳维亚人以土木为原料建造要塞的技法逐渐普及，这种建

法国卢瓦尔河畔默恩

筑方法早在维京人登陆不列颠群岛之前就为岛民所运用，此外与东欧斯拉夫区域的建筑方法也相当近似，直到黑暗时代结束时都是东欧地区建筑要塞的主要方式。到了黑暗时代末期，在诺曼底定居的斯堪的那维亚人利用土木建造的由"土垒与内场"构成的新型要塞渐趋普遍，但最终仍被石造要塞所取代。

中世纪盛期时的欧洲地景中除了壮丽的大教堂，就以石砌城堡最为出色，此时期可谓真正的城堡时代。黑暗时代的防御建设以防御型城镇为大宗，而中世纪盛期则以城堡为主流，充分彰显由于封建制度扩张造成的权力分散及下放的现象。许多权倾一方的贵族势力大到足以挑战国王的权威，而城堡就成了他们的地位象征，其大小和形状也依据扮演角色和功能的变化而有所变动。西欧防御工事的主要形式除了具有石砌设施的防御型城镇之外就是石造城堡，同时期东欧的小型要塞和防御型城镇仍以由泥土和木材建造的原始"郭区"为主要的建筑形式，一直等到中世纪晚期制砖和石工技术由西欧传入之后才以石砌取代木造。同时期在伊比利亚半岛上，由于基督教国家数百年来皆致力于推行"复地运动"以驱逐摩尔人，东西两方相互激荡之下形成极为繁复的城堡建筑风格，在圣地与伊斯兰势力长期抗衡的十字军所建的要塞风格也呈现类似的趋势。

到了13世纪就连最新颖先进的城堡也无法抵挡来自远东的蒙古铁骑，欧洲的基督教势力陷入岌岌可危的局面。由于各个封建王国衰弱无力，有权势的领主带着少许兵力以自己的防御型城镇为根据地试图抵抗，东欧各地在蒙古大军压境之下只能望风披靡。

不论是封建制度或阿拉伯人和蒙古人等外敌入侵，在在影响了历史走向和要塞的发展。此外，借助厘清当时人口分布与军队规模的关系，不仅可以更方便了解中世纪战事，也有助于分析要塞建筑的角色和意义。

长久以来皆认为火炮的出现既造成城堡时代终结、高墙失去优势并没落，也促成要塞建筑发展出最早的文艺复兴风格，然而城墙高度下降不能完全归因于火炮，因为火炮在当时多场战事中发挥的威力是否真的足以轰倒城墙其实仍有待商榷。事实上在火炮出现后改为建筑较矮的城墙不仅可以缩小敌方可攻击的范围，也有助于增加城内守军所用火炮的射程和威力。

在本书第一章中我们检视了中世纪要塞的构成元素及其功用，在最后一章则概略介绍中世纪期间各地的城堡要塞。由于欧洲的城堡数量庞大且种类形式格外繁杂，因此很难选出所谓最具代表性的几座城堡，再加上过往介绍中世纪城堡的专书极少以详尽的综览方式呈现，以至于读者常常误以为在比如阿尔萨斯或法兰德斯地区就只有两三座重要的城堡，但该地区其实可能存在数十座城堡。市面上不乏专门介绍特定地区城堡的导览书，或者在介绍时着重历史悠久且牵涉重大事件或者保存状况极佳的城堡，因此我们在本书中并未偏重一般书籍里会介绍的重点城堡，而是试图引导读者领略曾出现在欧洲大陆及中东的形形色色、繁复多元的城堡建筑风格，希望能成功呈现中世纪要塞的完整风貌。

城堡的构成元素

主堡与上城区
1. 屏护幕墙
2. 防御塔
3. 城堡主楼
4. 大厅或宫殿
5. 厨房及仆役区
6. 水井
7. 中庭
8. 铁铺
9. 小礼拜堂
10. 鸽舍
11. 火药塔
12. 军火库
13. 卫生塔
14. 厕所
15. 秘道出口
16. 堞眼望台
17. 有顶盖之幕墙走道
18. 瞭望小塔
19. 界场
20. 门楼
21. 通往上层内场之主城门
22. 双截式开合桥

下城区
23. 城门塔楼
24. 军械库
25. 骑士厅
26. 界场
27. 突袭口
28. 具凸壁之角塔
29. 铁铺
30. 仆役生活区
31. 水井
32. 已注水之护城河
33. 幕墙
34. 仓合
35. 马厩
36. 雉堞
37. 庭园
38. 滑道
39. 合仓
40. 下层中庭
41. 棱堡
42. 炮兵专用棱堡
43. 附注油口（窥孔）之射孔
44. 堞眼
45. 围板
46. 开合桥

行政城区
47. 外堡
48. 木桩栅栏
49. 防御土墙
50. 围栅
51. 幕墙木门
52. 障碍物
53. 畜禽围栏
54. 教堂
55. 鹿砦

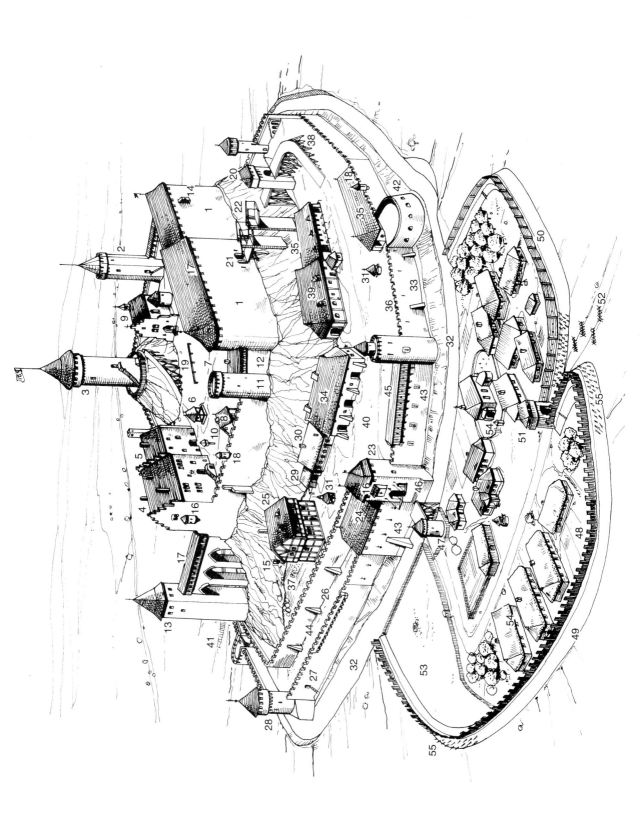

防御型城市的构成元素

1. 俯瞰全市的城堡
2. 城郭
3. 加筑防御工事之桥梁
4. 门楼
5. 界场
6. 已注水之护城河
7. 河流
8. 河面上阻挡通行之锁链
9. 军火库
10. 圆形棱堡
11. 封墙
12. 筒形塔楼
13. 小堡
14. 圆形棱堡
15. 加筑防御工事之塔坊
16. 侧翼塔楼
17. 市政厅
18. 堂区教堂
19. 弹药库
20. 中央广场或市场
21. 加筑防御工事之修道院
22. 木具防御工事之修道院
23. 住所
24. 沿城墙修筑的军用道路
25. 船坞
26. 水门

城市郊区

27. 小堡
28. 木桩栅栏
29. 幕墙
30. 门楼
31. 桥梁
32. 外堡
33. 门楼
34. 无水之护城河
35. 教堂
36. 修道院
37. 郊区市政厅

城墙以外的地点

38. 筑有防御工事之教堂
39. 独立瞭望塔
40. 筑有防御工事之教堂
41. 医院与小礼拜堂
42. 麻风病患收容所
42. 刑场——"绞刑吏之丘"

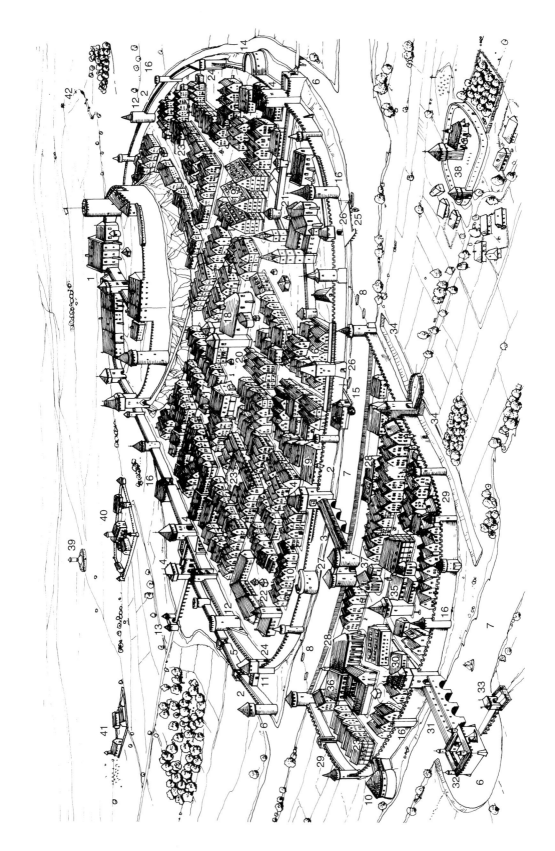

法国卡尔卡松

第 1 章
中世纪要塞的构成元素

城堡（Castle）、堡垒（Citadel）、碉堡（Fort）、要塞（Fortress）等词一直以来常交替使用，很容易让人混淆，然而就军事建筑而言其实各有不同的意义，比如"城堡"在西北欧是用来指称加筑防御工事的私人住所，但在其他地区或提到皇家城堡时所指的意思却不同。"城堡"一词最精确的定义是中世纪盛期的要塞建筑，其特色为高耸城墙及塔群，且外围通常有护城河，不一定是私人住所；"碉堡"指的是有军队驻扎的小型要塞，并不适合用来指称大部分的欧洲要塞建筑，因为典型的中世纪城堡兼具军事、居住甚至行政功能；而"堡垒"一词既可指各种要塞，也可指城堡或城市中与城堡规模相当且筑有防御工事的地区。

虽然"要塞"通常专门用来描述中世纪以外的大型防御工事，有时也可能指称形似城堡且极为庞大的防御工事或是具有多重防御设施的城市或城镇。防御型城市或城镇一般和城堡有很多共通之处，比如门楼、特殊屋顶、雉堞和护城河，最初是城堡的防御设施，后来也成为市镇防御工事的一部分，而这类城市或城镇的规模较大，尤其在城市之内可能另有城堡。

中世纪其他种类的防御据点包括塔屋、瞭望岗哨及海岸工事，此外还有加筑防御工事的教堂、主教座堂和修道院，这类据点多半也具有与城堡和防御型城镇相同的防御设施。塔屋即附属于塔楼或与塔楼相连的居住结构，和城堡主楼的功用雷同，在意大利半岛北部相当普遍，也可见于更北边的不列颠群岛和爱尔兰。一般陆地上及沿岸的独立瞭望岗哨与射击塔或主楼类似，通常是仅有一名守卫驻守的单塔，一发现有人入侵就能立刻发出警报。加筑防御工事的教堂外观和一般的教堂相同，但另具角楼、雉堞甚至谋杀孔等防御设施，而部分防御型的修道院看起来可能像是小型的防御型城镇。

英国博迪亚姆城堡

查理一世于诺曼底兴建之加亚尔城堡,其主楼形状极为特殊

郭区、土垒与内场、射击塔及城堡主楼

比利牛斯山及阿尔卑斯山以北的欧洲城堡最早的起源已隐没于漫长时光的迷雾之中，但经过一番追溯仍可将早期的要塞建筑区分为三种主要类型：郭区、射击塔，以及土垒与内场。其中最古老的郭区基本上是大小不一的环形要塞，由防御土墙、木墙、加固的城门及护城河构成。

射击塔可能源于罗马帝国在毗邻日耳曼国家的边界上修筑的边防工事，在黑暗时代到11世纪之间所建者大半较瘦高且为木造。一般认为这种高塔的功用至少在初期约略等同瞭望塔，不过有些可能也兼当住所，至今仍未有定论。石砌射击塔在13世纪逐渐普及，许多射击塔则于修建时被纳为城堡的附属设施。

土垒与内场可能是由与东欧的郭区相似的早期环状防御工事演变而来，其构造为立于人造土墩或土垒上的木造塔楼或主楼。土垒通常位于具备加固的城门且周围设有木桩栅栏的中庭或内场之内；内场也称城区，在地形适合的情况下通常呈圆形，构造比较复杂的土垒与内场式要塞可能包含两个以上的内场。到了11世纪石材逐渐取代木材，最初只有主楼改用石砌，之后扩及门楼，最后连城墙建材也改用石块。主楼既是防守据点，也是当地领主或城主的住所，主要建成方形，到了12世纪晚期理查一世在诺曼底兴建加亚尔城堡，最先发展出近似圆形的多边形主楼，此后圆形主楼逐渐盛行。射击塔的形状也可能是在改用石材之后经过类似的演变，其入口和主楼入口一样位于地面层。

为了达到防守目的，早期是将土垒与内场式要塞的木造主楼建于人造土墩或土垒之上作为要塞里的最后防线，但主楼改为石砌之后逐渐变得庞大沉重，土垒慢慢不再实用以致最后完全消失。12世纪所建的大型主楼皆为要塞主要防线的一部分，但这种形式之后就不再出现。日耳曼要塞建筑中的射击塔到了13世纪也失去其重要性，而其他防御设施则逐渐加大而且地位也有所提升。

位于德国奥茨堡的射击塔

左上：方形主楼，英国波特切斯特
右上：索利多塔，布列塔尼圣马洛附近的圣塞尔旺
右下：美男子腓力之塔，法国阿维尼翁新城
左下：12世纪的圆形主楼，法国乌当
中央：筒形塔楼，诺曼底法莱斯

塔楼

郭区和土垒与内场式城堡的塔楼最早为木造，可能与防御土墙上的木头围栅相连或为其中一部分，而防御土墙是由挖凿护城河时掘出的泥土堆成。等到主楼和门楼皆改以砖石为建材，塔楼也随着改为石砌，可能当作城墙的一部分建造或是仅与城墙相连的结构，部分凸出幕墙的塔楼称为侧翼塔楼，此处的兵力可由侧面攻击掩护幕墙上的守军。砖石砌造的塔楼通常具有多层，但内部楼面未必相通，有些塔楼如要从城墙或幕墙走道进出就只能通过小型开合桥；部分塔楼的后侧为开放式，便于由地面将物资及炮弹吊运至上方的作战平台，后侧开放也可以防止敌军占据塔楼之后反过来与守军抗衡。至于木造塔楼尽皆毁坏不存，因此现已很难得知当时木塔结构的复杂程度。

方形塔楼在遭到外部攻击时会有防守死角，敌方很容易就能挖地道攻城，因此在12世纪改为建造圆形或半圆形塔楼因应。虽然一般认为圆塔是十字军在东方看到并传回欧洲，但必须厘清的是圆塔并非新发现，罗马人已经知道圆塔的效用优于方塔并且在要塞建筑中加以运用，比如法国卡尔卡松的城墙就包含半圆形或D字形的罗马塔楼。

城堡或城墙上塔楼的间隔距离取决于地形、可用资源等多种因素，大多会安排在转角处，不过有时也会沿着城墙以规则或不规则的方式分布。很明显十字军是在中东地区发现壁塔之间距离固定时可以带来不少防守优势，因此到了13世纪在欧洲兴建的新城堡也逐渐开始采用这种设计。中世纪欧洲的塔楼没有标准的建筑样式，规模和形状完全由设计者的眼光和财务状况来决定，因此差异也极大。不过还是有很多要塞建筑的多座塔楼是采用同样的设计，尤其塔楼间隔距离相等者。

圆塔之外另一个由中东传入欧洲的重要构造元素是基座，也就是将塔楼基部的墙面加厚或加砌外缘斜面，这种基座或具有斜面的基座不仅能提升塔墙的稳定性，也更能阻碍敌方的挖地道攻击，到后期则配合墙面建造。

与幕墙走道直接相连之巨大角塔特写

威尔士卡菲利城堡的诸多塔楼皆建于13世纪

塔楼

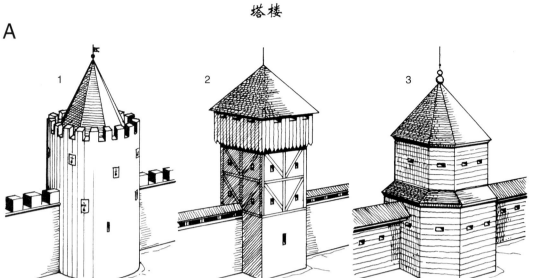

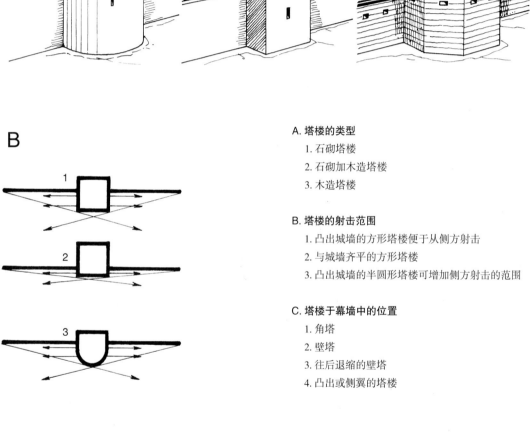

A. 塔楼的类型
  1. 石砌塔楼
  2. 石砌加木造塔楼
  3. 木造塔楼

B. 塔楼的射击范围
  1. 凸出城墙的方形塔楼便于从侧方射击
  2. 与城墙齐平的方形塔楼
  3. 凸出城墙的半圆形塔楼可增加侧方射击的范围

C. 塔楼于幕墙中的位置
  1. 角塔
  2. 壁塔
  3. 往后退缩的壁塔
  4. 凸出或侧翼的塔楼

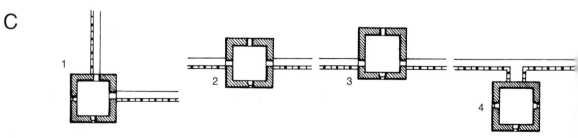

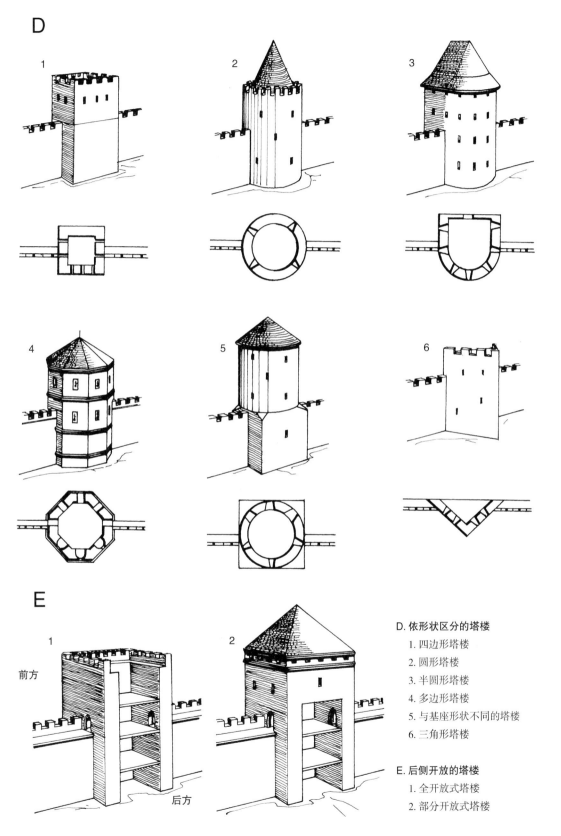

D. 依形状区分的塔楼
　1. 四边形塔楼
　2. 圆形塔楼
　3. 半圆形塔楼
　4. 多边形塔楼
　5. 与基座形状不同的塔楼
　6. 三角形塔楼

E. 后侧开放的塔楼
　1. 全开放式塔楼
　2. 部分开放式塔楼

塔楼与主楼

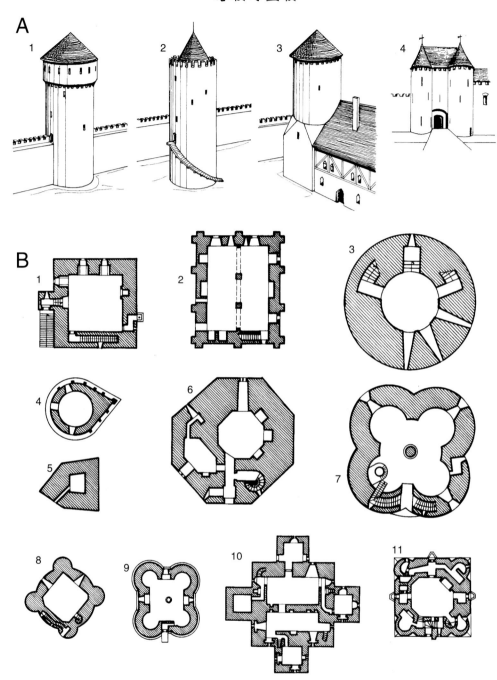

A. 塔楼的类型
1. 壁塔
2. 独立塔楼
3. 与房屋相连的塔楼
4. 门楼

B. 可居住之主楼示例
1. 方形主楼，莱斯帕尔梅多克
2. 长方形主楼，博让西
3. 圆形主楼，希农
4. 喙形主楼，加亚尔城堡
5. 主楼，奥尔滕贝格

6. 主楼，艾勒文的拉苟耶堡
7. 主楼，埃唐普
8. 主楼，乌当
9. 主楼，翁布勒尼
10. 主楼，特里姆
11. 主楼，普罗旺斯

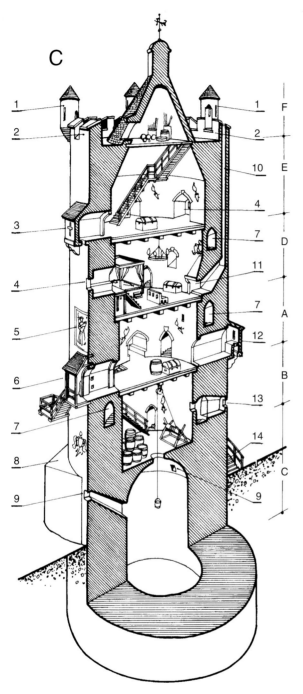

C. 主楼剖面图
- A. 主要楼层——大厅
- B. 行政楼层
- C. 地下层或"地牢"
- D. 居住楼层
- E. 军火库或防守楼层
- F. 露台或作战平台
1. 瞭望小塔
2. 雉堞
3. 堞眼望台
4. 透光用的狭窄窗户
5. 纹章造型的浅浮雕
6. 具有木造内梯的入口
7. 楼梯
8. 凸出部
9. 窗户
10. 烟道
11. 壁炉
12. 厕所
13. 透光用的射孔
14. 入口楼梯

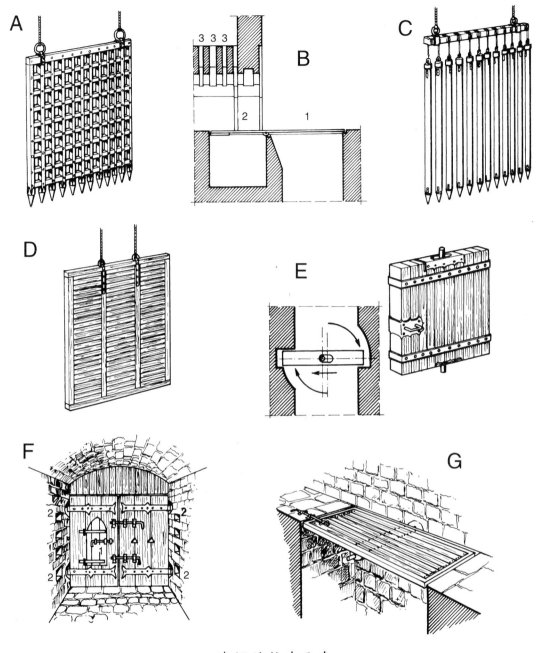

城门的构造元素

A. 吊闸
B. 剖面图
  1. 开合桥
  2. 吊闸
  3. 谋杀孔
C. "风琴闸"（与吊闸相似，中世纪结束之后因沃邦推广而盛行）
D. 坚实型吊闸
E. 具有中央枢轴的城门
F. 标准城门
  1. 称为"行人门"的小门
  2. 可装上条杆加固城门的凹处
G. 活盖门

门楼与开合桥

理论上来说从城门最容易进入要塞内部，因此城门是城堡或防御型城镇的防守中最重要的环节之一，需要特别注意城门本身的防御并在前方布置附加障碍物。

考量城门的重要性，第一种砌入城墙的塔楼自然就非门楼莫属，而土垒与内场式城堡中最早由木造改为石砌的部分就是门楼和主楼。门楼一般具有城垛可供守军由上攻击防止敌军靠近城门，其结构渐趋复杂，开始出现护城河及开合桥等各种附加的防御设施。只有挖有护城河时才需要搭建开合桥，此原则适用于大部分的内部门楼。开合桥通常是利用锁链和绞车拉升的简单结构，之后出现构造比较讲究的也称为旋转桥，是利用桥端加挂的重物来控制升降，较重的一端遭到松开时会落入坑中而另一端就会垂直立起，这种桥操作起来更快速且省力。不论前方是否设有开合桥，门楼一般皆包括整组以金属加固的沉重木门、吊闸以及木造、铁铸或较常见的以铁包覆的木造格栅。吊闸平常位于城墙中的上方凹槽，可利用绞车将其降下。这些构造元素大多源于古典时期，最早可能在公元前3世纪晚期就已出现。

门楼不仅构造逐渐繁复，体积也相应增加，甚至成为部分城堡的主要结构。中世纪门楼的最佳范例之一位于威尔士的哈勒赫城堡，不仅完全取代城堡主楼同时也是城主的居所。其门楼由四座塔楼组成，其中两座D字形的塔楼雄踞进入城堡的路径两侧，塔楼后方各有一座较小的塔楼；这个庞大的门楼结构包含三座吊闸和三道门，就其规模而言算是正常配置。任何人如果想强行进入城门都可能困在其中两道吊闸之间进退不得，而吊闸之间的隧道侧壁则凿有射孔可供守军攻击受困的侵入者，在吊闸之间的天花板上也开有所谓的谋杀孔，守军可以由孔洞朝陷在下方的敌军射箭、投石或倾倒热烫液体。

门楼的通道和入口多半以某种角度设置而不会直接朝外，如此可以增加攻城者以武器直接攻击开合桥或城门的难度，这种设计对付攻城锤时特别有效，后来又发展出在门楼之前加盖外垒或外堡以便进一步防御的办法。外堡和中世纪的其他防御结构一样没有标准造型，有些与门楼直接以城墙相连，可以迫使想攻击城门的敌军进入易守难攻的狭窄通道，还有很多外堡只以一座桥与门楼相连，而大部分外堡皆具有一般门楼必备的防御设施。

部分地区的外堡位于门楼前方较远处，比如卡尔卡松有一座庞大的圆形外堡位于山脚，借助山坡上绵延的小段城墙与城堡和城市的外墙相连，而城堡主体则位于城墙之内，城堡本身附属的外堡则位于护城河之前，是筑有便于加固城门的半圆形高墙，但与城堡本体没有经由任何防御工事相连，由此外堡可监控通往城堡大门的桥梁通道。

防御型城镇和城堡除了门楼之外也常设有便门，这种相对较小的入口只能容纳一名

波兰马林堡。内城门结构中的巨大吊闸

门楼与开合桥

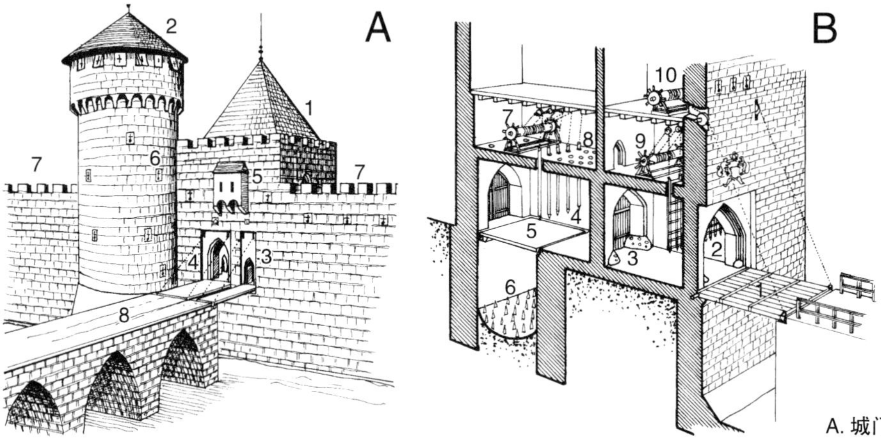

A. 城门外观
1. 门楼
2. 侧翼塔楼
3. 供人行走的开合桥
4. 供马匹与马车行走的大开合桥
5. 堞眼望台
6. 火器专用射孔
7. 具有雉堞的幕墙
8. 石桥

B. 门楼剖面图
1. 开合桥
2. 吊闸
3. 具有可放火把之石制壁式灯台的第二城门
4. 当作吊闸使用的条杆("风琴闸",中世纪以后出现)
5. 活盖门
6. 活盖门通往的坑穴
7. 操纵机关
8. 设置"风琴闸"用的开口(中世纪以后出现)
9. 吊闸机关
10. 开合桥机关

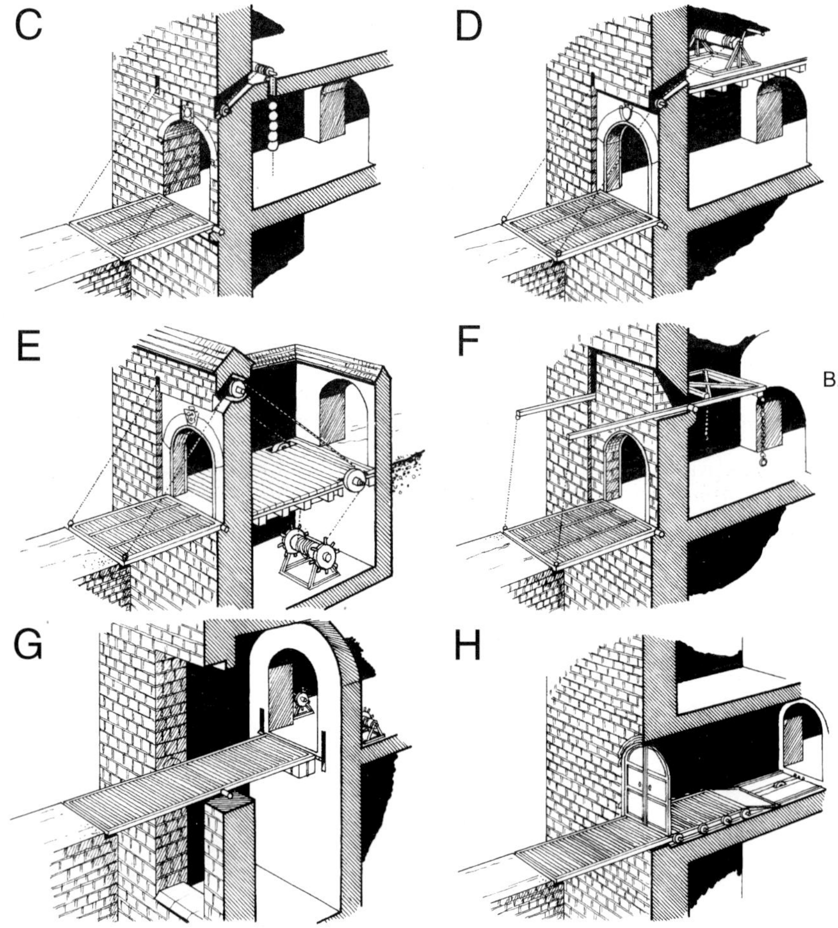

操纵机关示例
C. 利用配重操纵的开合桥
D. 利用滑轮操纵的开合桥
E. 位于矮墙中并以下方滑轮操纵升降的开合桥
F. 利用平衡梁柱操纵的开合桥(14世纪发明)
G. 利用枢轴操纵的开合桥
H. 滚轮式活动桥

骑士与其坐骑通过，一般作为守军发动突袭、逃亡或派出信差用的进出口，也有"突袭口"之称，部分便门会设在壁墙之内且加筑多重防御工事。便门通常位于攻城器械无法攻击的范围，不过偶尔也有例外。

意大利锡尔苗内城堡
开合桥放下时于门楼内部望向护城河另一侧的景象

法国卡尔卡松
通往纳博讷城门途中的外堡与护城河上加筑防御工事的桥梁

城郭

城郭指的是环绕城堡、防御型城镇或加筑防御工事之修道院等据点周围的城墙和塔楼，幕墙则是指塔楼之间或属于城郭的一段城墙。早期环绕据点的围栅很可能没有保留可供站立作战的区域，因此守军必须由塔楼攻击敌军，不过城郭很快就跃居城堡防守中的要角，但在中世纪要塞建筑中是最后才由木造改为石砌的构成元素。

目前对于幕墙厚度尚无系统的研究，不过可以确定的是各要塞的幕墙厚薄不一。黑暗时代建造出的土堆木造要塞由于技术的关系具有极厚的城墙，然而木桩栅栏就相当薄且容易腐朽和被火烧毁，最早取代木桩栅栏的石墙或砖墙虽然比较耐用但仍旧很薄。

12世纪的西欧人对于遗留在城市内的罗马厚墙肯定并不陌生，但是他们并未沿用这种用粗石填砌而成的双层壁。有些城市中还留有罗马城墙，没有因为市民将石块挖走移作他用而消失，但到了11—12世纪却由于聚落发展超过往昔的城墙范畴而需要另立新墙。比如佛罗伦萨在11—12世纪间的罗马式风格时期就扩展到阿尔诺河的另一岸，必须建造新城墙，到了接下来哥特时期需要建造的新城墙结构的周长已经比之前罗马式风格时期的两倍更长，即使是巴黎这类在罗马时代不属于防御据点的城市也经历了类似的扩展过程。大城市为了保护市民必须加筑城墙，然而较小的城市未必有能力兴建新城墙，尤其城镇更是如此，除非掌权者基于战略考量认为有必要才会在该地加筑防御工事。

各地的幕墙、塔楼和主楼的高度与墙面厚度差异相当大，此外经过数世纪的重建、改建和修复也可能改变城堡结构，造成后人无法加以精确量度。由于中世纪晚期之前并未保留精确的建筑记录，因此由中世纪手抄本中也无法取得与中世纪城墙有关的正确资讯，很多相关资料都是根据考古挖掘结果加上推论得知。由皮埃尔·赛朗所著之《要塞》（巴黎，1991年）、克洛德·文茨勒所著之《城堡建筑》（雷恩，1997年）和安德列·夏特兰所著之《城堡要塞》（卡奥尔，1983年）三本书可得知法国境内城堡的建筑趋势，但欧洲其他地区的发展走向和历史背景与法国还是不尽相同。在罗马人曾占领的区域中，前现代军事建筑的发展可以分为四个时期：古典时期、黑暗时代、罗马式风格时期与哥特时期。

古典时期的罗马城墙大多按照1米高应达0.25米厚的标准比例建造，所以8米高的城墙的厚度为2米。一般来说所有城墙的高度至少可达2.5米，古罗马的塞尔维亚城墙的墙基厚达3.6米，而3世纪建造的奥勒利安壁垒的厚度为4米，高则为6.5米。奥勒利安壁垒的塔楼厢房墙面较薄，但是厢房以下高约10米的部分则极为坚实，这种塔楼也可见于拜占庭帝国的要塞建筑。卡尔卡松的罗马城墙约为2.6米厚，此处的西哥特塔楼则高达12.5米，至于罗马人于3世纪在波尔多建造的城墙高度则可达10米。

法国黑暗时代的大多数要塞皆为木造且通常是圆形，至于拜占庭帝国则延续古典时期的罗马传统并加以变化。罗马式风格时期（11—12世纪）的城郭基部的厚度约在1.5—4.5米，而法国人则利用罗马式风格建筑中常见的扶壁加固城墙。主楼和城郭的墙面经过设计后可再加装木造围板，守军就能由此攻击躲在墙脚的敌军。幕墙的厚度则依需求而定，最容易遭受攻击的墙段会砌得最厚，而可以依恃地形等天险的墙段就比较薄。进入12世纪之后大部分的城市和城堡外墙都包含塔楼。土垒与内场式要塞的土垒约为6—10米高，周围的护城河大约3米深。法国的主楼高度平均可达20—30米，而最高的甚至可到35—37米，规模最庞大的主楼的高度为20—30米，宽度则为15—25米，

法国普罗旺斯城堡的城郭及护城河

其墙面厚度1.5—2米不等，也有部分主楼的墙面厚达4米。

地中海东岸的黎凡特地区于12世纪晚期发展出新的军事建筑构造，包括堞眼、基座和间距相等的塔楼，这些皆在13世纪传入欧洲。石墙上加筑石砌堞眼之后就可以取代易遭火攻的木造围板；基座指的是朝外斜削的墙脚基部，不仅可以有效抵御敌军的挖地道攻击，也能加强守军利用箭弹在围板或堞眼处攻击下方敌军的效果；城郭上间距相等的塔楼也有助于提升防守效能。

城堡时代在哥特时期（13—15世纪）达到巅峰：城郭的墙面在13世纪变得更厚，而斜削墙基在欧洲也更加普遍，法国人所挖掘的护城河宽度增加至12—20米而深度则增至10米，具拱顶的塔楼直径在7—12米之间。城堡达到前所未有的规模，尤以法国的库西和昂热的城堡为最，前者拥有全法国数一数二大的主楼，后者则具有庞大的筒形塔楼及斜削墙基。

圆形主楼在英法两国逐渐盛行，其墙面达到3.8—4.9米厚，直径约11.5—16米，高度在25—32米。东欧地区则到了1250年之后才开始以石块取代土木作为要塞建材。

兴起于13世纪的建筑风格延续至14世纪，切尔斯克的马佐维亚公爵所辖的郭区改为石砌，其砖墙厚1.8米，高度超过6米甚至可能达15米，门楼则达到22米之高。法国人开始将幕墙加高至与塔楼一致，而这样的建筑走向也延续至下一世纪。凸出城墙的堞眼更加普遍，设计上也衍生出其他变化。

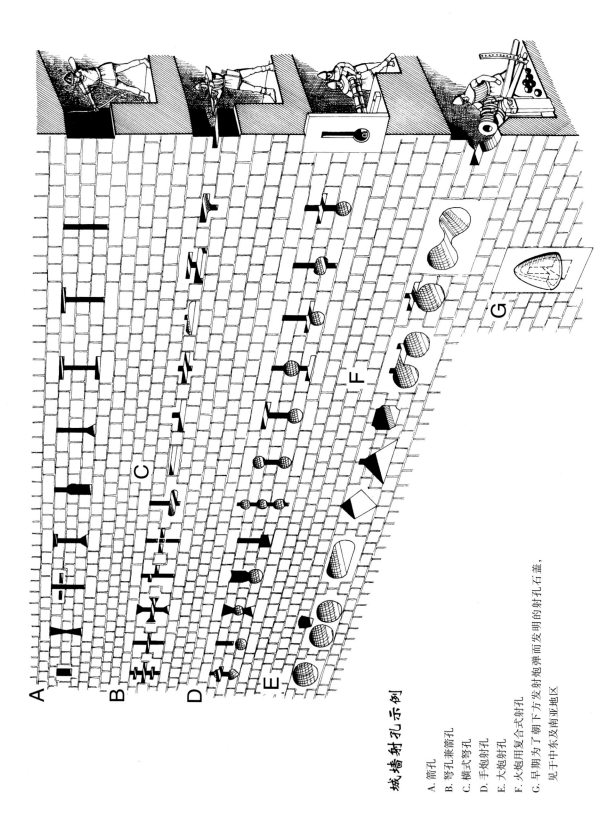

城墙射孔示例

A. 箭孔
B. 弩孔兼箭孔
C. 横式弩孔
D. 手炮射孔
E. 大炮射孔
F. 火炮用复合式射孔
G. 早期为了朝下方发射炮弹而发明的射孔石盖，见于中东及南亚地区

城垛、射击孔与屋顶

城垛指的是要塞建筑上方的部分，通常具有可供守军躲避敌方箭弹的雉堞，但在中世纪盛期有部分国家如英国规定必须得到国王特许才能加筑雉堞提高据点的防御力。雉堞由一连串称为射击孔的开口和称为城齿的小段墙体构成，早期最简单的城齿和射击孔皆为长方形，但传到各地及各民族之后很快出现多种变化，雉堞后来甚至由防御设施进而成为装饰元素，在失去原先的防御功效之后仍持续盛行，因此也不乏特别高耸或具有弧度的城齿，而阿拉伯地区的城齿具有明显的伊斯兰风格。现今在各地要塞看到的城齿多为重建之后的样子，因此很可能不同于原来的风格。

雉堞的设计虽然可以追溯至古典时期，但其式样到了中世纪盛期才逐渐变得繁复。由于现存证据稀少，目前只能推断黑暗时代木造要塞的雉堞应为长方形，而部分城齿之间的射击孔会加装可提供守军额外防护的遮板。12世纪之后石砌要塞成为主流，随着石匠的手艺更加精进，雉堞结构也渐趋复杂。有些地区开始在城齿上加凿射箭用的孔隙，有了射击孔之后弓兵就可以藏身其后不须站到城墙的开口处射箭。射击孔内侧的宽度必须让弓兵得以弯弓搭箭并朝下方射击，但又必须提供一定程度的遮蔽，因此设有射击孔处会呈楔形，而孔洞会尽量往下挖以便看清城下的敌军。威尔士的卡那封城堡的城齿和城墙上设有构造较复杂的射击孔，设置孔洞的楔形凹处包含两个射击孔，可供弓兵朝两个方向射击以扩大射击角度。比利时的布永堡也具有类似的设计，但一个凹处设有三个射击孔以提供更大的射击范围。

沿着城墙上方、位于雉堞之后的是可供守军利用城垛防守的城墙走道或幕墙走道，多数塔楼也设有幕墙走道，而要前往幕墙走道或城垛通常须搭梯子或走楼梯，在石砌要塞中则以楼梯居多。部分要塞中通往幕墙走道的楼梯只设在壁塔之中，这表示攻城的敌军一旦抵达幕墙走道就会被困在其中，唯有占领塔楼才有可能离开城墙往下方移动，而守军就能借机从中庭或塔楼射击。

12世纪石砌要塞的塔楼和城垛皆加装称为围板的附加防御设施，在建造过程中就会在城墙和塔楼中加入孔缝和撑架以便容纳木制梁托或梁柱以及托住围板的支撑物。这种由雉堞前方凸出墙面的木造结构就像沿墙面或塔楼周围设置的悬空廊道，不过未必整段墙面或整圈塔壁皆会设置，通常具有木制屋顶可遮护守军。围板结构也设有与城垛上类似的射击孔，其上可能也有遮板。围板的功能不仅在于保护守军免受日晒雨淋和箭弹攻击，最重要的

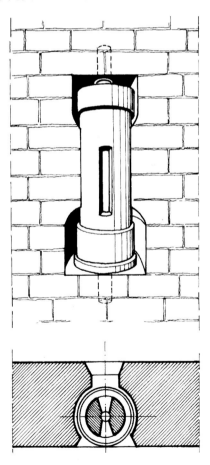

木造旋转式射孔结构

波兰弗龙堡（天文学家哥白尼曾在此生活了三十年）可供守军戍卫城垛的木造幕墙走道

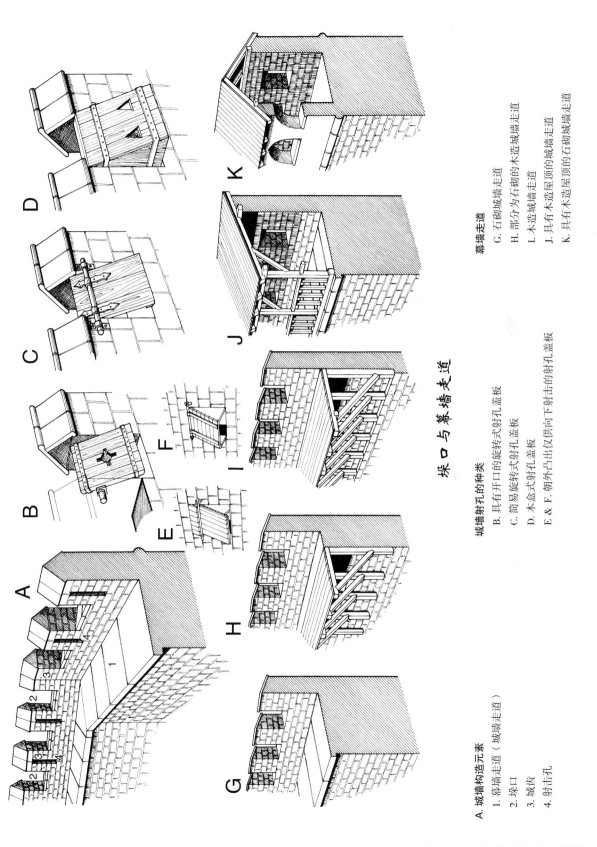

垛口与幕墙走道

城墙构造元素
A. 城墙构造元素（城墙走道）
1. 幕墙走道
2. 垛口
3. 城齿
4. 射击孔

城墙射孔的种类
B. 具有开口的旋转式射孔盖板
C. 简易旋转式射孔盖板
D. 木盒式射孔盖板
E & F. 朝外凸出仅供向下射击的射孔盖板

幕墙走道
G. 石砌城墙走道
H. 部分分为石砌的木造城墙走道
I. 木造城墙走道
J. 具有木造屋顶的墙走道
K. 具有木造屋顶的石砌城墙走道

第1章 中世纪要塞的构成元素 029

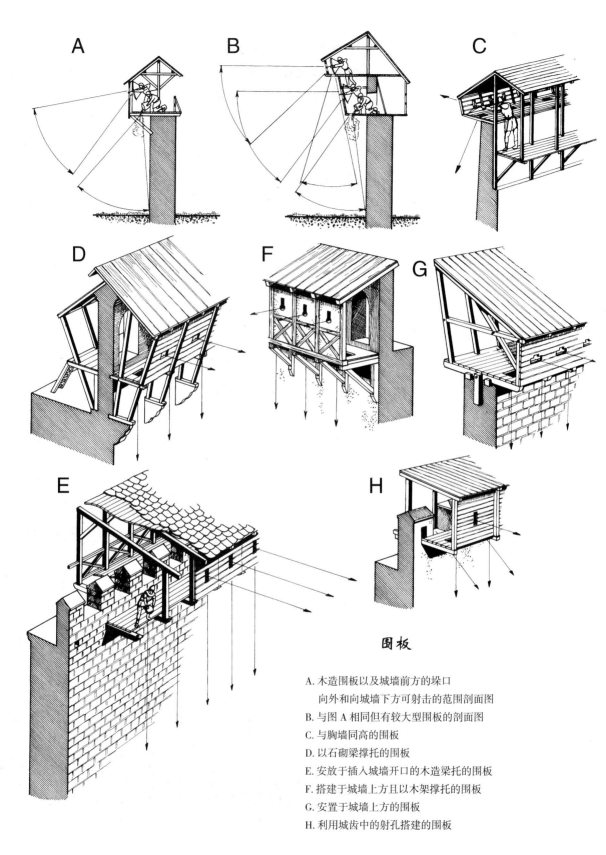

围板

A. 木造围板以及城墙前方的垛口向外和向城墙下方可射击的范围剖面图
B. 与图 A 相同但有较大型围板的剖面图
C. 与胸墙同高的围板
D. 以石砌梁撑托的围板
E. 安放于插入城墙开口的木造梁托的围板
F. 搭建于城墙上方且以木架撑托的围板
G. 安置于城墙上方的围板
H. 利用城齿中的射孔搭建的围板

法国卡尔卡松
凸出城墙的围板形成悬空廊道，其地板层钻有孔洞可供守军利用来防止城墙遭到敌军攻击

是可以保护墙脚，守军可以通过围板结构底部的孔洞朝下方蜂拥的敌军丢石块或倾倒热烫液体，弓兵也能直接朝围板下方的敌军射击。城墙如果具有斜削基座，投下的石块虽然无法击中位于围板正下方的敌军，但会向外弹开甚至足以击伤靠近城墙者。即使部分围板遭到摧毁，其后还有城垛可以发挥防御功能。一般认为围板只是临时性的结构，只有在据点受到敌军威胁时才会设置，等到警报解除或是战事结束通常就会拆除。目前无从得知围板搭建后可以使用多久，但是一般木造防御工事可以维持数年甚至数十年之久，因此可推论围板的寿命应该相差不多。目前相信围板是临时搭建的，是考量其并非永久的固定配置，不过这也只是推论，因为至少在部分地区并没有证据显示建造者想搭建的不是可长久使用的围板。

木造围板后来被两种堞眼结构所取代，一种即为堞眼，而另一种则是堞眼望台，这种结构与围相同的石砌凸出结构皆利用石造梁托支撑，幕墙或塔楼墙面一般会整段或有一长段设置堞眼结构。石砌堞眼结构除了城齿和射孔之外，在城垛和城墙之间的地板层也具有开口可供守卫城墙墙脚。另有一种称为拱上堞眼的堞眼结构则具有可支撑城垛的拱券，而攻击用的开口则设于拱券上方和城墙之间。不过这种结构反而会造成拱券底部成为防守死角，为了加以补救，拱券底部通常比上半部细窄，可见于加亚尔城堡、阿维尼翁的教皇宫以及法国和其他国家的多个要塞建筑。大部分的堞眼上方为开放式，但也有部分会加装屋顶，尤其是环绕塔楼的部分或整圈墙面或沿一段幕墙且在城垛下方建造

第 1 章 中世纪要塞的构成元素 **031**

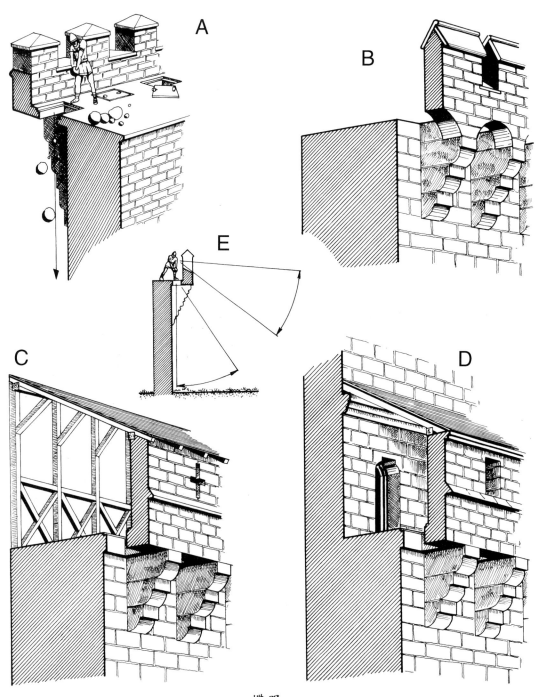

堞眼

A. 堞眼：内侧图
B. 堞眼：支撑城垛形成堞眼的梁托图示
C. 堞眼：支撑堞眼上方屋顶的木造框架
D. 堞眼：设置于城墙上较低处
E. 从堞眼及射孔可射击的范围剖面图

者，于法国的皮埃尔丰城堡府邸可见到此种加覆屋顶的堞眼，但此建筑的修复其实并不可靠。

堞眼望台仅覆盖城墙的一小段，看起来就像凸出城墙或塔楼的盒子，有些堞眼望台上方无遮顶，有些仅一部分具有遮顶，其他则完全遮覆，但大多数皆设有射孔或可供攻击和监看城堡周围状况的孔洞，地板也凿有大小足供守军朝正下方区域直接投射的开口。堞眼望台早期皆为木造，但后来也出现以石砌成者，通常设置于窗户或门口上方以便于防御。

城堡里另有一种和有顶的堞眼望台很相似且容易误认但不具防御功能的结构是由墙面凸出的厕所，理论上从厕所的开口也可以朝墙脚射击，不过当然不会有人将厕所设在窗户或门口上方。

塔楼的不同楼层也设有可供弓兵或弩兵使用的射孔。由于窗户是防守上的弱点，遭到攻击时很可能危及整座城堡，因此除了居住区域之外通常不太可能设置。塔楼基本上没有窗户，只有供居住的塔楼如主楼才会开凿窗洞。由于玻璃在中世纪晚期之前仍然昂贵且不普及，因此只有最重要的几扇窗会嵌上玻璃，小礼拜堂的窗户通常嵌上彩绘玻璃，其他的则较小且多半加装铁杆防护。窗户一般朝向中庭或是开在防守严密不易遭到敌军攻击的墙段，大部分塔楼则利用狭窄的细缝状开口让天光透入照亮阶梯，现今在许多主楼和塔楼看到的大小正常的窗户是后人翻修时才改建的。

狭长的射击孔与城齿上的相似，内侧有空间可容纳弓或弩，依据不同的需求而有各式各样的箭眼，有些呈十字形的有助于扩大视野，之后有许多皆加凿称为注油口的圆形小孔（窥孔）以便扩大视线范围，到了更后期有些射击孔的底部还另外加设可容纳早期火炮的大圆开口。

昔日卡斯蒂尔王国境内坎波城的莫塔城堡
主楼的四角皆设有堞眼及双边瞭望小塔，墙面上形似鸽巢的多个孔洞是用来搭建鹰架，常见于伊斯兰建筑

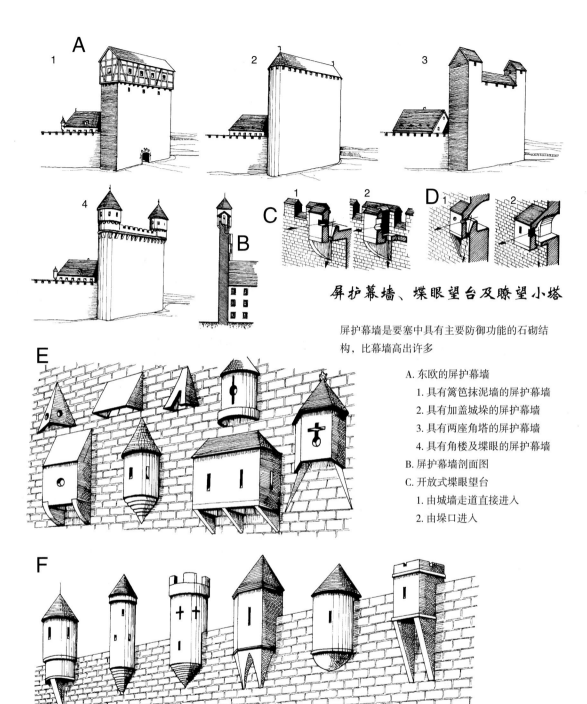

屏护幕墙、堞眼望台及瞭望小塔

屏护幕墙是要塞中具有主要防御功能的石砌结构，比幕墙高出许多

A. 东欧的屏护幕墙
  1. 具有篱笆抹泥墙的屏护幕墙
  2. 具有加盖城垛的屏护幕墙
  3. 具有两座角塔的屏护幕墙
  4. 具有角楼及堞眼的屏护幕墙
B. 屏护幕墙剖面图
C. 开放式堞眼望台
  1. 由城墙走道直接进入
  2. 由垛口进入
D. 封闭式堞眼望台
  1. 由廊道进入
  2. 不属于廊道的独立堞眼望台
E. 堞眼望台及俯射射孔示例（最上方的三图为俯射射孔，其他则为堞眼望台）
F. 瞭望小塔示例

塔楼上通常覆有板岩制或铅铸的高耸锥形屋顶，可以让城堡看起来更加雄伟，而石砌墙面如果还有上漆更是气势慑人。锥形屋顶如果延伸至城齿之上就能发挥附加优势替守军遮阳挡雨，不过多数要塞的屋顶边缘不会超出塔楼城垛，而且也不是所有塔楼都会加装屋顶。即使在火药时代之前，屋顶如果遭到敌军的炮弹而破损也可能干扰甚至危及作战中的守军。

大型塔楼中的楼梯多为木造且可通往所有楼层，在部分塔楼或大型塔楼的角楼里也可见到石砌的圆形楼梯。楼梯通常是以顺时针方向朝上绕，这样惯用右手使剑的士兵在往上撤回塔楼时就能边后退边与敌人打斗。

瑞士埃格勒城堡
建于城堡入口上方的堞眼望台

德国奥茨堡
射击塔中的阶梯

威尔士博马里斯城堡

护城河

护城河无疑是要塞中最古老的防御设施之一，在早期的土垒与内场式城堡中就已经出现，最简单的形式即为可阻滞敌军攻势的壕沟，比较复杂的形式甚至足以挡住现代军队的进攻。护城河一直以来皆是中世纪要塞很重要的一部分，事实上中世纪很少有据点没有护城河，除非是位于崎岖高地周围有悬崖可依恃就不需再挖筑，或者部分要塞会以河流、湖泊或水潭等自然形成的水体取代护城河作为屏障，不过即使像叙利亚的萨拉丁城堡这种位处崎岖地形的要塞，筑城者多半还是会尽力挖掘出护城河。

要塞建筑周围可能还有其他障碍物，因此护城河不一定会环绕整个要塞而挖筑，有些要塞具有内外两道护城河，这种情况在防御型城市最为常见，以外护城河保护城郭而内护城河保护城墙之内的要塞，有些规模格外庞大的城堡也采用这种配置。护城河的深度必须达到人员无法涉水走过的程度，宽度则需超过一个人可以跳越的距离，一般而言深度达3米就足以达到目的，不过11世纪之后的护城河多半比较深。早期土垒与内场式城堡的护城河可能不符合以上的原则，因其规模主要取决于兴建土垒与内场和木造墙面时需要的泥土量。

由于引水不易再加上邻近可能并无水源，因此西欧的护城河很少会注水，此外引入护城河的水同样也可以再引出。东欧地区河流、湖泊、池潭与沼泽遍布，要塞也多筑于可作为天然屏障的水体附近，因此护城河几乎皆会注水，而且常常是在挖出筑墙用的泥土在地上留下沟坑之后，地下水层的水自然就会溢入沟内。然而到了中世纪后期，西欧也逐渐开始流行在护城河中注水，满水的护城河乍听之下很浪漫，但由于城堡中的厨余和排泄物最后都会流入其中，所以说穿了不过是发出恶臭味的巨大污水坑。

不论深浅如何或有无注水，护城河的底部和沿内墙的一侧都会再加装削尖的木桩以加强防御。较深的护城河也能有效遏阻敌方凿挖城墙基部，此外攻城方如果想要以攻城器械攻击城郭或是投射炮弹并趁机攻城，就必须先费力将护城河填满才行。

法国萨尔斯防御堡垒
中世纪晚期所建要塞的护城河通常比早期的更深且宽阔

威尔士切普斯托城堡内部

城堡内部

防御据点一般需要至少一口井以提供守军所需用水，尤其在漫长的围城战事中水源更是不可或缺，城堡主楼内最好也要有一口井，此外要塞中的部分塔楼通常也设有可储存雨水的蓄水槽。由于围板和要塞中的其他木造设施特别怕火，因此水除了供守军饮用之外也是扑灭敌军投射的火箭或火弹和着火处的必备资源，而这类木造设施也多半覆有兽皮或其他可防火的材料。堡内如果有充足的水源供应，不仅可以用来灭火，也能持续浇洒保持木造设施潮湿以尽量预防着火。

堡主的住所一般位于城堡主楼或其他塔楼结构之内且多半位于较上层，大厅通常是内城区最大的建筑或是巨大主楼中的大房间，可供贵族和其随员宴饮作乐，是堡内贵族阶级及周遭人员社交生活的中心，堡主也会在此开庭审判或仲裁佃农之间的法律纠纷。

大厅中所设的取暖用火炉一直到15世纪都还只是房室中央供燃烧柴薪的圆形或八边形浅凹处，虽然能够带来暖意但也产生不少浓烟，熊熊火舌对于居住者也是潜在的危险。14—15世纪发明烟道之后，火炉就移到房间一侧靠墙而立成为壁炉，而每层楼的壁炉通常共用同一根烟囱。厨房由于设有炉灶可能引起火灾，因此设在另一栋建筑物内，食物等烹煮好之后再送至大厅享用。大厅的壁面上挂有壁毯，装饰之外也具有某种程度的保暖功能。堡内的房室多半阴暗，必须利用火把或蜡烛等人为方式照明，有些具有窗户可采天光的房间称为屋顶室，则作为家族共用的工作室。

部分较大型的石砌主楼具有污水处理系统，虽然罗马人早已发明这种技术，但到了中世纪配管设备仍很罕见，当时并不重视环境卫生，即使是最有权势的领主一年的洗澡次数也不会超过一两次。洗澡时通常是由仆役在厨房中将水加热，再以瓶罐装盛送到领主房间之后倒入木头浴缸。形似窗台花箱的厕所可见于城堡中的不同位置，内部装有小长凳而座位部分有一圆形开口，厕所通常凸出于表面没有门窗等开口的素墙，而椅座开口正下方往往就是护城河面。城堡如果装有简易的污水处理系统，配管会将排泄物送到塔楼的最底层，这一层基本上是大型的污水坑，自然不能再像19世纪小说里描绘的当成地牢使用，每两年会有农民前来清理一次。

要塞建筑依据规模和种类的不同可能设有供守军居住的石砌或木造建筑，大型城堡中的营房通常有两层楼，上层住人而下层为马厩。城堡中的其他建筑包括库房、制乳场及储藏酒及食品的储藏室等，通常紧邻城墙或为位于中庭之内的独立建筑物。

中庭或内场是城堡之内主要的开放空间，堡内可能具有一个或多个以附加墙面隔开的中庭。在城墙呈同心圆的城堡中，城墙之间的狭窄空间称为界场而非内场，在中世纪多半用来举行马上比武大会。城堡如果有一个以上的内场，通常会区分为内城区和外城区或是上城区和下城区，依据布局不同也可能出现中城区。

城堡里也设有一个以上的小礼拜堂可供领主及守军于周日和神圣的节日望弥撒，如果没有小礼拜堂就会有到各地巡回的神父或修士每隔数周或数个月固定前往城堡举行弥撒，城堡内的军民也常把握神父前来的机会结婚。中世纪城堡的下层并不如一般人想象中设有监狱或阴森地牢，其实囚犯通常被关在塔楼最高层的房间，因为此处最难逃脱。由于城堡中的最高处在法国通常是主楼（donjon），所以"dungeon"一词才会逐渐演变成"监牢"的同义词；进入文艺复兴时期之后牢房移到地下层，"dungeon"也就成了"地牢"。

厕所

A. "卫生塔"也称"丹麦塔",与城堡之间有一段距离,图中所示为条顿骑士团所建要塞采用的形式
B. 条顿骑士团于波兰克维曾所建城堡之局部平面图
　1. 主堡
　2. 教堂
　3. 小卫生塔
　4. 大卫生塔
　5. 连接卫生塔和城堡且具遮顶的走道
C. 附设污水坑的厕所
D. 附设污水管可将排泄物排入护城河的厕所
E. 设计与堞眼望台相似的厕所
F 厕所剖面图
G. 石砌厕坑
H. 面对城墙所见之厕所污水道出口
I. 厕所外观

中世纪的卫生状况

城堡里的生活比起住在邻近的村庄和农场可说是相当豪华舒适,然而居住卫生就今日的标准而言简直令人惊骇。一直到11世纪的城堡里才出现最原始的厕所,基本上是一个开有圆洞的木或石制椅座,而排泄物就由圆洞直接落到城墙墙脚或掉入护城河和城堡下方的河流与湖泊,较晚期开始设置连接厕所与污水坑或护城河的管道。城堡居民除了厕所之外也用便壶,而清理方式就是直接朝城墙外倾倒。虽然罗马时代就已经发明配管系统,但中世纪的城堡极少设置浴室,领主或夫人想要洗澡的时候就由仆侍将热水从城堡下层的厨房送至他们位于第三或第四层的卧房之内,主人就坐在有铺垫的浴缸中由仆侍将暖热的洗澡水倒在他们身上。仆侍应该会很庆幸还好主人一年只洗几次澡,通常是在圣诞节、复活节和圣灵降临节等重要节日以及婚礼之类的特殊场合才会洗澡,至于仆侍自己洗澡的次数就更少了。

城堡里不论贵贱,从最卑微的洗碗女佣到领主全都受寄生虫所苦。堡主的夫人或女儿会帮家里的男人抓须发里的虱子,夫人小姐不在时男人就召唤侍女来帮忙,附近的村庄和城镇里还有专门的除虱人,从业者通常是女性。

城堡的地板以灯心草覆盖,每隔几个月碰上重大节庆时才会打扫一次,堪称跳蚤繁衍的最佳场地。领主的猎犬可以自由出入大厅甚至跳上床铺,也是传播寄生虫的极佳媒介。中世纪时编成专门教授礼节与仪态的书籍中就常警告后生小辈在宴会桌边抓痒最好秘密进行,因为大肆搔抓实在太不雅观。

寝具一个月只会清洗或晾晒一次,所以也常出现床虱,当时在室内放置薰衣草之类的香草植物多半不是为了熏香床铺和衣物,而是为了驱除这些小虫。

到了炎炎夏日还有苍蝇在堡内各处盘旋不去散播病菌,从厨房的食物、铺满草的地板上残留的垃圾碎屑到厕所里的排泄物周围都看得到它们。不过中世纪的人还不知道寄生虫和疾病之间的关联,所以他们不觉得虫子会危害健康,只是将这些虫子当成笑话然后持续忍受其滋扰。

位于法国富热尔的城堡中的厕所

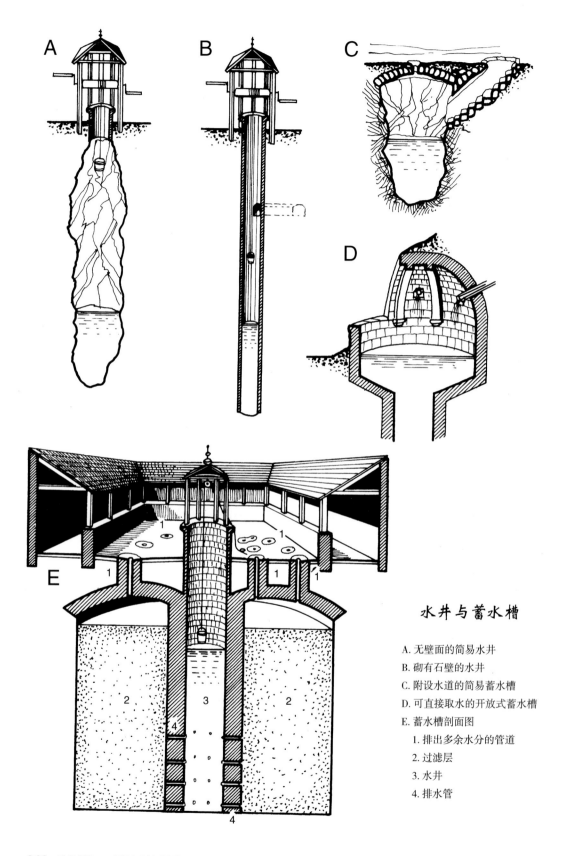

水井与蓄水槽

A. 无壁面的简易水井
B. 砌有石壁的水井
C. 附设水道的简易蓄水槽
D. 可直接取水的开放式蓄水槽
E. 蓄水槽剖面图
  1. 排出多余水分的管道
  2. 过滤层
  3. 水井
  4. 排水管

中世纪的食物

中世纪的主食包括小麦、大麦、裸麦和燕麦等谷物，大麦是生产啤酒和麦酒的重要作物，由于比较能适应较寒冷的气候，因此对于欧洲最北部的居民而言和小麦几乎同等重要，至于欧洲南部的居民最喜爱的酒类是葡萄酒，因此大麦的重要性就不如小麦了。燕麦一般被当作领主的马匹或其他家畜的饲料，不过在饥荒时也会被当成粮食，在凯尔特人和斯拉夫人居住的地区则是主食之一，通常加水或牛奶煮成粥或加在汤和炖菜里食用。

当时只有富裕的家庭才能在吃面包时配肉，经济状况没那么好的家庭就难得尝到肉味。农民通常没有权利打猎，因为猎物是专供领主和随从享用的，只要能吃到上面的人吃剩丢弃的比如鹿的内脏就很满足了。城堡里除了大斋期之外几乎每天都有肉供应，厨房中的巨大火炉足以塞进整只公牛，厨师会在这里烘烤牛、羊、羔羊、鹿和鸡鸭等禽肉，有时也会将肉切块之后炖煮。肉类中以猪肉最常用盐腌制后保存，在欧洲北部、中部和东部等林木茂盛的地区也流行用烟熏肉，其他如血、肝和肾等肉类副产品则制成同样可以长时间保存的香肠。

鸟禽（包括鸡、鸭、鹅和孔雀）、兔子和猪等也可供应肉的动物通常养在城堡的下层内场；法国人对于将小型禽畜养在下层内场的印象根深蒂固，因此这些动物在法文里就合称为"下城区的动物"，这种说法一直延续至今。乳牛也养在靠近城堡的地方，挤出的牛乳则送往城堡内的食品储藏室保存或加工成乳制品。城堡遭到围攻时农民会将牛只赶进内场，需要的时候即可宰杀食用。守军有时也会将死去禽畜的尸体当成攻击围城军队的炮弹，已经严重腐烂者特别适合用来投掷，不过守军也不一定会等到尸体腐烂，可能会在禽畜刚死时就投出城墙，意在昭告敌军城内粮食充足，即使遭到围困也不受影响。

欧洲各地在大斋期的40天之间会大量食用鱼肉，但是沿海地区捕获鲜鱼之后需要用盐腌制再存放于桶里才能送至内陆，所以不是每个地区都能很快进口足量的鱼肉。渔货贸易产生的利润极为诱人，尤其各地的领主和市政府都能借由收取货物过路费和课征贩卖税大发利市。

不同地区居民常吃的蔬菜也会不同，包心菜最常见也最贱价，从意大利到斯堪的那维亚都看得到、从破屋贫户到城堡里的贵族领主都吃得起，中欧和东欧的人还会将包心菜置于桶内腌成酸菜后食用。豆类如鹰嘴豆、小扁豆和蚕豆（唯一原产于旧大陆的豆类品种）对于穷人而言是蛋白质的重要来源，可以趁新鲜烹调或晒干储存起来于冬季食用。其他偶尔会吃的蔬菜包括花椰菜、羽衣甘蓝和芜菁叶，另外也会食用胡萝卜、芜菁和甜菜等根茎作物。大部分蔬菜皆可熬汤或炖煮，至于生菜沙拉是到了文艺复兴时期才出现在欧洲人的餐桌上。

果园中采摘的水果极为珍贵，最常见的处理方法是制成蜜饯，晾干之后存放，等到冬季食用，或是用来酿造水果酒和烈酒。最为普遍的酿酒用水果非葡萄莫属，在气候条件许可之下一直到欧洲较北边皆有栽种，酿造的葡萄酒是法国、意大利和西班牙的主要经济来源。今日所知大多数的苹果、梨、桃和樱桃的品种都是从中世纪开始种植，至于柑橘只生长在地中海沿岸地区，是当地人眼中的贵重水果。

除了食用橄榄油的地中海居民之外，其他地区的人皆吃猪油摄取油脂，而奶油是住在城堡之外的平民难得尝到的奢侈品。一般的调味料包括洋葱、韭葱、大蒜和芥菜籽，只有比较富裕的人家才会用东方进口的辛香料。

▲意大利维罗纳

筑有防御工事的桥梁

▼阿维尼翁新城

这座攻城城堡是法王腓力三世为了从罗讷河另一侧看守阿维尼翁而兴建的大型碉堡

堡垒与其他要塞

堡垒这种形式特殊的要塞建筑最早出现在法国西南部，其起源是法国人在13世纪时为了控制边疆地区而建设的城镇，英国人在攻打威尔士期间也建设了类似的聚落。这种堡垒居地的建设不仅获得法国或英国皇室投注资金，愿意进驻堡垒的军民还可以取得特权。典型的堡垒布局为长方形，长度为200—500米，街道呈网格状且主要道路穿过堡垒中心；有些较大型的堡垒如卡尔卡松的下城的形状就比较不规则。一部分的建设资金会用来修筑厚度和高度中等的城墙，通常只有主城门设有两座塔楼，资金充裕的话还可以在堡垒周围另外挖筑护城河。进驻堡垒的人员的任务是组成民兵团保卫城镇并维持国王在该地的势力，功能有一点像西班牙国王与摩尔人争战期间建立的民兵镇。

标准的堡垒不具有类似领主的要塞或城堡的防御据点，有些贵族则会在城堡旁边建设与堡垒相似的城镇。英法百年战争期间"堡垒"一词的用法扩大为指称数种不同的要塞建筑，可用来称呼建在防御型城市的主要防御设施外围的木造或石砌工事，也可用来指称几种原野上的防御工事甚至小型碉堡。

中世纪还有另一种要塞建筑是可将城市中的城堡孤立的"攻城城堡"，是由围城方所修筑的临时或永久性防御工事，如果是永久性结构有时会被归为塔楼或城堡，原先的功用反而慢慢为人所遗忘。围城方也时常在目标要塞周围利用土木筑造称为"防御塔"的防御工事，但此词也可指称法国另一种称为"小城堡"的要塞建筑，需要特别分辨以免混淆。

14世纪中叶时比较低阶的贵族为了抵御盗贼开始流行兴建防御型屋宅，这类屋宅通常筑有一两座塔楼。13世纪的英格兰北部由于低阶贵族需要防范苏格兰人从边境入侵，因此出现较多称为"庄堡"的简单长方形塔楼或要塞。

中世纪也常见加筑防御工事的桥梁，其功用为控制河面交通或当作进入河畔防御据点的城门。较为人所熟知的几座控制河口进出的桥梁包括阿维尼翁横跨罗讷河的桥以及泰晤士河上的伦敦桥，后者原先是罗马时代建造的木桥，到中世纪初期前曾多次重建，于1176年改建为石桥，日后又持续增添塔楼及其他结构。

卡奥尔在14世纪时筑有三座防御型桥梁，但至今只剩下于1308年开始建造并在五十年之后完工的瓦朗特拉桥。这座桥的防御工事相当完善，两端及中央各筑有一座具备堞眼的塔楼，南侧还有一座外堡。法兰德斯地区的图尔奈城中由于斯海尔德河流过城中造成防御上的缺口，因此也筑有两座防御型桥梁，但只有特劳斯桥屹立至今。此桥两侧皆有塔楼，左岸邻近大教堂的塔楼筑于1281年，右岸的塔楼则于1302年开始修造并于二十五年之后竣工。

今比利时境内图尔奈加筑防御工事的特劳斯桥，两端各有一塔楼，入口处设有吊闸及谋杀孔

攻城技术

想要了解城堡及其众多设施的发展全貌，熟悉攻城技术及其演进也是很重要的一环，因为攻城方法可说和要塞建筑本身一样历史悠久，只要有人建立起第一座防御护墙，自然就会有人想将墙拆毁。

攻城方在攻打要塞的城郭之前通常必须先横越护城河，窄小壕沟型的护城河只要用力一跃或是搭起原木或木板就能很快跨过，但是护城河如果极深且宽难以横渡或者阻挡攻城器械前进，那就必须先将其填满。护城河中如果有注水，有时必须先将水排干再利用泥土、石块、木头、大捆柴枝和其他材料将护城河的一段填满，在进行的过程中会遭到城墙上守军以漫天箭弹攻击，因此相当危险。

一旦在护城河中填筑出可通行的路径，接下来就可以攻打城墙和城门，最古老的攻城设备就是攻城锤。如果是较小型要塞的城门，通常由一小群士兵抬着沉重的原木撞击就足以攻破，但攻打较大型的城门或一段城墙时就会将攻城锤装在车架上。形式最为复杂的攻城锤是将树干或粗木吊在附轮的框架上，木头末端装上铁头以防在撞击城门或城墙时裂开，框架上覆盖湿兽皮制成的遮顶，能够挡住如雨点般由城垛落下的火箭或火弹以保护在其中操作的士兵。这种活动式的遮架不管是否加装攻城锤都可称为"猫"，另外也有"老鼠""黄鼠狼""母猪"等其他有趣的昵称，而"母猪"是最常用的说法之一，较小型的"猫"装的是尖头铁杆而非攻城锤，可用来凿挖城墙基部附近石块之间的接缝处。"猫"未装设攻城锤时可以用来保护在城墙下方挖墙脚、填满护城河或进行其他任务的工兵，而加装的攻城锤一直到13世纪末都是攻城的关键武器。守军会用重型炮弹反击或从城墙上方挥甩木柱抵抗敌方的攻城锤，黎凡特的穆斯林发明了一种对付攻城锤很有效的方法：他们在长杆上装钩子朝下勾住攻城锤之后将其掀翻。这个方法效果奇佳，十字军回到欧洲之后立刻现学现卖了起来。

攻击城堡最简单的做法就是利用云梯攀上城墙和塔楼，梯子要够长才能搭在城垛上，但是攻城士兵在往上爬的时候特别容易受到攻击，因为这时候只有身上的盔甲可以提供防护而且只能靠有义气的弓兵射箭掩护。如果围攻的城墙筑有围板，就必须在搭梯攀爬之前先把其摧毁，否则攻城士兵一站上围板结构的屋顶就会成为附近塔楼上守军的活靶。采用云梯攻城一般会比使用攻城锤更快，也能配合其他策略一起运用。

不过攀爬防御完善的高墙可谓不切实际甚至自寻死路，而替代方法就是利用攻城塔或冲击塔，这种古老装置是装了轮子且有多层可供攻城士兵爬上的木塔，亚述人的浅浮雕中就曾加以描绘。冲击塔的层数取决于其高度，而其高度又依据目标城墙的高度来决定。在冲击塔的顶层或接近顶层处有一座木造开合桥，可在冲击塔前进到与城墙之间的距离适当时放下与城垛桥接，冲击塔内的士兵就能一拥而上攻占城垛。构造比较复杂的攻城塔会再加盖可供弓兵立于其上朝守军射击的楼层，有些攻城塔的较低层甚至会加装攻城锤，其上也像"猫"一样覆有湿兽皮防护。建造和运输攻城器械都很费工，比如狮心王理查在阿卡城围城战之前就命人在塞浦路斯先造好冲击塔的部分构造再运回大陆组装。运送这些大型设备时最艰难的部分就是横越护城河跟送到城墙边准备攻击，部队首先必须在护城河上搭建坚固的堤道以免攻城器械因为极高且重而歪倒，即使通道只有一点点不平坦也可能酿成灾难，等到越过护城河还要再小心翼翼地将攻城塔移到定位，途中要避免因为城墙周围的崎岖地面而翻倒，就算路径只是稍具斜度也有可能严重妨碍攻城行动。也不要忘记在千辛万苦运送攻城塔

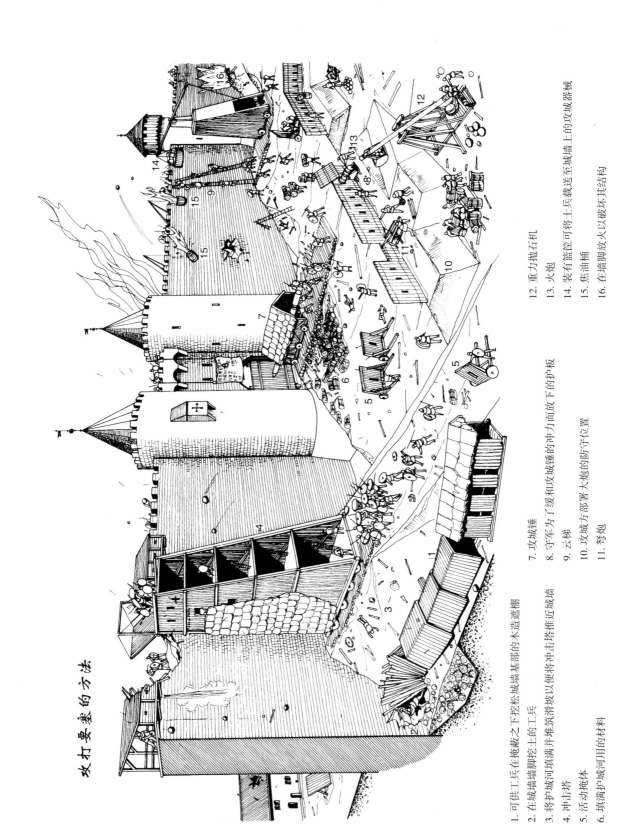

攻打要塞的方法

1. 可供工兵在掩蔽之下挖松城墙基部的木造遮棚
2. 在城墙脚挖土的工兵
3. 将护城河填满并堆筑滑坡以便将冲击塔推近城墙
4. 冲击塔
5. 活动掩体
6. 填满护城河用的材料
7. 攻城锤
8. 守军为了缓和攻城锤的冲力而放下的护板
9. 云梯
10. 攻城方部署大炮的防守位置
11. 弩炮
12. 重力抛石机
13. 火炮
14. 装有篮筐可将士兵载送至城墙上的攻城器械
15. 焦油桶
16. 在墙脚放火以破坏其结构

活动盾牌或活动掩体

重力抛石机

投石机

途中，除非己方部队能以火力压制城墙上的守军，否则还得在对方稳定的箭弹攻势之下完成任务。

这时就需要弓兵、弩兵、炮兵等投射部队朝守军射击以掩护攻城行动，弓兵会利用所谓的"活动掩体"，也就是约2米高且宽可达2米、以木架撑起的木或柳条制盾牌作为掩蔽物，在防护之下尽量靠近城墙并朝目标地点射箭掩护己方。投射箭弹的装置中包括古代即开始使用的器械，例如源于罗马时代的弩炮，这种巨型弩弓是利用扭力将弩箭射出的武器，杀伤力惊人，有些大型的弩箭甚至能够一次射穿数个人，但对于城墙就几乎毫无作用。投石机也称为扭力投石机，是另一种古典时期即开始使用的扭力武器，其臂梁与框架相连，一端设有盛装石弹的杯状容器，框架下方通常附轮子。操作投石机发射时会先利用机关绞扭让臂梁呈水平位置，放松时臂梁就会弹回垂直的位置且有横杆拦住，弹起的冲力会将杯状容器中的石弹推送出去。已有证据显示在12世纪时就有人成队朝城墙发射弩炮，其威力足以压制守军。弩炮由于射击速度低慢而且无法用来发射极大或极重的炮弹，因此效果也时好时坏，不过有个优点是射程约达500米，故可在敌方弓兵的射程之外操作。

重力抛石机在13世纪登场，其起源或许可以追溯至古代但发展历史尚不明确。抛石机长臂梁的一端是装设投石索，另一端则是沉重的配重块，尺寸不一定，可投掷石弹的重量取决于臂梁的长度和配重块的重量，轻的约40公斤而重的甚至超过150公斤。投出石弹飞行的轨迹明显较高，因此具有类似榴弹炮或迫击炮的威力。虽然攻击速度慢，但呈高弧线飞行后下坠的重量级炮弹对于石砌或木造目标具有极强的冲击力，其射程很可能比弩炮略远，因此也不用担心遭到敌方弓兵攻击。据传抛石机的准确度和破坏力相当惊人，多架抛石机一齐发射或与弩

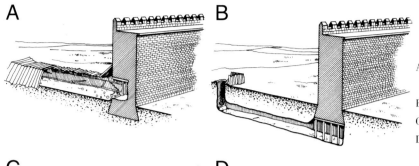

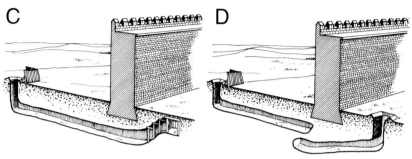

攻打城墙的方法

A. 挖掘加盖的浅壕沟以便潜近城墙基部的古老方法
B. 挖掘通过城墙基部的地道
C. 持续朝城堡内部挖掘地道
D. 地道遭到守军的对抗地道阻截

炮配合使用时足以重创城墙,直到16世纪在部分地区都还有部队使用。

另有一种偶尔会被误认成重力抛石机的简易攻城武器是围城炮,最早由阿拉伯人在黎凡特使用,这种炮同样具有装设投石索的臂梁,外观和重力抛石机很相似,但不是利用配重块而是以人力或兽力拉动的方式投射炮弹。由于中世纪发展出许多不同形式的重力抛石机,也可能因此在中世纪史学家的记载中就出现了各式各样的投石器名称。为了抵抗投石机,起初是将城墙加高,但目标不仅变得更明显,也容易因为地基被挖松而倒塌,所以13世纪开始改为将城墙加厚,而在前一世纪就发生过大规模攻城战的中东地区也采用了类似的应对之策。攻城方除了投射武器之外也会利用挖地道的方式让城墙倒塌。最简单的挖地方法就是在昵称"猫"的遮架和大型盾牌的掩护下以十字镐和其他工具挖掘墙脚,而目标就是掘入城墙墙基以松动其结构。虽然挖地工兵多半会在加盖壕沟的遮蔽下挖土以避开守军攻击,但是挖地行动的危险性仍然极高。还有一种比较进阶而且需要消耗大量人力的挖地方法,也就是选定护城河以外具有掩蔽而且最好在守军的射程以外的地方为起点开始挖掘,目标是挖出穿越护城河下方并通到城墙基部的地道。工兵挖到目标位置之后就会在地道尽头挖出大坑并撑起木架,接着就填满易燃材料然后点火,等到木架烧毁之后地道也会跟着崩塌,而地道上方的城墙基部也会跟着向下塌陷。不过这种挖地方法不一定每次都会成功,一般只适合在不是沼泽区或多石地带的地方实行。

挖地工兵最担心的就是守军侦测到地道位置之后挖掘对抗地道。守军侦测地道的方法是将一小碗水放在城墙上或是预先挖好的对抗地道之后观察水面是否有波纹,如果发现攻城方在挖地道就会挖掘对抗地道加以阻截,他们可能会用熏烟逼迫挖地工兵撤退或是派出一小队士兵追击,之后再将地道毁去。为了应付挖地攻击,城堡建筑师发明了墙脚基座,可以大幅增加基部的厚度抵御工兵和攻城锤。有趣的是,挖地工兵的工作不仅辛苦而且必须承担地道坍塌和遭到守军阻

于英国博迪亚姆城堡发现的早期射石炮

火炮，14世纪时的火炮太小，对于要塞还无法构成严重威胁，但逐渐发展之下到了15世纪已经能够击破防守较薄弱的要塞，只要集合数门超大型的火炮之力就能对围城战事产生决定性的影响。尽管如此，火炮的发展还是要等到16世纪才算成熟。

此外也需注意13世纪时为了因应如大量炮组集结等攻城武器及方法的演进，不仅城堡和市镇的防御工事有所改良，而且为了攻打结构渐趋复杂的要塞建筑，部队也进一步组织化，装备也变得更加先进，意即一个领域的发展会带动另一个领域相应成长，环环相扣之下持续不停地演进。

截的风险，但他们却是攻城部队中最不受尊重的一群。

守军面对攻城倒也不至于坐以待毙，因为他们也有投射器械。架在塔楼或防御土墙的弩炮杀伤力极强，能够重创只有兽皮和木架遮挡的攻城士兵；投石机通常会部署在中庭，用来击毁对方的攻城器械相当有效。最后还有由拜占庭帝国的希腊人于黑暗时代发明的"希腊火"可用，这种化学物品威力极强，可以在水上延烧所以火攻时甚至不需直接击中敌船，因此也常用于海战；虽然确切配方现已失传，但据说其效果与现代的凝固汽油弹雷同，在围城战中使用远比火焰箭更能克敌制胜。此外守军也会将热烫液体从城垛或由围板缝隙和堞眼往下倾倒阻碍攻城方的行动，通常只会倒热水，因为倒热油的成本太高。

为了抵御燃烧类箭弹的攻击，攻守的两方都会大量使用湿兽皮来预防木造围板或攻城塔和"猫"遮架等易燃的结构着火。由于人类和动物的尿液放置一段时间之后就成了好用的灭火材料，所以在围城战开始之前守军也会预先收集尿液并在城墙内大量囤积，等到开战之后再将防护用的兽皮浸湿。

中世纪军火库中最后登场的攻城武器是

于意大利圣天使堡发现的早期火炮

第1章 中世纪要塞的构成元素

防守要塞的方法

1. 临时性的外围防守据点
2. 推倒云梯
3. 悬挂织绳缓和攻城锤的冲击力道
4. 利用绳索放下钩子将攻城锤勾起掀翻
5. 攻城方挖掘城墙墙脚
6. 守军挖掘对抗地道
7. 盛装燃烧弹料的桶子
8. 试图加高城墙以抗衡敌军的冲击塔
9. 填补缝隙修复城墙
10. 由突袭口出城攻击城外敌军的骑士
11. 挖掘备用水井
12. 以土木堆筑新墙填补主城墙上的缝隙
13. 守军架设于塔楼的投石机
14. 城堡主楼是最后一道防线

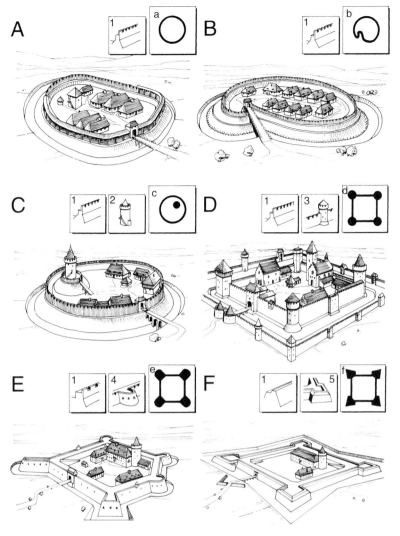

防御结构的构造元素

从古代的郭区、中世纪的城堡再演进到文艺复兴时期的碉堡

A. 形式简单、由土木所造墙面构成之城郭及护城河构成的郭区
B. 城门入口向内退缩的郭区
C. 具有独立塔楼的郭区
D. 具有突出壁塔、角塔及同心圆式城墙的城堡
E. 中世纪晚期正值演变期且具有棱堡的城堡
F. 中世纪以后的碉堡,中世纪的高墙已不复见,城墙也改造为可供放置火炮,守军可于凸角形的棱堡进行守护

防御设施

1. 具有城垛的城墙
2. 圆形塔楼
3. 侧翼塔楼
4. 圆形棱堡
5. 棱堡

防御结构

a. 圆形城墙结构
b. 曲折形城墙结构
c. 内部具有防御塔楼的圆形城墙结构
d. 具有侧翼塔楼的方形或长方形城墙结构
e. 具有圆形棱堡的方形或长方形城墙结构
f. 中世纪以后具有角形棱堡的长方形城墙结构

这座具有注水护城河的 14 世纪城堡几乎可说是城堡的经典形象，通往入口的桥梁横跨一座人工小岛（外堡）。现今所见的桥梁位置已有所变动，原先的位置是在外堡和河岸之间而且与城堡右前侧平行

英国博迪亚姆城堡

1. 东北塔楼
2. 管家室兼家务室
3. 门楼
4. 外堡
5. 八角平台
6. 桥梁
7. 驻军区及马厩
8. 西北塔楼
9. 西侧塔楼
10. 仆役专用厨房
11. 仆役厅
12. 西南塔楼、蓄水槽
13. 厨房及备餐室
14. 便门
15. 大厅
16. 大厢房
17. 东南塔楼
18. 仕女厢房
19. 小礼拜堂
20. 东侧塔楼
21. 圣器室

法国普罗斯旺城堡

1. 向下延伸至土垒并构成城门的城墙
2. 幕墙
3. 城墙走道
4. 土丘（土垒）
5. 水井
6. 开合桥
7. 12世纪的主楼

▲ 普罗斯旺城堡主楼的剖面图
（插图出自《军事建筑》，由格林希尔出版社提供）

◀ 建于12世纪中叶的法国普罗斯旺城堡的恺撒塔，其两层式主楼形状特殊，系建于方形地基上且具有四座半圆形角楼，周围具雉堞的城墙称为"矮披墙"

第1章　中世纪要塞的构成元素　**055**

法国昂热

此城修筑于13世纪30年代，巨大的城郭共包含17座高大的筒形塔楼，一侧依傍卢瓦尔河，而其他侧则由图中所见的宽阔护城河环绕，塔楼底部的基座有助于阻滞敌军的挖掘攻击

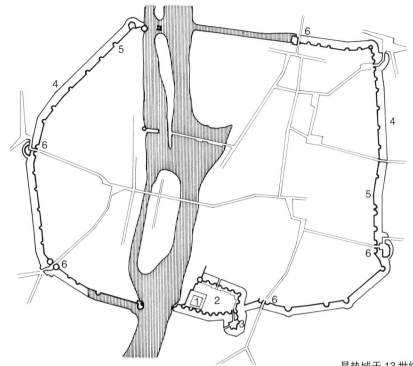

法国昂热

1. 城堡
2. 内场
3. 城门塔楼
4. 护城河
5. 城墙
6. 城门

昂热城于 13 世纪初期建成，为 17 世纪宗教战争期间的防御据点之一，原先较高的塔楼是在此期间修筑成与幕墙同高

第 1 章　中世纪要塞的构成元素　**057**

波兰比斯库平

第2章

中世纪早期的要塞

电影和迪士尼动画片里充斥着中世纪城堡的壮丽形象，这些城堡不外乎具有高大的城墙和耸立的角楼，并且雄踞于宽阔护城河的河畔，然而这种形式其实是在要塞建筑发展到相当后期才出现。事实上城堡经历了几世纪的演变才发展出现今的典型外观，而建筑中许多构造的起源最早可以追溯到公元前一千年期间。

中世纪城堡最初出现在黑暗时代晚期，西方学者传统上认为城堡以及筑有城墙的市镇皆起源于西欧（也包括中欧的一部分，如神圣罗马帝国境内地区），但东方学者则以为建筑城堡的概念源于近东地区，甚至也有可能是从远东慢慢向西传播，在古典时期传入欧洲。然而波兰比斯库平的防御型村庄等地的考古发现似乎显示，确实可在东欧地区找到欧洲城堡的直接起源，因此除了文化扩散的影响之外，建筑城堡的习惯也有可能是不同地区皆出现但是各自独立发展而成。比如早在欧洲人踏足美洲大陆之前，玛雅人就在中美洲修造了干护城河，就这个例子来说，中美洲出现干护城河就并非文化扩散所导致，因为玛雅人在建造护城河的时候根本没有接触过欧洲文化。

黑暗时代的要塞

欧洲的黑暗时代由5世纪延续至10世纪，在这段时间虽然西罗马帝国已经覆灭，但是罗马人在境内遗留的多处要塞建筑仍旧为各方势力沿用。罗马城本身周围就环绕气势慑人的城墙，其中包括一处格外特殊而且很有趣的据点，也就是今日改称圣天使堡的哈德良墓。这处据点位于台伯河右岸，与河流左岸之间以重要桥梁相连，在5世纪初期与罗马的奥勒利安壁垒相接。奥勒利安壁垒是罗马人在帝国周围兴建的第一处主要防御工事，于3世纪开始修筑，到了5世纪时城墙基部的厚度已经达到惊人的4米，高度也已经到了20米。此外壁垒沿线每隔30米就加盖凸出城墙、可供放置弩炮等投射武器的长方形塔楼，总计381座塔楼。在4世纪初期，城墙由原先的6米加高至8至13米，有些区段更加筑至20米之高，与原本的高度相比可说改变相当大，同时也在多段旧城墙上方加盖廊道。奥勒利安壁垒长18公里，其结构包含18座防御设施完善的城门，在主要道路上的城门皆为双入口设计，其他的则仅有单一入口。壁垒城墙堪称最令人叹为观止的古代世界遗迹之一，部分拱形廊道和其上的一座以混凝土铺成的城墙走道仍保留至今。城墙的廊道部分除了可以看到构成城垛的城齿，也能看到射击用的孔缝。这些雄伟的城墙的核心是以混凝土筑成，因此历经岁月的考验依然屹立不倒，虽然静默无声却是古罗马建筑师工程技巧的最佳见证。537年东哥特国王维蒂吉斯攻占罗马，但被拜占庭将军贝利萨留驱逐出城。已出版一系列战史书籍的作者汉斯·德尔布吕克指出，贝利萨留没有正面迎战在数量上具有优势兵力的维蒂吉斯，而是在罗马城内采取守势，从此以后"战争的进行和成败就完全以包围城市和是否献城投降为依据"。东哥特人在意大利的最后一

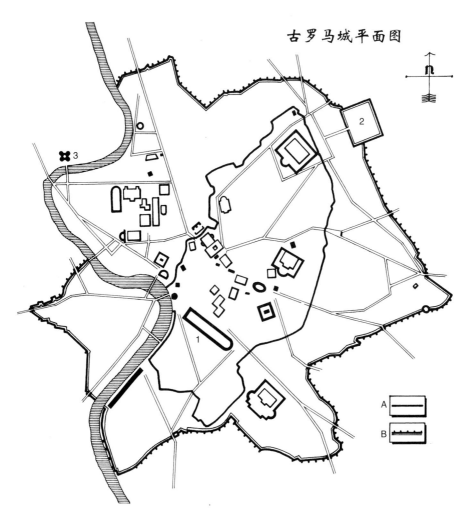

A. 塞尔维亚城墙
B. 奥勒利安壁垒
1. 大竞技场
2. 禁卫军堡垒
3. 哈德良墓（后改称圣天使堡）

罗马奥勒利安壁垒的奥斯蒂亚城门

法国卡尔卡松
砌建于第一道城墙中的高卢－罗马塔楼是西欧地区罗马军事建筑的最佳范例之一

任国王托提拉将多段城墙夷平，之后汪达尔人在罗马帝国统治的非洲地区也采取同样的策略。贝利萨留先前曾重建并以壕沟加强防护部分城墙，让罗马城的防御更加坚不可摧，而托提拉企图将一部分新修复的城墙拆毁。贝利萨留最后总算击退托提拉，在547年最后一次大规模修复罗马城墙。

维蒂吉斯的势力退出之后的十年之间，罗马城内斗不断，圣天使堡是筑于哈德良墓周围的碉堡，这处筑有防御工事的桥头据点最后一次遭到东哥特人攻陷，最后由拜占庭将军纳尔塞斯将托提拉击败并收复罗马。教皇格列高利一世于该世纪末以罗马为教皇国首都，之后到了9世纪由于遭到伦巴第王国入侵以及法兰克人的滋扰，教皇利奥三世决定将城墙扩建至梵蒂冈周围，同时将圣天使堡纳入城墙之内，这样就能在遭受攻击时至该堡避难。

罗马人在西欧其他地区以及地中海沿岸留下数量惊人的要塞建筑，包括筑有城墙并设有塔楼和雉堞的城市。罗马帝国晚期的防御型城市通常建设在易于防守的地形，外观和中世纪盛期时所建设的很可能没什么不同，不过有证据显示罗马人的城市中设有更多浴池、水管和下水道等卫生设施，另外建筑物的风格可能也有些差异。

4世纪的罗马人弗拉维乌斯·韦格蒂乌斯·雷纳图斯根据其他罗马书籍撰写了一部关于战争艺术的论著，其中也记述罗马人修筑防御工事的方法，这部论著是19世纪军事建筑首席权威维奥莱·勒－杜克编写《军事建筑》一书的重要资料来源之一。根据以上的相关论著，罗马城墙一般包含两道中间相距7米宽的石墙，宽阔的间隙利用挖掘壕沟时倒出的泥土和经过妥善处理的石块填塞，其上筑有城墙走道，而外墙具有雉堞，两道石墙就形成单一结构。这种建筑方法至今仍可见于法国的卡尔卡松，此地的城墙和部分塔楼堪称西欧地区罗马军事建筑的最佳范例之一。卡尔卡松的罗马要塞也称为"高卢"或"高卢－罗马"要塞，这是因为要塞所在地区于罗马时代称为高卢。罗马人修筑要塞所用的建材因地点而异，比如卡尔卡松的城墙核心（亦即两道石墙中间的空隙）是以粗石加上石灰构成。城墙上的塔楼是D字形，凸出城墙的弯弧部分属于典型的罗马风格，由塔楼两

韦格蒂乌斯《兵法简述》

后世对于普布利乌斯·弗拉维乌斯·韦格蒂乌斯·雷纳图的生平所知极少，只知道他曾在4世纪末于拜占庭宫廷中任职，然而他可说是古典时期晚期的克劳塞维茨，其所著之《兵法简述》虽然描述略有疏漏，但却是中世纪军事将领之间流传最广的拉丁文兵书。这套作品共有四册，和古典时期晚期的多部著作一样大量摘录汇编古典时期的著述，而第四册主要讨论要塞建筑和围城战事，也论及罗马时代使用的战术，是中世纪军事领袖的重要参考书籍。

韦格蒂乌斯在第四册中探讨许多议题，包括修造城墙时避免直线，塔楼在保卫角落区域时扮演的角色，以及利用护城河作为重要障壁的优点，此外他也强调保卫城门的重要性，而且建议在走道加装谋杀孔以及利用吊闸控制进出口，甚至提到修筑可保护城门的外堡，这些元素最后都成了中世纪许多要塞的标准设施。此外他也推荐使用防火材料保护城墙和入口，以及在城墙上放置可以缓和冲击力和削减敌军箭弹威力的材料，这些防御措施最后也流行于中世纪。

他在讨论围城战的章节中建议守军务必囤积足够的食物以免断粮，同时也要准备充裕的物资建材以便在面临敌军的攻城器械攻击时修复或扩建城墙，他也指出守军一定要有安全无虞的水源才有可能抵抗攻城部队。书中还有一项建议比较不常有人运用，是说攻城方如果第一次攻击无法占领目标要塞，那么之后就必须运用技巧而非恫吓守军，很多中世纪领袖都忽略这项建议，反而会把握任何可以加快攻城进度的时机极尽所能威胁守军。

第四册里也描述了多种攻城器械，包括活动式屏幕、装有攻城锤的"陆龟"、投石机型的武器，以及本身即装有攻城锤且靠近顶部处附设可搭在城墙上的桥梁的巨型攻城塔，事实上这些武器也全数登上了中世纪围城战的舞台。

韦格蒂乌斯也建议修筑可供守军出城破坏攻城塔的紧急出口，还有在遭到攻击的城墙悬挂毯子或其他材料缓和敌方石弹的冲击力道。他也提醒攻城部队要利用围栅等工事防守己方阵营，并推荐攻城方挖掘可松动城墙或是穿过城墙下方的地道，以上的技术自然也全都出现在中世纪的多场围城战中。韦格蒂乌斯的著作无疑对于中世纪要塞的建筑和攻防战事带来极为深远的影响。

边皆可由幕墙走道通往塔楼内部，每扇由走道进入塔楼的门前方都设有活盖门，必须利用某种活动式步行桥或合开桥连接；塔楼上层部分的后侧为开放式，亦即没有背墙或斜面墙，方便吊设弩炮和投石机用的箭弹。

圆形塔楼虽然在其他地区早已出现，但在西欧一直到了中世纪盛期才逐渐普及。最早的圆形或半圆形塔楼是希腊人在古典时期所建，罗马人跟着兴建时增加高度以便拉长投射器械的射程。中世纪盛期建筑塔楼时虽然又回归比较简单的方形或长方形设计，但高度仍然是建造时的重点。

根据维奥莱·勒-杜克所述，有几个法国城市的防御工事属于古典罗马风格，意即一侧为河流，通往城市内的桥梁有一座横跨河面且加筑防御工事的桥头堡看守，在离河流较远的那一侧筑有防卫用的内削壁。法国的欧坦、卡奥尔、欧赛尔、普瓦捷、波尔多和朗格勒皆属此种布局，在黑暗时代也一直具备防御工事，这些地区的罗马城墙和防御设施一直到10世纪几乎都没有什么变动。德尔布吕克以及其他军事史家指出黑暗时代加洛林王朝的贵族很熟悉韦格蒂乌斯等罗马人的著作，甚至中世纪晚期都一直有人将这些军事典籍当成参考书研读。

位于英国波特切斯特的罗马碉堡具有20座棱堡，城墙上设有防卫用的走道，在东城墙和西城墙中心筑有两座巨大的罗马城门，这种双入口的设计利于将侵入者困在中庭之后以纵向射击的方式围攻，南侧和北侧的城墙中央则开有便门。大部分的城墙外围挖有壕沟，不过有一部分城墙邻近海岸线，由于海岸线在过去千年来因为海水侵蚀持续退缩，所以不确定城墙外围是否仍有足够的空间容纳壕沟。波特切斯特的碉堡呈长方形，但需注意不是所有罗马碉堡皆为长方形。罗马人为了抵御撒克逊人侵袭而建立了撒克逊海岸要塞并由陆军及海军部队于3世纪进驻，但要塞后来遭到罗马人弃守，于黑暗时代初期被入侵的盎格鲁-撒克逊人占据。

罗马防御工事中最令人印象深刻的莫过于帝国在国力衰退期间在边界修筑的防线壁垒，是由众多碉堡构成的防御阵线，比如邻近日耳曼人的边界上就筑有日耳曼长城，这道防线壁垒西半部由土丘和壕沟构成，东半部则为厚度超过1米的石砌"恶魔之墙"。防线壁垒沿线皆筑有瞭望塔及营地可提供支援，罗马营地最早是四边各有一城门的方形营地，瞭望塔则沿城墙修筑，本来只提供部队住宿或在遭到突袭时临时避难，也可能作为紧急撤退时的据点。3世纪之后营地演变成具有加筑防御工事的城门和多座塔楼，便于在防守时采取纵向射击，而环绕的壕沟也更难横越。罗马人于4世纪在高原等较高处建立碉堡以便于防守时善用地形优势，而这些新建的碉堡随着帝国衰落慢慢从防卫堡垒转变为避难处所。德尔布吕克指出考古学家发现很难分辨早期铁器时代、罗马帝国晚期和后来加洛林王朝的法兰克人所建的碉堡，这是因为罗马人到后期无力派遣庞大的后备军队至边界防守，发现有必要兴建要塞以便持续控制各个地区，而之后的法兰克人也有相同的保卫国土的需求，于是建设了和罗马要塞相似的碉堡，而且可能是利用罗马人留下的山顶要塞重新修建。

在这个时期不仅昔日罗马帝国疆域内的人民会修筑要塞，周围的"蛮族"也会兴建防御工事，比如日耳曼人就已经相当进步，建造城镇之外也能兴建自己的要塞建筑，他们主要依赖木造要塞，在很多地方也可能利用壕沟来防卫城镇。甚至让大部分比较"文明"的族群闻之丧胆的亚洲匈奴人也建造要塞，匈奴首领阿提拉的部队企图西进但在451年的沙隆战役中受阻时，就曾退到先前部署马车作为防御工事的山顶据点。

斯拉夫民族曾向西迁入日耳曼人所建王国于波兰平原上的边界地区，其分布地区最南可达拜占庭帝国于巴尔干半岛上的边界，

英国波特切斯特

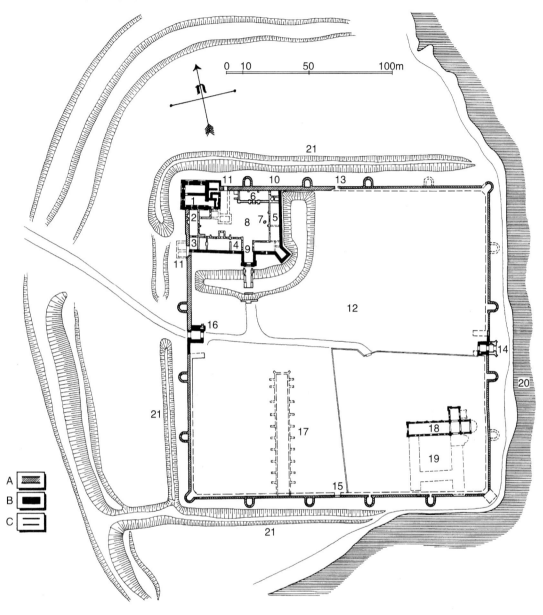

A. 罗马人所建构造
B. 诺曼人所建构造
C. 14世纪所建构造

1. 城堡主楼
2. 理查二世皇宫里的大厢房
3. 理查二世皇宫里的内厢房
4、5. 厨房
6. 司令官室
7. 水井
8. 内城区
9. 门楼
10. 阿什顿塔
11. 突袭口
12. 外城区
13. 便门
14. 水门
15. 便门
16. 陆门
17. 仓房
18. 教堂
19. 回廊
20. 港口
21. 罗马壕沟

砌入英国波特切斯特的罗马碉堡城墙的诺曼城堡速写
（沃伊切赫·奥斯特洛夫斯基绘）

英国波特切斯特残存的罗马城墙和壕沟，中世纪盛期时在城墙内筑有城堡

罗马防线壁垒的结构

公元 1—4 世纪之间的罗马防线壁垒结构（部分沿用至 5 世纪）

防线壁垒是在没有天险的区域所修筑的连续土墙、护城河和塔楼

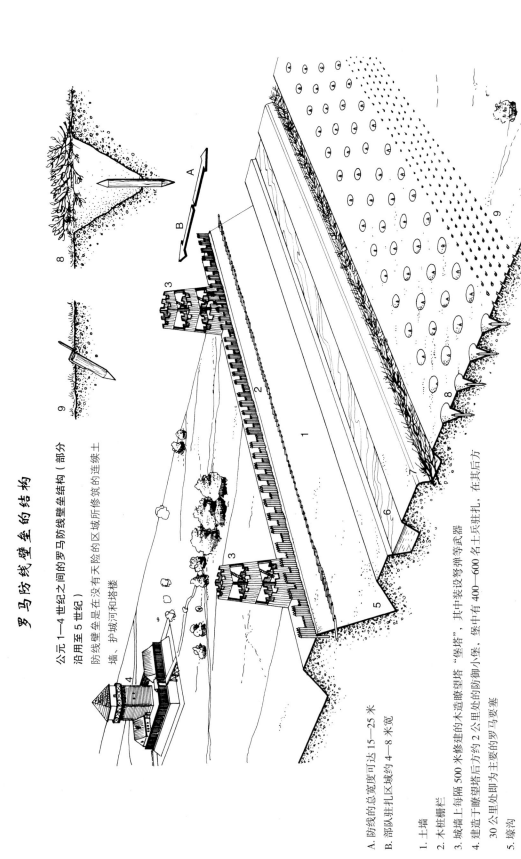

A. 防线的总宽度可达 15—25 米
B. 部队驻扎区域约 4—8 米宽

1. 土墙
2. 木桩栅栏
3. 城墙上每隔 500 米修建的木造瞭望塔
4. 建造于瞭望塔后方约 2 公里处的防御小堡，堡中有 400—600 名士兵驻扎，在其后方 30 公里处即为主要的罗马要塞
5. 壕沟
6. 注水壕沟
7. 柴枝制成的障碍物
8. 插上尖头木桩并覆以树叶或薄土层的陷坑，深约 90 厘米，是古代版的"地雷区"
9. "刺桩" 约 30 厘米长，为加装金属头的削尖木桩

他们很早就开始修筑构造复杂的要塞，连斯拉夫化之前的保加尔人也曾试图整修领土内一些罗马人留下的防御工事。这些进入巴尔干半岛的民族虽然被称为"蛮族"，但是他们所修建的要塞甚至足以抵挡拜占庭军队所采用的比较进步的攻城方法。同样迁入巴尔干半岛的阿瓦尔人则很快就展现其攻城专长，他们在攻打更为雄伟坚固的拜占庭要塞之后持续向北进入多瑙河流域。

凯尔特人也建立了许多要塞，包括铁器时代由同心圆式土垒构成的"丘陵要塞"和之后所建由木造及石砌墙面环绕的城镇，后者曾在几次战事中成功抵抗罗马人的侵略；属于凯尔特民族的皮克特人则于2世纪时在爱尔兰和苏格兰建造简单的环形碉堡保护当地居民。此时期的苏格兰有一些古老的住宅群，其周围环绕石墙且聚落中筑有称为"圆塔"的大型石塔，这种圆塔高可达15米，制造时不用灰浆，入口通常小到必须爬行才能进入，据信是由公元前该地区居民所建的一种未筑有防御工事的坚固圆形石屋演变而来。圆塔内部包含以梯子连接且具有木造廊道的中庭，高于第一或第二层的塔墙由两层较薄的墙面构成，一面是内墙，一面是外墙，其中的空间就可另外修建廊道。圆塔外部似乎没有其他防御工事，而塔本身就是最后的避难所，敌军如果侵入塔内就会被周围廊道上的人员包围。由于圆塔设计优良，因此有一部分在黑暗时代仍然可在斯堪的那维亚人来袭时据以防守，其他的则遭到拆除而石块就用来砌造新建筑。单在苏格兰地区就有大约500座圆塔的残迹，圆塔到了公元前200年成为村落的中心，而在苏格兰低地一直到黑暗时代维京人较早期入侵时，当地人皆持续以圆塔为防御据点。

其他地区的皮克特人一直到8世纪皆利用昔日的丘陵要塞作为防御据点，这些旧时要塞虽然荒废数百年但仍旧堪用，部分老旧要塞的构造包含防御木墙，是用烧制过后

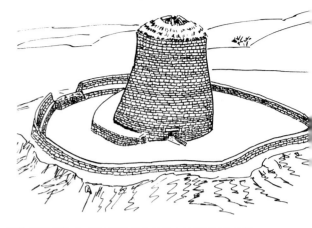

苏格兰圆塔速写，图中可见其入口极小且周围环有护墙
（沃伊切赫·奥斯特洛夫斯基绘）

类似炉渣的木材作为木墙的核心。苏格兰马里湾的伯格黑德即为此类丘陵要塞的典型例子，它于4世纪之前建于海岬上，在防御木墙与上方和下方围起的内部区域之间以铁制夹缝钉相连，考古证据显示此要塞至9世纪仍有人使用。

位于苏格兰伯斯夏的唐顿也是皮克特人于黑暗时代兴建的碉堡，其具有要塞以及位于中心的高台，周围环绕四座较低且设有防御土墙的平台，高台上于5—7世纪修筑的防御木墙之后被石墙取代。这座碉堡经历了不同阶段的修筑，最后成为黑暗时代以木、石和土筑成的雄伟碉堡，同时在英格兰和爱尔兰的各处高地也可见到其他类型相同的碉堡。苏格兰人在8世纪占据原先为皮克特人所有的苏格兰土地之后就开始建造自己的要塞，不过他们的要塞建筑仍然不如皮克特人所建的那么精细。

日耳曼人进驻旧时属于罗马帝国的疆域之后，很多较大型的罗马要塞就荒废了。各个日耳曼王国虽然控制了昔日西罗马帝国的领土，但兵力却不足以占领广大领土中的所有城市，再加上当地人民对于征服者未必心悦诚服，所以很多日耳曼领袖决定效法托

重新修筑的罗马防御工事，根据恺撒对于在阿莱西亚所建用来围困高卢部队的城墙的描述重建，"防线壁垒"可能类似此类防御工事，在其前方也可能设有与前景中所见插有尖头木桩且遮盖住的陷坑类似的障碍物

提拉在罗马城实行的手段，就是将当地规模较大的防御工事摧毁以避免当地人民据地反抗。因此只有极少数重要城市的罗马要塞得以保留，其他地区此后都只能依赖较小型的要塞作为防御据点。

至于不列颠群岛上的凯尔特人则占据多处旧时罗马要塞之后持续维修使用，因此英国的撒克逊海岸要塞虽然是罗马人所建，但一直到黑暗时代结束都未曾荒废。这些要塞周围的石墙是其他同类型罗马要塞城墙的两倍高，算是罗马要塞中规模数一数二者。很多沿岸要塞的城墙的高度可达 5 米，部分宽度则可达 3.5 米，不过高和宽也依据要塞不同而有所变化。英国西南部多处撒克逊海岸要塞中最具代表性的当属波特切斯特、雷古弗、伯格堡垒、林姆尼、多佛和里奇伯勒，除了英国本土之外在海峡另一侧的欧陆海岸也筑有多座类似的要塞。其中波特切斯特不仅是少数在中世纪期间仍长期使用的要塞之一，也是保存最完善的一座，其棱堡不像其他实心、呈圆形或半圆形且凸出墙面可供安装弩炮的要塞，而是内部设置木造楼板的空心棱堡。

撒克逊人在 9 世纪开始在具战略性的位置如交通要津和山丘等建造称为"堡"的防御型城镇，防御之外也作为当地人民的避难处。其中多个城镇都将古罗马城墙也纳入本身的防御工事，没有古罗马城墙可以运用的时候就改建木桩栅栏并加筑壕沟，不过大部分结构经历时代变迁皆已毁坏，尤其是在工事以内和周围的城镇都持续扩展之下更难以留存。

盎格鲁－撒克逊的麦西亚国王奥法在 8 世纪下半叶修建"奥法大堤"围住威尔士边界，这是英格兰地区最长的一道防御性土堤，甚至有可能是和邻国的威尔士亲王合作修筑，因此也可能不是当作军事用的障壁，大堤确切的功能至今仍是个谜。

伊斯兰教、拜占庭及法兰克帝国的要塞

7世纪时的欧洲正值黑暗时代，这时由阿拉伯沙漠崛起的阿拉伯战士及其伊斯兰信仰如狂潮般席卷中东，他们一窝蜂地拥入肥沃月弯，攻占拜占庭和波斯帝国的领土，很快就震撼了基督教世界并几乎将其毁灭。在7世纪之前中东地区已有一大部分落入穆斯林的掌控，其战士在711年兵临欧洲国家城下，雄伟壮丽、防卫森严的君士坦丁堡在717—718年遭到围攻。君士坦丁堡原先只以君士坦丁城墙防御，狄奥多西二世任内所建的狄奥多西城墙由旧城墙向西延伸，成功遏阻了阿拉伯人破城入侵的野心。

狄奥多西城墙建于413年，厚4.6米的城墙绵延横跨君士坦丁堡所处的巴尔干半岛，城墙上每隔55米以内的距离即筑有超过20米高且凸出墙面10米之多的巨大塔楼，塔楼呈方形或多边形，不过没有圆形的塔楼。高大塔楼的上层仅与城墙走道通连，而中间楼层可由主城墙外部的入口经过下层进入。在阿拉伯人前来的多年之前，这些平均高度13米的城墙曾经成功抵御保加尔人和阿瓦尔人。唯有自然之力能够削弱这些城墙，城墙在经历连续数次地震之后损坏得相当严重；西德尼·托伊在经典著作《城堡建筑及其历史》中就指出447年的大地震中总共有57座塔楼崩塌。拜占庭人在修复城墙时不仅加筑防御设施，也决定在旧城墙前方加建新城墙，修筑新墙的工程完全配合内墙，外墙的功用就在于保护内墙避免遭到敌人直接攻击。新建的"外墙"大约2米厚，高度不如旧城墙，仅约7.5米，新城墙的塔楼皆为方形且间距45—90米不等，而且新塔楼大多不像成为"内墙"的旧城墙的塔楼一样具有下层，在通往旧城墙的高大塔楼的入口层和通往新城墙上层的入口层之间形成一平台区，修建旧城墙并加建新城墙之后总共完成192座新塔楼。具有方形塔楼的外墙外缘往下降约5米以形成另一个平台，可通往18米宽、6.5米深且部分区段注水的护城河。新城墙和旧塔楼中皆运用了拱形结构。护城河沿岸也加筑称为"内削壁"的具雉堞矮墙，在内削壁和外墙之间有一块宽约12米的平台，在外墙和内墙之间又有另一块宽约18米的较高平台。绵延的城墙可达6公里长，沿线筑有防御完善的城门，拜占庭帝国的工程师更于8世纪进一步加以扩建，半岛在三层城墙的防卫之下固若金汤。此外还有一道长约1公里的独立城墙延伸至金角湾，同时将皇宫以及北端布雷契耐市的郊区环绕其中。在布雷契耐的这段城墙算是朝向内陆的城墙中最弱的一环，尤其是在与三层式城墙相接以及环绕皇宫处。吕库斯河流经民用的圣罗曼努斯城门与军用的圣罗曼努斯城门之间，之后由埃留提利乌斯港出海，因此在防御上除了供应注满护城河部分河段所需水源之外没有其他特别的功用。吕库斯河的河谷由民用的圣罗曼努斯城门延伸至金角湾，这个地带的三层式城墙称为"中段城墙"，一般认为是最容易攻破的部分，三层式城墙的其他部分则建筑在南侧靠近海岸起伏不平多山丘的地带，半岛周边剩下金角湾到马尔马拉海之间的地带则以邻海城墙防护。

邻海城墙原先是君士坦丁堡的主要防线，但后来狄奥多西二世在5世纪时觉得有必要自行修筑可将半岛围得滴水不漏的新城墙，不过邻海城墙仍保有其重要性，而且在中世纪时期和内陆城墙一样经过持续修整和加固。在7—8世纪不仅大幅翻修这些城墙，金角湾里也加上一条横越水面的锁链，而邻海城墙沿线靠马尔马拉海处后来也加筑两座筑有防御工事的港口，目的是供舰队停泊以备随时迎战由海路入侵的敌人。

斯拉夫人的兵力在559年突破拜占庭帝国的第一道防线，但随后就被名将贝利萨留击退。阿拉伯人在673年首次兵临君士坦

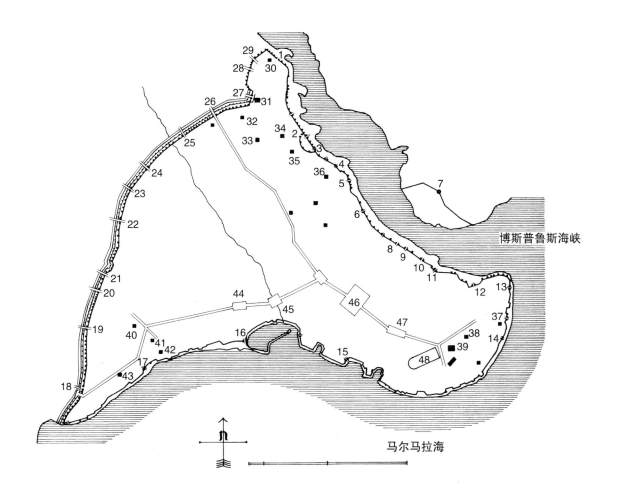

君士坦丁堡

1. 木造城门
2. 灯塔城门
3. 显贵城门
4. 狄奥多西娅城门
5～14. 城门
15. 小码头城门
16～17. 城门
18. 黄金城门
19. 第二军用城门
20. 泉区城门
21. 第三军用城门
22. 雷吉乌姆城门
23. 第四军用城门
24. 民用的圣罗曼努斯城门
25. 第五军用城门
26. 查瑞休斯城门
27. 木尾城门与称为尾门的便门
28. 靴匠区城门
29. 布雷契耐区城门
30. 布雷契耐区的圣玛利教堂
31. 皇宫
32～35. 教堂
36. 圣狄奥多西娅教堂
37. 曼加纳区的圣乔治教堂
38. 圣伊林娜教堂
39. 圣索菲亚教堂
40～43. 教堂
44. 阿卡狄乌斯广场
45. 公牛广场
46. 狄奥多西广场
47. 君士坦丁广场
48. 竞赛场

堡城下，围攻五年最后仍在守军猛烈抵抗与"希腊火"的攻击之下撤退。伊斯兰军队于717年再度来袭，但依旧无法攻破固若金汤的城墙，海路攻击也宣告失败。君士坦丁堡于是成为中世纪基督教世界中防御最为严密的城市，而其声威应归功于早在黑暗时代就开始建设的庞大防御工事。

拜占庭帝国位于小亚细亚的城市尼西亚具有和君士坦丁堡相似的城墙，而且同样是在5世纪时修筑，雄伟的城墙将位于内陆的尼西亚完整地围住。尼西亚和君士坦丁堡的城墙构造有许多重要元素皆可见于之后的防御工事，这一点或许可以作为城堡建筑起源于东方的证据。T. E. 劳伦斯（即"阿拉伯的劳伦斯"）指出拜占庭要塞有一个重要特征，就是从皇帝查士丁尼开始到中世纪末期所建的城墙都偏薄，虽然在黑暗时代还不会构成弱点，但随着时代变迁，到了中世纪盛期攻城技术渐臻完熟时，这些城墙就比较难以抵御敌军了。

拜占庭帝国持续与伊斯兰势力周旋的同时，西欧的情势逐渐危急。来自阿拉伯的军队一方面取道小亚细亚直达君士坦丁堡城门之下，另一方面还有其他兵力在穆萨·伊本·努赛尔的统率之下抵达直布罗陀海峡。塔里克·伊本·齐亚德将军在711年时率军登陆伊比利亚半岛，本来只是要勘察了解西哥特王国的实力如何，但后来就与西哥特人开战了。塔里克率军和罗德里戈国王的部队在瓜达莱特河进行决定性的一战，西哥特战败，王国随之覆灭。阿拉伯军队在半岛上连战皆捷，只有在罗马时代晚期即修筑而成的休达、梅里达和塞维利亚等防御型城市遭遇顽强抵抗，伊斯兰势力很快席卷伊比利亚半岛的大部分地区，残存的基督教势力只能退入阿斯图里亚斯的山区。伊斯兰部队跨越比利牛斯山脉之后持续进军仍势如破竹，一直到732年于普瓦捷遭遇铁锤查理的军队时攻势才受阻。法兰克王国由于在普瓦捷战役中获胜得以幸免于难，甚至可说整个欧洲的基督教世界都因此受惠，免于遭到伊斯兰军队的攻击。铁锤查理之后夺取墨洛温王朝的统治实权，而其孙查理曼（即"查理大帝"）其后试图巩固势力时发现有必要在各处兴建防御工事。

伊斯兰教征服伊比利亚半岛的过程中还有一段有趣的插曲：西哥特人为了抵御巴斯克人分支巴都里安人的入侵，便在西班牙北部高处的埃布罗河谷中利用土坯砖修筑了多个小型要塞，但这些要塞最后仍旧被巴都里安人攻占，他们又反过来利用要塞与阿拉伯军队抗衡。巴斯克人在7世纪初期归顺西哥特国王斯温提拉之后曾为其修筑要塞城市欧洛吉库，即今日潘普洛纳南方的奥利特，后来奥利特成为西班牙基督教地区中最为坚固难攻的城堡之一。

查理曼将伊斯兰军队逐出比利牛斯山区，在法兰克地区的势力逐渐稳固，而伦巴第人在遭到法兰克人击败之前也曾入侵意大利半岛，但其攻势被罗马时代遗留下来的要塞阻遏，其中帕维亚的罗马要塞被围困三年皆未屈服，最终因为粮食消耗殆尽只好于572年投降。伦巴第人最后成功占领许多罗马要塞，但两次进攻罗马城都未果。之后查理曼围攻已成为伦巴第首都的帕维亚，九个月之后终于攻下该城并接收代表王位的伦巴第铁王冠。教皇利奥三世为了奖励查理曼全心服事基督教，于是在800年的圣诞节当天为其加冕并称其为"罗马人的皇帝"，不过查理曼的帝国疆域其实和原先的法兰克王国国土差不多。查理曼在边疆修建碉堡，根据《中世纪围城战》作者吉姆·布拉德伯里所述，这些碉堡不过是在山顶等易于防守的位置用土和木头搭建成的"防御岗哨"，不过极少出现碉堡守军投降的例子，由此可知防御效果颇佳。查理大帝的法兰克部队从800年开始在西班牙边疆区围攻巴塞罗那，经历七个月的攻防战于801年占领该城，法兰克人在

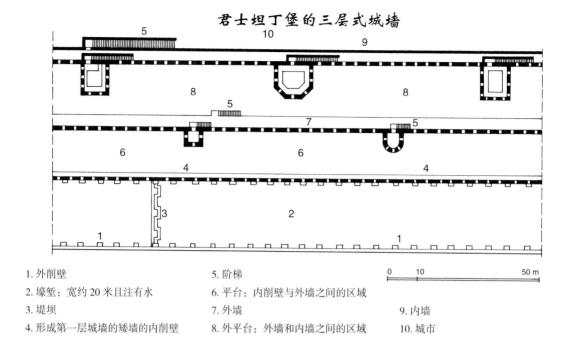

君士坦丁堡的三层式城墙

1. 外削壁
2. 壕堑：宽约20米且注有水
3. 堤坝
4. 形成第一层城墙的矮墙的内削壁
5. 阶梯
6. 平台：内削壁与外墙之间的区域
7. 外墙
8. 外平台：外墙和内墙之间的区域
9. 内墙
10. 城市

攻城期间也建立了自己的防御工事以便抵抗摩尔人。后来查理曼更将加泰罗尼亚沿埃布罗河到伍麦叶王朝哈里发国边界为止的区域重新纳入国土，这也是法兰克帝国在伊比利亚半岛上影响所及最远的界线。

查理曼于814年崩逝，在此之前维京人就开始从海路袭击帝国国土，查理曼于是在边疆建立"边境省"并修筑一连串碉堡试图防卫，边境省包括阿瓦尔（其后的东省或奥地利）、布列塔尼、西班牙边疆区以及今日德国境内地区。西班牙边疆区的"加泰罗尼亚"一名可能源于拉丁文中的"城堡"一词，表示此地城堡要塞林立。查理曼依赖封建制度巩固统治权，分封属下为管辖各边境省的总督。而随着法兰克帝国境内的城市逐渐没落，修道院反而成为重要的贸易中心，帝国也慢慢走向分崩离析之途。

目前所发现关于查理曼帝国中心区域于公元500—800年曾兴建重要要塞的证据极为稀少，只知道还保留一些罗马时期留下的防御型城镇，比如卡奥尔（630年修复）、欧坦（660年修复）以及斯特拉斯堡（722年修复，罗马时期称为阿让托拉蒂姆）。法兰克人是在507年由西哥特人手中夺下法国西南部曾为重要贸易中心的卡奥尔，当地主教圣迪迪埃在7世纪上半叶曾任职于墨洛温王朝的宫廷，他下令修建卡奥尔的老旧城墙。修砌新石墙时并未使用灰浆，此外还加盖可由侧翼提供掩护的塔楼。卡奥尔因位处河湾具有地利，在对抗伊斯兰军队入侵期间成为数一数二的坚固据点，城镇的防御工事许多年来皆表现出优秀的防御功效，8世纪时阿基坦的众公爵企图脱离法兰克帝国时也曾争夺该城的控制权。欧坦的规模甚至超过大多数的撒克逊海岸要塞，其具有罗马城墙、62座塔楼和4座城门。加洛林王朝在将斯特拉斯堡纳入麾下之后就将该城当作莱茵河上的主要贸易中心，同时以其为通往今日德国境内地区的主要闸道，因此也有必要加强此地的防卫。至于卡尔卡松等其他罗马防御型城镇，在罗马帝国灭亡之后先是由西哥特人进驻，在铁锤查理将伊斯兰部队逐往比利牛斯山脉之后就由法兰克人进占，先后进占的势力皆持续维护并强化当地的防御工事。

此张狄奥多西城墙的照片中可见君士坦丁堡三层式城墙的残迹（照片由斯蒂芬·威利提供）

查理曼率领的法兰克部队由于具有良好的纪律与组织，再加上妥善运用攻城炮兵部队，因此能够以围攻方式顺利攻陷包括帕维亚和巴塞罗那在内的多座防御型城镇。不过查理曼在围攻帕维亚时一度因为缺乏适当的攻城设备而落败，是在攻陷帕维亚之后才将攻城炮兵部队加以组织化。根据维奥莱·勒-杜克所述，墨洛温王朝和加洛林王朝的部队皆沿用罗马人的攻城方法，但在攻城战中却不像罗马前辈一样能够运用精巧繁复的战术。

查理曼帝国边境省的不同防御据点之间以道路连接，可作为骑兵驻扎以便随时出动抵御入侵者的基地，帝国在军事上逐渐倚重新兴且精锐的法兰克骑兵，步兵部队就相对慢慢变弱。在欧洲其他以骑兵为主力的地区，步兵的主要任务也转移为在防御据点驻守。昔日的西罗马帝国与拜占庭帝国其实也有类似情况，由于常备兵力以重骑兵为主，因此兵员人数变少，必须建造具备多重防御设施的据点来维系帝国中央对于地方的掌控。墨洛温王朝也和以前的罗马帝国一样在全国各地兴建防御据点作为部队行军途中的休息站，

不过法兰克人所建的皇宫比较有名，比如查理曼在首都艾克斯拉沙佩勒（亚琛）的皇家住所中也修建了供驻军居住的房室。

由查理曼在位的时代到加洛林王朝灭亡期间，法兰克人在原野上建立的要塞皆为木造且主要当作较大批部队的军营，目前无法确知这种做法是法兰克人首创或是源自罗马军事制度。查理曼和其继任者试图加强对于撒克逊人的控制并强迫他们改信基督教，他们发现有必要建立可巩固统治权的碉堡，不过加洛林王朝的这些据点还不到固若金汤的程度，因为撒克逊人曾数度成功占领撒克逊地区里的几个据点。

随着封建制度于黑暗时代在西欧逐渐发展成熟，军团的规模也有所缩减，改为以具有贵族身份的战士阶级为主力，但是西方各个基督教王国无法只依赖这种较小的军团来维系对于国土的掌控，需要辅以坚固的防御工事，尤其是在维京人侵略欧洲其他地区时特别需要可据以防守的要塞。此外封建制度也造成贵族之间彼此角力，因抢夺领地而生的纷争不断，各个领主发现必须努力保卫自

己的领土并抵御与自己为敌的男爵、伯爵、公爵,甚至需要对抗国王。这些领主里很少有人能够召集大批军队,于是转而依赖要塞建筑来保家卫土。

不列颠群岛的要塞

西罗马帝国覆灭之后,日耳曼族的盎格鲁-撒克逊人和朱特人开始入侵不列颠群岛,他们不仅劫掠原属罗马帝国的不列颠,甚至直接攻占昔日的罗马领土并接收已经无人驻防的撒克逊海岸要塞,而原本居住在不列颠且自称不列颠人的凯尔特人被迫离开,他们迁居威尔士、苏格兰甚至跨海迁往布列塔尼。不列颠人对抗盎格鲁-撒克逊人侵略的事迹于是成了亚瑟王及卡美洛传奇的素材,一直传颂至今,虽然卡美洛城的确切位置至今未有定论,不过学者认为有可能是一座今日称为卡德伯里城堡的碉堡。这座位于萨默塞特郡的碉堡于铁器时代建造,在荒废多年之后才又在对抗罗马军队入侵时重新起用,周围的壕沟是到了1世纪才重新修筑,之后将近五百年间又遭废弃,等到对抗盎格鲁-撒克逊人时再度起用。其石墙砌造时未加灰浆,上方加筑木造城垛,之后在中世纪盛期则完全由石墙取代。碉堡周围环绕三道壕沟,这是早期建于丘顶的要塞中常用的防御设施;塔楼形式的木造城门属于线条较简单的罗马式结构。

然而卡德伯里城堡不是唯一一座被指称为卡美洛城原型的城堡:1998年夏天,考古学家在康沃尔郡的廷塔杰尔城堡发现一块石板,板上所刻的拉丁文可能是亚瑟王的名字;另外还有分布在康沃尔郡和威尔士南部的几座城堡、诺森伯兰郡的两座城堡,甚至苏格兰也有一座城堡都曾被认为是亚瑟王的根据地。虽然卡德伯里城堡和其他的城堡可能不会再被视为亚瑟王宫廷的所在地,但这些城堡皆为凯尔特人抵御外侮的重要据点,能够提供黑暗时代早期要塞建筑发展的线索。例如廷塔杰尔曾是一座雄伟的丘陵要塞,其所在的半岛由黑板岩构成且周围尽是峭壁,与大陆之间相连接的部分狭窄如脊。可惜城堡遗迹经历岁月摧残,今日已很难得知于中世纪盛期之前的时期究竟由何方进驻。

卡德伯里城堡。已有多方指称此城堡遗迹系传说中的亚瑟王所留下

斯堪的那维亚人所建要塞及与其抗衡者

曾被视为蛮族的日耳曼人灭亡罗马帝国并在原属帝国的疆域定居之后反而也害怕遭到"蛮族"入侵,这批"蛮族"来自欧洲最北端,也就是维京人的故乡斯堪的那维亚半岛。住在挪威、丹麦和瑞典的居民其实也是日耳曼人,但是他们并未吸收罗马文化或改信基督教,仍旧维持日耳曼人的古老信仰及生活方式,在已经成为基督教徒的南方日耳曼人眼中还是相当野蛮的一群。至于维京人则将基督教世界视为落后且不堪一击、适合大肆劫掠的地区,不过维京人后来也会像北欧的日耳曼邻居一样改信基督教,日后也会逐渐融入以罗马文化为根基的西方文化,他们的后代在黑暗时代末期茁壮成长为西方的重要势力之一,最终造就现代英国的诞生。

黑暗时代初期时斯堪的那维亚仍旧处于混乱状态,于是维京人在家乡建造多处防御性避难所,大部分皆属圆形的"土围"且位于地形不利进入的位置,可供当地村民进入避难。其中两处最重要的维京要塞位于瑞典的厄兰岛,一处位于伊士曼托普,其直径125米,另一处位于爱克托普的要塞靠近岛屿南端,皆为黑暗时代斯堪的那维亚的代表性要塞建筑。由爱克托普发现的考古证据显示此处的建筑最初仅供临时使用,在5世纪时经历第二阶段的修建,在此时才扩大并成为永久性聚落,但在公元700年时遭废弃。

维京人的军事力量从8世纪开始壮大后陆续攻打其他民族,此时就不再在家乡建造新的要塞。他们主要以土石堆筑简单的路堤取代要塞建筑来保卫村落,不过遍布日德兰半岛南端的"丹麦边墙"却是例外。日德兰岛的丹麦维京人很明显是为了抵御撒克逊人和法兰克人才建造这道壁垒,目的是保护由位于施莱湾的海泽比镇通往波罗的海与可连通北海的霍灵施泰特的重要水陆转运路线。近代科学家于构成此大型壁垒的木材上施行年轮年代鉴定,结果显示最早的一批防御木墙是在730年建造而非先前以为的9世纪,因此丹麦边墙有可能是继罗马的"防线壁垒"之后少数在欧洲兴建的重要防御壁垒之一。构成这道壁垒的土筑路堤、木桩栅栏和壕沟绵延达25公里长,不过实际上只涵盖了大约14公里长的距离;路堤估计约为10米宽、2米高,不过有些区段可能高达7米。海泽比镇以西的地区遍布沼泽而以南则为林地,皆可作为天然屏障,边墙的主要防御据点则是以木造围栅防护的海泽比镇,在城镇以西处开有一道城门,南北向的军用道路即由此穿过,这条路是进入日德兰半岛的唯一道路。丹麦第一位知名的强势领导者国王古德弗雷德于9世纪初加强丹麦边墙的防御工事,经年累月之下海泽比镇的土筑工事达到极为可观的10米高度。由于在地峡修筑了如此坚不可摧的防线,古德弗雷德于是得以在持续侵袭查理曼的领土同时确保己方国土安全无虞。在《维京人的战争艺术》(伦敦,1995年)中,作者帕迪·格里菲思估计防守该阵线大约需要7000—10000名士兵,但是丹麦国王不可能蓄养这么大批的军队,而且部队如果沿阵线分批防守,在敌人针对单一地点大举进攻时也没办法快速有效地应变,事实上法兰克皇帝虔诚者路易就曾在815年突破防线。丹麦人持续维护加固丹麦边墙,到12世纪时瓦尔德马尔一世还下令加砌一道砖墙,但在10世纪时丹麦已有其他规模较小但更为可观的防御据点足以取而代之。波兰和俄罗斯也可见到相似的土筑壁垒,有些壁垒的长度甚至超过丹麦边墙。

挪威和丹麦的维京人一方面袭击并征服不列颠群岛,一方面突袭法兰克帝国的领土;瑞典的维京人则向东发展,以斯拉夫地区为目标,不仅在征服斯拉夫人之后于诺夫哥罗德建立了俄罗斯的第一个王国,袭击范围甚至远及拜占庭帝国以及伊斯兰哈里发的土地。位于君士坦丁堡的东罗马帝国已经准备好迎战新出现的入侵者，而西方各国也疯狂地加筑防御工事希望能让这群斯堪的那维亚人知难而退。

以挪威为基地的维京人于 8 世纪晚期至 9 世纪初期袭击苏格兰和爱尔兰沿海，而他们的丹麦同胞则同时攻击英吉利海峡两边的国家。遭到袭击的居民一开始建筑许多可供避难的高塔，爱尔兰人则在黑暗时代早期建造许多称为"土围"的环形要塞，是由路堤与前方的壕沟构成，防御功能较佳的土围位居土墩之上且进出皆需经由滑道。挪威人随后占领爱尔兰的都柏林，当地的爱尔兰人于 9 世纪上半叶与侵入的维京民族争战不休，曾发生多起围城战役。

维京人于 840 年在西欧启用全新战法，开始在爱尔兰、苏格兰和法兰克王国的领土上建立军事行动的基地当作冬季据点以及桥头堡，他们偏好选在重要江河的河口修筑要塞，有时也会占据罗马人留下的要塞整修再利用，此外也会在较难攻入的沼泽和林地设立军营并加筑防御工事，壕沟、土筑路堤和木桩栅栏几乎可说是维京要塞的标准设施。维京人就由这些基地出发，可以溯塞纳河而上袭击巴黎，或是驾着长船沿卢瓦尔河进入西法兰克王国的领土，他们在莱茵河和不列颠群岛也建立了类似的基地。

此时的法兰克王国由查理曼的三个孙子（即虔诚者路易的三个儿子）各据一方，其中秃头查理统治的地区即为现今的法国。三名继承者于 843 年订立《凡尔登条约》之后，法兰克王国的局势逐渐稳定，秃头查理不用再被迫与兄弟对抗，转而对付维京人，同时还要与借助封建体制取得重权的贵族周旋。查理手下的各个封臣由于获准可将土地传给子孙，因此积极建设防御工事保卫自家的领地。这时出现了有趣的转折，在黑暗时代早期民众在领主允许之下将部分城墙拆毁并利用取得的石材建造教堂和其他建筑物，但在遭到维京人袭击之后，人们反过来拆除教堂和其他建筑物，以便利用取得的石块重建旧城墙。

法国的秃头查理和英吉利海峡另一侧的阿尔弗雷德大帝不约而同实施禁止维京人从水路通行的策略，查理先是下令在塞纳河修建加筑防御工事的桥梁以便控管河口交通，之后又控制了卢瓦尔河。此外他也于 862 年协助巴黎伯爵（当时巴黎还不是法国首都）在塞纳河较下游处皮特尔附近、鲁昂北侧的朋特拉谢建造防御型桥梁以抵抗维京人，这座桥上筑有木造及石砌要塞。尽管如此，维京人还是攻抵巴黎；虽然巴黎也筑有数座防御型桥梁，但是维京人于 887 年在围攻巴黎失败之后顺利通过其中一座桥深入巴黎城内。查理又在巴黎盆地和包括易北河及卢瓦尔河在内的其他几处加盖防御型桥梁以拦阻维京人，秃头查理的继承者之一胖子查理于 884—888 年统治法国期间不与维京人正面作

图中的高耸塔楼位于卡舍尔，爱尔兰各地皆可见到此种供军民避难的高塔

战，而是依赖这些桥梁和其他防御据点消极抵抗。圣丹尼修道院是加洛林王朝最为著名也最富有的修道院，修道院周围于869年加筑一道城墙，巴黎由于这座修道院位于城内也跃居重要城市。此外秃头查理也持续驱使比较穷困的臣民在全国各地兴建新要塞，于图尔和奥尔良等已经筑有城墙的城市需修复旧城墙，原先并未筑有城墙的城市如869年之前的巴黎、布鲁日、康布雷则于此时修筑，其他如桑斯等城市则利用古老的罗马城墙保卫乡土。

维京人于885年溯塞纳河而上攻打法兰克人，当时王国的国势已经衰微，河流上的防御工事根本无法抵挡，维京人一路攻进巴黎，时任巴黎伯爵、之后成为法王的厄德在885—886年的围城战事中成功遏阻其攻势。当时的巴黎是有一部分筑有防御工事的岛屿城市，其区域约略涵盖今日的巴黎城岛，这座塞纳河中央的小岛周围环绕4世纪时建造的高卢－罗马城墙和两座防御型桥梁，厄德利用这些防御设施与大约30000名维京人抗衡，坚守巴黎长达十一个月之久。两座桥中较小的一座由位于塞纳河南岸的塔楼守护，较大的桥也设有防御塔楼，两座塔楼周围各自筑有护城河。维京人用尽弩炮和攻城锤等各种攻城器械，甚至以火船冲撞较大的桥梁，但始终无法攻克巴黎。

最后在886年年初，较小的桥在河水上涨之后被吞没，维京人成功攻陷孤立无援的南岸塔楼，但他们千方百计攻击守护较大桥梁的塔楼却依旧失败。法军试图突围未果，巴黎城内军民持续顽抗，最后维京人在被重金收买之后转而围攻桑斯，但是围城半年仍然未果。维京人于890年进攻较北方的法兰德斯地区，这次也因当地新建了防御型城镇及要塞而受挫，无法继续前进。维京人在围攻巴黎和日耳曼人的领地接连失败之后士气遭到重挫，对于西欧地区构成的威胁随之大减。别名傻瓜查理的法王查理三世于911年将以鲁昂为中心的领地分封给维京人罗洛（受洗后改名罗伯特），来自斯堪的纳维亚的入侵者终于融入法兰克王国。

同时在英吉利海峡另一侧，维京人从790年代开始在英格兰建立基地并逐步蚕食各个王国，当时已经占领英国的大部分领土并且威胁要消灭盎格鲁-撒克逊王国最后残存的势力。维京大军先是吓得莱茵河到波尔多的法兰克人心惊胆跳，之后终于抵达不列颠并在此地下船，他们和在欧陆一样以长船与当地人交换马匹以便朝内陆前进，只有撒克逊人的韦塞克斯王朝的阿尔弗雷德大帝成功地抵御维京人的侵略。

就在维京军队由先前的劫掠转而登陆试图征服英国时，阿尔弗雷德大帝适时登场与之对抗，他下令修复大约30座西撒克逊的"堡"或要塞，还在公元9世纪80年代指派各地领主维护要塞。很多旧时所建的"堡"皆沿用罗马的长方形格局，具有防御土墙及上方的木桩栅栏，有些较坚固的"堡"如位于罗切斯特者就足以抵挡维京人的攻势。罗切斯特在884年遭到维京人围攻时据以防御的城墙有一部分还是罗马人所留下，这个具有重要战略地位的城镇在围城战中坚守不屈，终于等到阿尔弗雷德大帝率军驰援。阿尔弗雷德和维京人两方在战斗中皆运用要塞建筑，阿尔弗雷德以孤立的岛屿据点作为避难所，此外也效法罗马人修筑让军队快速移动的堤道并加以运用。维京人于893年攻陷罗切斯特的旧罗马要塞，不甘示弱的阿尔弗雷德也围攻维京人的基地。阿尔弗雷德先前设置防御型城镇的计划到了公元9世纪90年代终于获得成果，起初选定这些城镇是希望促进城市发展，这样才会有足够的人口来保护该地和周围的领土。由于阿尔弗雷德在英格兰南部多处为设立新市镇打下基础，再加上各处要塞皆已修复，因此韦塞克斯地区所有的聚落方圆50公里之内就有一处要塞提供保护，此外境内所有可能遭到维京人驾

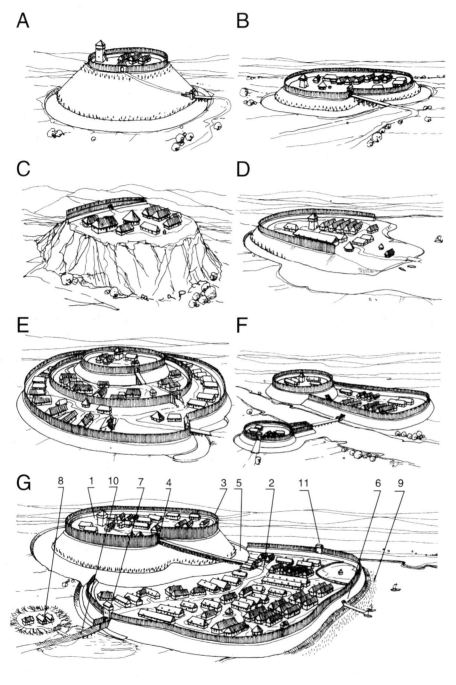

郭区的种类

A. 位于锥形山丘上的郭区
B. 位于地势平坦的低地的郭区
C. 位置孤立且仅有对外通连的一侧有所防护的郭区
D. 马蹄形郭区
E. 具有同心圆式城墙的郭区或环形郭区
F. 多边形郭区
G. 郭区的构造元素
 1. 主郭区或上郭区
 2. 下郭区
 3. 设有木桩栅栏的防御土墙
 4. 入口城门
 5. 护城河
 6. 隧道门
 7. 主要入口城门
 8. 加筑防御工事的聚落
 9. 消波堤／障碍物
 10. 穿越沼泽的木板道路
 11. 塔楼

船侵入的河流也都在要塞的防护范围之内。阿尔弗雷德于886年在伦敦加筑防御工事，大批维京人则于894年在泰晤士河上建立基地。阿尔弗雷德于是效法秃头查理将利河的河口封锁，并在两侧各建立一座要塞，维京人的战船无法开抵泰晤士河，只好弃船之后从该地撤退，到了896年撒克逊王国终于不再受到维京人的威胁。

然而一直到10世纪上半叶，英格兰的东英吉利亚、约克和"五市镇"等区域仍为维京人的势力范围，这些地区就是所谓的"丹麦法地区"。来自丹麦的维京人和撒克逊人各自筑有防御工事的边界在10世纪初战火不断，撒克逊人一方面为了确保己方的经济利益，另一方面也想以武力威胁丹麦人的贸易中心，于是陆续兴建新的边境要塞，之后在924年成功攻占"五市镇"，到了10世纪中叶则控制了整个英格兰，此时的英国南部已经要塞林立。阿尔弗雷德大帝之子爱德华一世在扩张领土时也效法其父持续建造可保卫国土的新要塞，不过英国在这个时期还未施行封建制度，因此还未出现城堡的概念。

斯拉夫民族分布地区的要塞

东欧的斯拉夫人所建的要塞虽然不为西欧人所熟知，但其实与西欧的要塞建筑十分相似，他们建造的防御型聚落称为郭区（波兰文中单数为gród，复数为grody，俄文则拼成grady或gorody），其周围有护城河环绕，通常具有土墙、木桩栅栏以及加筑防御工事的城门，有时也称为环状工事。郭区的历史可追溯至公元前几世纪，就如同西欧的拉丁人和日耳曼人倾向沿用先前罗马人留下的要塞和建筑技术，东欧的斯拉夫人也延续已流传数世纪之久的要塞建筑风格。

在6—8世纪的300年间兴建要塞的习俗在斯拉夫地区一度中断，就目前所知当时并未建造任何新要塞，之后就步入全新的建筑风格时期，此时最简单的技术是利用篮状编织的木墙搭成双层墙并在两层墙之间填满沙土和粗石，这项技术可追溯至青铜时代，波兰西部比斯库平的岛屿聚落的防御工事即以此种方法筑造，同时也出现由两组甚至多达三组的木墙填满粗石之后形成的木桩栅栏墙面。不过木造墙面怕火，所以通常只用于防守较小型的聚落或独立的家园；较大和较重要的聚落周围通常设置上有木桩栅栏的土墙，这种土墙的确切来源不明，但已知在青铜时代分布于此区域的卢萨蒂亚人的聚落就出现过这种防御用土墙。到了8—9世纪时开始采用称为"箱墙构造"的新技术，是将填满沙土、粗石等的大箱堆叠起来，再在其上覆土即可防火。西欧人会利用挖壕沟时掘出的土石筑墙或土垒，斯拉夫人同样会利用挖郭区城墙周围护城河时的泥土混合粗石填入这些大箱里。部分箱墙由两排或更多排的大箱组成，高度可达12米。由于郭区通常修筑在周围布满水道和沼泽的潮湿区域，这些高墙的重量可能造成稳定性上的问题，因此斯拉夫人会在墙基堆上多层木材和粗石加固。木材在潮湿气候和土壤的影响下很快就会腐朽，不过有时覆盖的土层有助于保护木材免受风吹雨淋，所以部分木造结构仍保存至今。箱墙和先前的土墙一样上方设有木桩栅栏，通常也经过加固，在有石材可用的时候也会以石块加固结构。

9—10世纪出现了不同类型的郭区：有些当成营房供士兵入住者就纯粹是军事用；有些则是为了保护重要的生产中心而建，可能供例如鞍匠、铁匠或织工等供应当地首领所需物资的特定类型的工匠居住，这类聚落虽然现在已经不是生产马鞍或打铁的中心，但仍然保留昔日的名称；还有一些则是行政中心，可供首领及其随从和贴身侍卫居住。作为行政中心的郭区规模庞大且结构也比其他聚落更为复杂，大多分布在维斯瓦河上游以及摩拉维亚区，但也见于更北的波美拉尼亚，有些甚至具有如双层或三层护城河等比

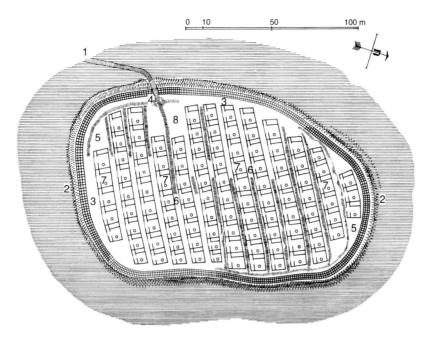

波兰比斯库平

1. 入口堤道
2. 消波堤（利用削尖的原木作为障碍物，总计约4万根）
3. 5—6米高、3米宽的箱墙构造，覆以黏土且设有城墙走道
4. 加筑防御工事的城门
5. 道路
6. 12条以原木铺成且互相平行的木排路
7. 105间长屋
8. 广场

◀斯拉夫人于青铜时代在比斯库平的沼泽区中建造的郭区，该地区一直到黑暗时代出现的要塞建筑皆属此类

▲郭区墙面和前方障碍物（木桩）特写

较进阶的设施。箱墙构造最后被规模更大且更为坚固的格栅墙构造所取代，这种格栅墙可能早在6世纪就曾出现，但目前还需要更多考古证据才能确认郭区发展到不同阶段的年代。

格栅墙是为了弥补箱墙的缺点而发展出来的，是由多层木材交叉排列并与黏土和沙层交互层叠以增加墙的稳定性，之后再将木材插入土中进一步稳定墙面，而所有格栅彼此之间也以木钩和托梁相互连接固定以防滑脱。格栅墙多半朝郭区内部斜倾，而且墙侧堆有支撑用的土堤，倾斜的墙面有助于防止敌军利用攻城塔接近城墙上方之后攻击。而攻城方也有应对之策，他们改用云梯或活动桥梁搭接在攻城塔和城墙上方之间。

最古老的格栅墙出现在斯拉夫地区西北部的波拉布和北德平原位于今波兰境内的地区，这一点也不令人意外，因为该地沼泽遍布。格栅墙一直没有箱墙那么普遍，东部和地势较高的区域仍持续建造箱墙，不过到了远东的莫斯科仍可发现格栅墙的遗迹，且有证据显示到13世纪仍有人持续建造格栅墙。格栅墙的两个重大致命伤在于不如箱墙防火而且需要大量木材才能建造，此外由于暴露在外的木头在潮湿的环境中很快就会朽坏，因此也需要时常维护并定期更换新材料。

来自瑞典的维京人征服斯拉夫人并在俄罗斯建立王国之后就大兴土木建筑要塞，根据一部编年史记载，维京人建设的第一个城市是沃尔霍夫河上的旧拉多加城，为由防御土墙环绕的大型聚落，不过现今的俄罗斯否认此城是由维京人所建。新建立的王国中的维京人和斯拉夫人皆可称为罗斯人，而罗斯人留里克成为瓦拉几亚人的领袖之后就在伊尔门湖畔建设了诺夫哥罗德。留里克之后的领袖奥列格将王国领土扩张至基辅，并在旧拉多加周围砌造石墙以保护这个由不同民族组成的国家不受其他维京人侵犯，此外他也在新征服的土地上建立数个以围栅保护的城镇以确保统治权。奥列格在9世纪结束之前成为公认的基辅之主，甚至于907年挥军进攻君士坦丁堡。

维京人初抵由斯拉夫人控制的区域时称该地区为"要塞之地"，这些要塞皆为圆形且上方有封闭式木墙环绕，下方则为土墙和护城河，护城河内侧还设有类似鹿砦的障碍物，土墙仅开有一个可通往要塞内部的入口，皆属于典型的斯拉夫郭区，可能是设在小山丘、沼泽区中的小岛或两条以上水道的分流处等突出且易防守的地点的聚落。郭区可能设有一个或多个城门，通常加筑塔楼等多重防御工事，城墙一般会在内侧堆土加固，此外也会尽量在外侧也覆上泥土以防火，一般在城墙以内就没有其他防御设施。

郭区通常是在当地居民的共识之下建造，当地的议会机构决定之后由聚落的全体居民合力修建。考古证据和文献显示郭区中每一户人家会负责建造并维护一段城墙，在战时也负责防守这个区段。如果部族首领势力增长且成为当地的公爵和君主，地方议会决定修筑郭区前也必须征求他们的同意。

由易北河流域到俄罗斯和乌克兰的平原地区皆可见到郭区，根据约阿希姆·赫尔曼在《北方世界》（纽约，1980年）关于北德平原上的斯拉夫要塞建筑的讨论，在易北河和维斯瓦河之间至今有超过2000处要塞或郭区的遗迹。以单一要塞为中心发展而成的聚落可能达20个之多，而居住在波罗的海沿岸的民族很明显也采取了类似的要塞建筑风格。

除了这些要塞之外，在波兰和俄罗斯也发现了与丹麦边墙类似的绵长土墙：在波兰发现的土墙有可能是防御设施，不过目前尚无明确的证据；俄罗斯最有名的土墙当属今日乌克兰境内基辅南方的"齐幕伊瓦立"，这座长达1000公里的土墙结构是为了抵御匈奴人和其他野蛮的游牧民族而建，根据碳14定年法判定是在2—7世纪修筑的。另一道称为"斯图金斯克防线"的土丘则是在7

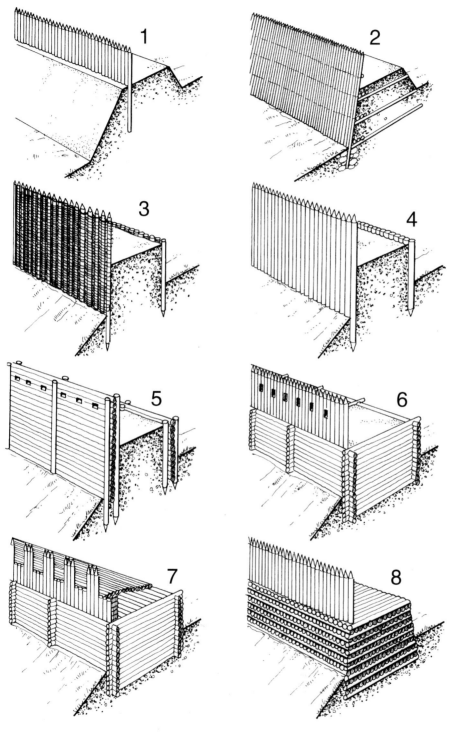

各种郭区城墙的构造

1. 立于土墙上的简易木桩栅栏
2. 沿土墙表面设立的木桩栅栏
3. 以双层木桩栅栏围住土墙的篮状编织构造
4. 与篮状编织构造相似但木桩部分未采用篮状编织
5. 围栏墙
6. 以土填充的箱墙
7. 未用土填充的箱墙
8. 木材层叠构成的堆叠墙

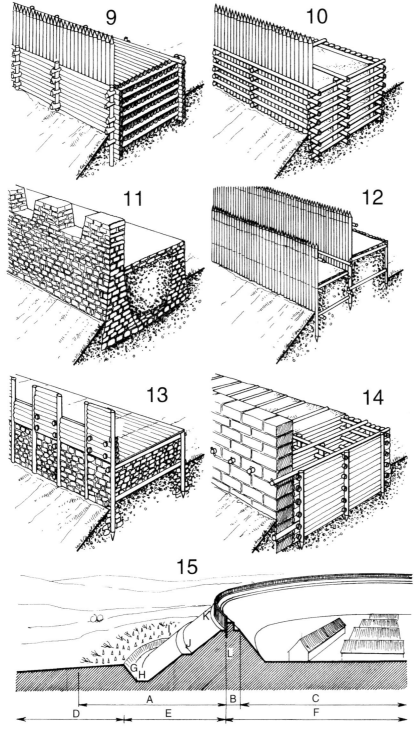

9. 利用木钩固定的钩叠墙
10. 格栅墙
11. 利用多种材料筑成的石砌加木造墙面（石造墙基加木头）
12. 石砌加木造墙面，前方的石墙以土与木头从后支撑
13. 石墙
14. 土与木材堆造的双层墙
15. 郭区的土堆城郭剖面图

    A. 障碍物
    B. 防御位置
    C. 聚落
    D. 由城墙可射击到的区域，亦设有障碍物
    E. 城墙及护城河
    F. 守卫区域
    G. 外削壁
    H. 护城河
    I. 木桩栅栏
    J. 坡台
    K. 土墙
    L. 城墙

第 2 章　中世纪早期的要塞

世纪修筑，与前者不同之处在于其基部具有10—12米高、20米宽的城墙，这道长达200公里的土丘是为了抵御阿瓦尔人而修筑。维京人与斯拉夫人所建的防御工事有许多地方相似，但是斯拉夫人所采用风格的渊源似乎更为悠久。

居住在波罗的海沿岸易北河到维斯瓦河之间地区的斯拉夫人称为文德人，他们为了自卫而选择适当地点兴建要塞，其形式类似具有村落的郭区，周围通常另筑一道环状工事。聪明的文德人将所有重要城镇设在离海岸较远的位置，这样海盗就不能直接袭击，有时也会选在河边比较易于防守的地点或某个河流出海口作为聚落位址，其中最坚固者分别位于奥登堡、阿科纳和斯德丁。奥登堡的港口只能由海路进入且须在水道中航行30公里才会抵达，因此居住在今日德国北部的好斯敦东部的斯拉夫人曾利用此港作为海盗基地。阿科纳位于吕根岛一处沿岸悬崖遍布、易于防守的岬角，入口处以高达30米且筑有木桩栅栏的防御土墙以及更高大的防御型城门严密把守。至于斯德丁则是由城墙环绕的三座山丘，在当时堪称固若金汤。

要塞与马扎尔人

欧洲舞台上另一群不受欢迎的入侵者是马扎尔人，这群人所说的语言和欧洲其他民族的并无关联，他们入侵中欧，于9世纪60年代初期对日耳曼边境省发动首次攻击，驱逐保加尔人之后占领今日匈牙利境内的多瑙河河谷地带，又以此地为据点继续进攻西欧。日耳曼国王及撒克逊公爵捕鸟者亨利一世一方面命令手下的贵族兴建新的防御据点并派兵驻守，另一方面要求各地修道院也要加筑防御工事，总算成功抵挡马扎尔人和斯拉夫人的袭击。从亨利一世919年即位到936年去世，这些防御型城市都持续进行建设工程。根据威廉·安德森于《欧洲的城堡》（伦敦，1980年）中所述，亨利将麾下属于低阶贵族的骑士每九人分为一组，指派其中一人负责建设防御型城镇；另有资料指出只有不附属于土地的自由农奴才会分配参与建造工作，比较有可能是由农奴负责修筑，不过也可能是由贵族领导农奴进行建设。被选中的一人必须建造供其他八人居住的房舍，而其他人则专心务农，收获的作物会有一部分储存起来当作围城战时的存粮。10世纪研究历史的撒克逊僧侣科尔维的威特金特认为亨利一世之所以能够在战事中获胜，不仅因为他握有重骑兵部队，而且和他建立的要塞网络也有关联。

除了可保护十几个以上聚落的要塞，亨利也在边界修筑多座碉堡并指派上层贵族轮流前往驻守，昔日罗马人留下的要塞如斯特拉斯堡及特里尔也被纳入成为帝国据点。威廉·安德森指出亨利新建的城堡中最雄伟可观的一座位于维尔拉，是在950年左右建造的，其周围如同斯拉夫人的郭区设有坚固的防御塔楼，不过格局比较类似西欧最早出现以木栅围成的土垒与内场式要塞，这座要塞实际上具有两个大型内场，还有外观形似双层土垒的结构。其实部分日耳曼要塞确实与土垒与内场式要塞有多处相似，而且有些明显可归属此类。

马扎尔人先是围攻奥格斯堡未果，之后又被亨利一世的继承者奥托一世在莱希费尔德战役中击败，他们最后在多瑙河盆地落脚并建造了自己的雄伟要塞，建筑防御木墙时采用了与斯拉夫人的箱墙类似的构造。《中世纪围城战》的作者吉姆·布拉德伯里指出他们将大箱填满黏土之后用火烧烤，将黏土烤制成类似陶瓷的材质就不怕火攻，这种技术很可能也是效法斯拉夫人，因为斯拉夫人在建设克拉科夫的郭区形式要塞和之后其他据点时都用了这种技法。此外马扎尔人也将要塞周围的区域清空让进攻的敌军无所遁形，他们也采用了与罗马人所用的相似的障碍物，另外也极力效法斯拉夫邻居修筑防御工事。回想马扎尔人最初来到中欧时只是将马车围在一起当成营地的屏障，之后却能吸收周围民族的防御方法甚至加以改良，其智慧及应变之快确实令人惊叹。马扎尔人的每个郡县所设的防御据点最终都会发展成该地伯爵所住的城堡，匈牙利国王一直到9世纪晚期才在今日的布达佩斯以北35公里处埃斯泰尔戈姆的旧时罗马要塞遗址建立皇城，而布达的第一座城堡要等到更晚期才会出现（布达佩斯中的布达筑有防御工事而之后成为首都，佩斯则是位于多瑙河另一侧的聚落）。罗马人先是修筑绵长的防线壁垒，之后又弃之不用改建丘顶要塞，进入黑暗时代以后可以看到中世纪城堡及攻城战事的诸多设施和技术逐渐演变发展。各个王国和帝国不再试图防守整个边界，而是改为利用要塞控制边界内的多个地区，这些要塞可能是防御型城镇或是碉堡，既是多数镇民前去驻防的据点，也可作为人民战时的避难所。很多地区到了黑暗时代末期要塞林立，依据当地可用的建材可能是以木土或石块修筑，其结构也渐趋繁复坚固。撒克逊人在9世纪为了抵御维京人又恢复从前利用多个要塞构成防线的做法，不过他们也利用这些新要塞确保在新近征服的疆土上的统治权，而后起的封建领主也依循他们的做法。黑暗时代晚期很多领主或国王开始将要塞建筑的所有权授予在各地当权的手下贵族，而很多地区的私人要塞最后就成了城堡，其重要性在黑暗时代告终时持续增长。

罗马圣天使堡

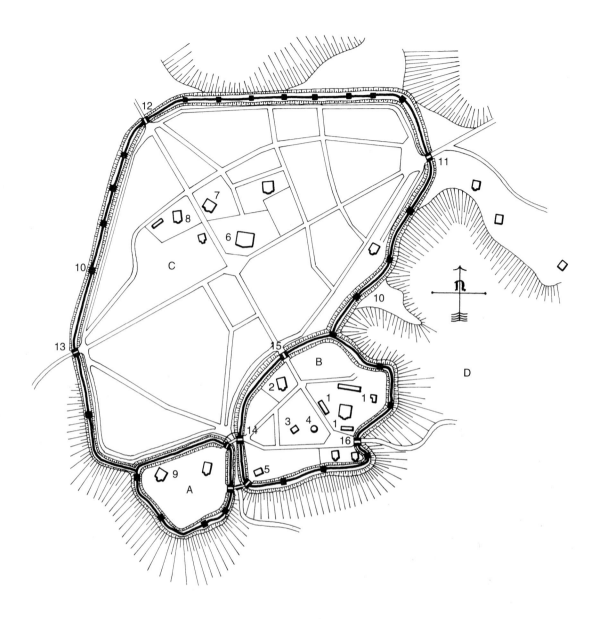

10—13世纪的乌克兰基辅

A. 米夏洛夫沙娅山丘
B. 狄汀斯（弗拉基米尔之镇）
C. 雅罗斯拉夫之镇
D. 工匠区

1. 王公宫殿
2. 费德尔修道院
3. 圣凯瑟琳教堂
4. 圆顶建筑
5. 华西列夫斯卡娅教堂
6. 圣索菲亚大教堂
7. 圣乔治修道院
8. 圣伊琳娜修道院
9. 圣德米特里大教堂及修道院
10. 设有塔楼的木桩栅栏
11. 莱阿斯基城门
12. 黄金城门
13. 利沃夫城门
14. 米夏洛夫城门
15. 索菲亚城门
16. 波多城门

罗马时代的城市及兴起于中世纪的新城市

有些罗马时代建立的城市不仅没有消失,反而到中世纪盛期仍旧持续扩张,其重要性也未曾削减:

君士坦丁堡:为宗教中心,于黑暗时代加筑新城墙。

罗马:为宗教中心,于黑暗时代加筑新城墙。

米兰:于10世纪初期加筑围绕城市的新城墙,促成有权有势的商人阶级兴起。

科隆:于11世纪因贸易而开始发展。

美因兹:于11世纪因贸易而开始发展,后亦成为文化重镇。

梅斯:于10世纪遭匈奴人攻陷后一度残破不堪,后于11世纪重建,成为政治、宗教和经济中心。

有些新兴城市在中世纪盛期跃居重要地位:

基辅:9世纪时为重要贸易中心,10世纪时成为俄罗斯大公的首都。

莫斯科:由12世纪中叶兴建用以控制周边贸易的城堡发展而成。

佛罗伦萨:12世纪的商业中心。

比萨:此商业城市是欧洲10世纪时最富庶的城市之一。

热那亚:10世纪时成为重要商业中心,港口由于筑有防御工事故成为海事中心。

汉堡:10世纪时成为重要商业中心及海事枢纽。

吕贝克:12世纪时成为商业重镇。

根特:先前遭到摧毁的城镇于10世纪重建并加筑防御工事,由于具有城堡而成为商业重镇。

布鲁日:城镇于9世纪间以城堡为中心向外扩张,于10世纪时因有港口而成为贸易中心。

伦敦:阿尔弗雷德大帝于9世纪重建此地的防御工事,之后成为英格兰的商业重镇。

巴黎:黑暗时代晚期成为宗教中心和法兰克王国首都并加筑城墙。

托莱多:黑暗时代一直为侵略者的首都,后来成为西班牙首都,于12世纪加筑城墙和城堡并成为西班牙的首要商业中心。

比利时布鲁日

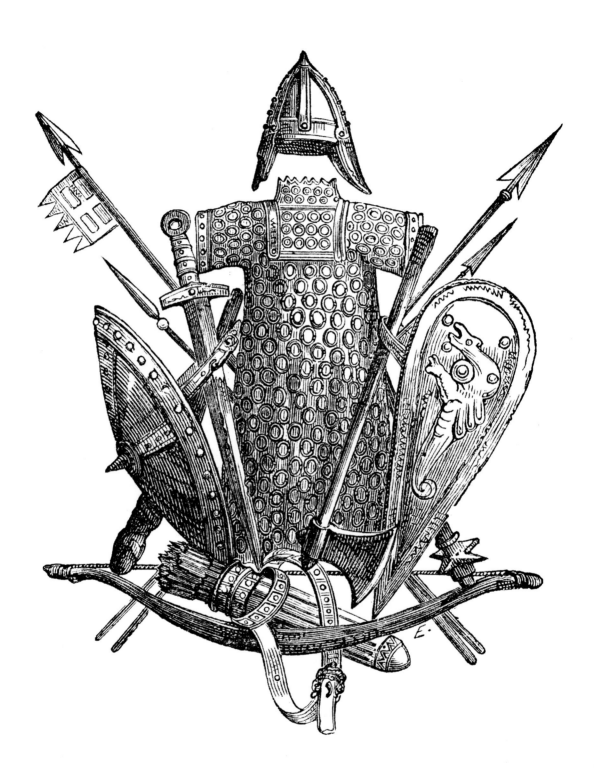

中世纪盛期重要事件一览

11 世纪

1009 年	丹麦人入侵苏格兰遭击退。
1002～1014	神圣罗马帝国皇帝（以下简称皇帝）亨利二世击败伦巴第。
1003～1017	皇帝亨利二世与波兰的波列斯拉夫交战，波兰取得西里西亚。
1018 年	波兰国王波列斯拉夫一世取得基辅，基辅的势力在智者雅罗斯拉夫统治下壮大。
1033～1043	法王亨利一世与数名权力极大的伯爵交战后令其臣服。
1037～1058 年	法王亨利一世与威廉公爵率领的诺曼人交战。
1066 年	挪威的维京人入侵英格兰，于斯坦福桥遭击败。
1066 年	诺曼征服；征服者威廉在黑斯廷斯战役之后统治英格兰。
1060～1091	诺曼人征服西西里；诺曼人占领意大利南部并与拜占庭帝国交战。
1077～1093	英格兰与苏格兰交战。
1077～1106	神圣罗马帝国内战。
1081～1085	皇帝亨利四世反对教皇格列高利七世。
1095 年	教皇乌尔班二世发起十字军运动。
1097～1099	第一次十字军东征，以拉丁十字军取得耶路撒冷告终。
1066～1134 年	瑞典内战。

12 世纪

1109 年	皇帝亨利五世试图征服波兰失败。
1109～1112 年、1116～1120 年	法王路易六世与英王亨利一世交战。
1125～1135 年	神圣罗马帝国内战，意大利中北部分裂为归尔甫派与吉伯林派。
1146～1148 年	第二次十字军东征。
1156～1173 年	皇帝红胡子腓特烈击败波兰、波希米亚及匈牙利，但在意大利的战事较不顺利。
1167～1171 年	英王亨利二世入侵爱尔兰。
1173～1174 年	亨利二世之子起兵造反，英格兰、苏格兰与法国之间开战；亨利二世成功镇压叛变。
1190～1191 年	第三次十字军东征；英王理查一世于1191年艾尔苏夫战役击败萨拉丁。
1191～1193 年	皇帝亨利六世征服西西里。
1194～1199 年	英王理查一世与法王腓力二世交战。

13 世纪

1202～1204 年	第四次十字军东征；十字军于1204年攻陷君士坦丁堡。
1208～1229 年	阿尔比十字军发起。
1212 年	卡斯蒂尔国王阿方索八世于拉斯纳瓦斯-德托洛萨大败阿尔摩哈德人。
1217～1219 年	第五次十字军东征；十字军于1218年攻陷埃及的达米埃塔。
1229 年	第六次十字军东征，在皇帝腓特烈二世领导之下以外交手段取得耶路撒冷。
1237～1241 年	蒙古人入侵欧洲；于1240年攻陷基辅，1241年在利格尼茨击败西里西亚亲王亨利率领的波兰军队，同年在绍约河击败匈牙利军队。
1242 年	诺夫哥罗德大公亚历山大·涅夫斯基基于佩普西湖击败条顿骑士团（此役又称冰上战役）。
1248～1252 年	第七次十字军东征；法王路易九世所率十字军出战埃及失利。
1253～1299 年	威尼斯与热那亚交战。
1270 年	第八次十字军东征，由法王路易九世率领，以突尼斯攻城战役告终。
1272～1307 年	英王爱德华一世征服威尔士及苏格兰。

14 世纪

1314 年	苏格兰于班诺克本战役获胜，英王失去苏格兰的统治权。
1315 年	1291年开始抗争的瑞士人于莫尔加滕首次获得重大胜利。
1320～1323 年	佛罗伦萨与卢卡交战。
1337～1453 年	英法百年战争。
	——英王爱德华三世于1340年斯勒伊斯海战中获胜。
	——英王爱德华三世于1346年克雷西战役中获胜，1347年取得加莱。
	——黑王子爱德华于1356年普瓦捷战役击败法军。
	——加斯科涅地区贵族于1368年在阿基坦叛变，英国到1373年时已失去阿基坦和布列塔尼。
1353～1355 年、1378～1381 年	威尼斯与热那亚交战。
1391～1395 年	帖木儿与金帐汗国的脱脱迷失可汗交战，帖木儿进攻俄罗斯并击败脱脱迷失。
1396 年	十字军欲击败多瑙河流域的土耳其人，但于1396年尼科波利斯战役中落败。
1397～1398 年	佛罗伦萨与米兰交战。

15 世纪

1410 年	条顿骑士团于格伦瓦尔德（坦嫩贝格）战役中遭到波兰与立陶宛联军的重大打击。
1453 年	英法百年战争告终。
	——英王亨利五世于1415年阿让库尔战役击败法军。
	——奥尔良于1428年遭到围攻，1429年圣女贞德突围解救法军。
	——英军于1453年在卡斯蒂永落败。
1419～1436 年	胡斯战争。
1413 年	土耳其内战因出现势力强大的苏丹而宣告结束；新任苏丹及其继承者于15世纪40年代进军巴尔干半岛并击败匈牙利、波兰等国。
1453 年	土耳其人攻陷君士坦丁堡。
1455～1485 年	玫瑰战争。
1492 年	西班牙复地运动以西班牙围攻格拉纳达获胜告终。

中世纪盛期的重要战役

1066 年黑斯廷斯（诺曼人入侵）
胜 征服者威廉率领约 7000 名诺曼人。
败 英王哈罗德率领约 7000 名撒克逊人。

1097～1098 年安条克（第一次十字军东征）
胜 十字军的 1000 名骑兵加 1.4 万名步兵。
败 大约 7.5 万人的伊斯兰部队。

1099 年阿什凯隆（第一次十字军东征）
胜 布永的戈弗雷率领 1200 名骑士与 1.1 万名步兵。
败 埃及法蒂玛王朝约 5 万名士兵。

1187 年哈丁（耶路撒冷王国覆灭）
败 耶路撒冷国王盖伊率领 1200 名骑士，以及其他兵种 1.8 万人。
胜 萨拉丁率领 1.8 万名萨拉森人。

1195 年阿拉科斯
（西班牙复地运动中卡斯蒂尔人向南扩张）
胜 约 2 万到 3 万名阿尔摩哈德人。
败 约 2.5 万名卡斯蒂尔人。

1212 年拉斯纳瓦斯–德托洛萨
（复地运动对抗阿尔摩哈德人的关键战役）
败 多达 30 万名阿尔摩哈德人（阿拉伯史家的记载中仅为 16 万人）。
胜 7 万名基督教国家与十字军的联军（原应有 6.2 万名法国人、6 万名卡斯蒂尔人、5 万名阿拉贡人加上来自葡萄牙及纳瓦拉的部队，但以法军为主的许多士兵弃战逃亡）。

1214 年布汶（英国与日耳曼联军威胁法国）
败 神圣罗马帝国皇帝奥托四世率领 6000 名骑兵，以及共 1.8 万名的英国人、日耳曼人和法兰德斯人。
胜 法王腓力二世率领 7000 名骑兵与 1.5 万名步兵。

1223 年卡尔卡河（蒙古人入侵欧洲）
胜 速不台率领 4 万名蒙古人。
败 基辅大公率领 8 万名俄国人（除数千名库曼人之外大多为民军）。

1226 年黄河（蒙古人灭西夏）
胜 18 万名蒙古人。
败 30 万名西夏人。

1241 年利格尼茨（蒙古人入侵欧洲）
胜 海都率领 2 万名蒙古人。
败 西里西亚公爵率领 4 万名波兰人、日耳曼人及条顿骑士。

1241 年绍约河
败 匈牙利国王贝拉四世率领约 10 万人。
胜 速不台率领 9 万名蒙古人。

1314 年班诺克本（最后一次苏格兰独立战争）
败 英王爱德华二世率领 1000 名骑兵加 1.7 万名步兵。
胜 罗伯特一世率领 500 名骑兵加 9000 名步兵。

1346 年克雷西（英法百年战争）
胜 英王爱德华三世率领 2500 名武装骑兵与 6500 名步兵（大多为弓兵）。
败 法王腓力四世麾下多达 1.2 万名骑士、6000 名热那亚弩兵，以及约 1.5 万名农民兵。

1367 年纳赫拉
（英军进入伊比利亚半岛协助彼得取得卡斯蒂尔王位）
胜 英国的黑太子爱德华率领约 2 万人。
败 约 4 万人（一说为 7 万人）的法国及西班牙军。

1380 年库利科沃（俄国人反抗蒙古人的关键战役）
胜 莫斯科大公率领 10 万到 40 万名俄国人。
败 约 15 万到 70 万名鞑靼人（较小的数字很可能是比较可靠的数据）。

1385 年阿尔茹巴罗塔
（卡斯蒂尔人企图入侵葡萄牙）
败 1.8 万人的卡斯蒂尔军队。
胜 1.45 万人的葡萄牙军队（其中一部分为经验老到的英国士兵）。

1386 年森帕赫（瑞士独立战争）
胜 1600 名瑞士长矛兵。
败 奥地利的利奥波德公爵率领 4000 名奥地利人（多数为骑兵）。

1410 年坦嫩贝格（对抗条顿骑士团之战）
败 人数在 4000—6000 的条顿骑士。
胜 波兰国王弗瓦迪斯瓦夫二世亚盖沃率领的 1 万名波兰及立陶宛联军。

1415 年阿让库尔（英法百年战争）
胜 英王亨利五世率约 750 名武装骑兵加 5000 名弓兵。
败 约 2.2 万名武装骑兵加上 3000 名弩兵，和数量不明的农民兵所组成的法军。

1453 年福尔米尼（英法百年战争末期的战役）
胜 8000 名法军。
败 4500 名英军。

1453 年君士坦丁堡（拜占庭帝国覆灭）
败 约 9000 人的拜占庭军队。
胜 苏丹所率领的超过 5 万名土耳其人，加上数门小型火炮及十数门重炮。

1461 年陶顿（玫瑰战争）
败 堪称历代内战中规模最浩大的一场；兰开斯特家族的 2 万人。
胜 约克家族的 1.6 万人，大多数战事中两方各派出 6000 到 1 万名士兵。

1476 年格朗松（瑞士与勃艮第之战）
败 勃艮第公爵大胆者查理率领 3 万人。
胜 1.8 万名瑞士长矛兵。

西班牙柯卡堡

第3章

城堡时代

随着黑暗时代进入尾声,城堡的发展却日渐蓬勃,事实上城堡的兴起可说是黑暗时代与中世纪盛期过渡的标志,在这段时期各地的帝国跟王国在新一波异族入侵和迁移之下和先前的罗马帝国一样走向灭亡。维京人的入侵为不列颠群岛上国势衰弱的凯尔特及盎格鲁-撒克逊王国带来沉重打击,此外西方此时已老迈的法兰克帝国的残存势力也饱受维京人的威胁;主要来自今日瑞典境内地区的斯堪的那维亚人与东欧的斯拉夫人融合后在俄罗斯建立了数个王国;至于欧洲南方和西方则遭到伊斯兰势力席卷,众多基督教王国的部队不堪一击,只剩东方的拜占庭帝国于中世纪早期7—9世纪之间力抵穆斯林入侵。

在黑暗时代曾经成功抵挡来自北方和东方的"蛮族"与来自南方的穆斯林攻击的王国在防御时皆大力仰赖要塞建筑,维京人和摩尔人在占领土地之后也开始建筑防御据点以巩固在该地的势力并加强防守。9世纪时阿尔弗雷德大帝领导撒克逊人抵御入侵的斯堪的那维亚人,也为之后建立新的国家奠定基础,而这个新建的国家就是日后大家所知的英国。法兰克帝国西部的拉丁地区原由日耳曼人统治,10世纪开始由拉丁人于格·卡佩创建的卡佩王朝接续统治,此时维京人已经不会构成重大威胁,罗洛率领的斯堪的那维亚人在诺曼底定居并在9世纪初期接受法国国王的册封,从此世代皆为法国封臣。然而于格·卡佩及其子所面临来自国内各诸侯的压力却远大于任何外敌,城堡在争夺领地并巩固权力的斗争中也就扮演了举足轻重的角色。

法兰克帝国东部的日耳曼地区(东法兰克王国)经历了加洛林王朝晚期的动荡不安,最后由日耳曼各公国的大公推选撒克逊公爵捕鸟者亨利一世为日耳曼国王,亨利一世为了扩张领土,向北方和东方进军与丹麦人和斯拉夫人交战。亨利一世之子奥托一世在其父之后被选为国王,其在任内击败入侵中欧的马扎尔人,之后一统原本组织松散的日耳曼诸公国建立神圣罗马帝国,也是现代德国的前身,在镇压抗命的日耳曼贵族时同样需倚重要塞建筑之力。

在伊比利亚半岛上,西哥特人在711年遭到重挫之后避居比利牛斯山区,随后几乎毫不迟疑就展开反击试图收复失地。传说他们于718年由西哥特贵族佩拉约率领在科瓦东加击败阿拉伯部队,随后佩拉约便自立为王并建立阿斯图里亚斯王国,在伊比利亚半岛北部山区众多基督教王国中是最先立国的。然而历史上并未记载佩拉约的功绩,根据史料记载,创立阿斯图里亚斯王国的是于739年获加冕的阿方索一世,他带领基督教徒展开复地运动,在将摩尔人逐出加利西亚及莱昂时也利用要塞和城堡巩固自己在当地的势力,复地运动一直延续到1492年摩尔人在西班牙的最后一个据点格拉纳达也被攻陷才告终。阿斯图里亚斯-莱昂的王国分裂成包括莱昂、卡斯蒂尔、纳瓦拉、阿拉贡以及后来的葡萄牙在内的诸王国:阿拉贡于1137年和加洛林王朝时期的西班牙边境省加泰罗尼亚合并，葡萄牙于1139年由莱昂独立自成一王国，卡斯蒂尔在1076年接收了纳瓦拉的大部分领土并在1230年与莱昂合并，这三个王国就成了伊比利亚半岛上基督教区域内的主要势力以及复地运动的推行者。这些基督教王国从很早开始就会在击败阿拉伯人或以其他方式取得土地之后建筑石砌城堡巩固统治权，此外也必须注意复地运动之所以推行了长达八百年才完全成功，原因之一就在于摩尔人建造了坚固的石砌要塞，因此两方必须在多场"阵地战"中互相抗争。

在黑暗时代，代表罗马帝国最后势力的拜占庭帝国以当时数一数二的壮观要塞持续保护东欧的基督教地区免于遭受以伊斯兰部队为主的外敌侵略，然而帝国在10世纪面对新兴势力塞尔柱土耳其人的入侵时国力却快速衰退。克里夫·福斯和戴维·温菲尔德在《拜占庭要塞》一书中反驳传统上认为欧洲城堡是由土垒与内场演变而来的观点，他们认为城堡建筑技术的起源可追溯至罗马时代加筑防御工事的营地或具有城墙的要塞，而这两者一般皆为长方形，拜占庭帝国的工程师则以罗马城墙为基础持续修复加盖并沿用罗马人的式样，至于阿拉伯人则在将希腊势力赶出中东之后也采用同样原则修筑要塞。此外，福斯和温菲尔德认为莱昂以及欧洲西北部的部分区域也继承了相同的罗马工程传统，这些地区的人也以昔日的罗马据点为基础加以整建。他们的看法是由于制作灰浆的技术到了黑暗时代的欧洲西北部已经失传，当地人也就无法建造大型的石砌建筑，因此并未出现新的城堡。福斯和温菲尔德的理论确有其凭据，特别是考量拜占庭帝国为中世纪欧洲带来了壮丽的罗马石砌要塞，可说是后代建筑师的最佳范例。

尽管如此，仍有更为有力的证据支持欧洲城堡起源于法国的说法，而且最早出现在安茹伯爵富尔克·内拉及布卢瓦伯爵的领地。在安茹省确实可以观察到要塞建筑由不

西班牙佩尼亚费尔城堡

起眼的土垒与内场逐渐演变成为石砌要塞，再进一步发展成后来具有城墙及塔楼的繁复建筑。欧洲的建筑匠师很可能借助研究拜占庭要塞增进相关技艺和知识，但不太可能是在见到拜占庭要塞之后才产生动机开始建筑城堡。

中世纪盛期初期的要塞

英国、法国、德国（神圣罗马帝国）、俄国、葡萄牙和西班牙（卡斯蒂尔及阿拉贡）等国家皆是在中世纪后半叶兴起，而欧洲其他国家如苏格兰、丹麦、匈牙利及波兰等也是在这段时间奠定建国的基础。几乎所有在此时期崛起的国家都大量兴建城堡并在城市周围加筑防御工事，同时拜占庭帝国也持续拓建并加固其罗马要塞。

在以现今法国的前身西法兰克王国为主的欧洲西部，由于罗马人留下的城墙多半因

年久失修而倾圮，散落的石块也被当成建材搜刮一空，因此展开了要塞建筑的全新纪元。11世纪时西欧大部分地区的城镇在国王或贵族的扶持之下重拾昔日光环发展成经济及军事重镇，而东欧的斯拉夫地区、中欧部分地区以及拜占庭帝国境内的城镇在中世纪前半期则始终保持其重要性：斯拉夫地区有许多聚落和城镇数百年以来皆建筑防御土墙作为屏障；拜占庭帝国的城镇持续依赖旧的罗马城墙，在黑暗时代也加筑新城墙，首都君士坦丁堡则是当时欧洲防御工事最为完善的城市。伊斯兰世界的聚落大多没有构筑防御工事，只有如伊比利亚半岛上的市镇等位于边境者例外，但到了10世纪结束时，伊比利亚半岛及其他地区由伊斯兰国家控制的城市也已加筑防御工事以防范内部纠纷与内战。因此到了中世纪盛期初期，欧洲和地中海世界的几乎每一个城镇或城市可说都具备了修复的旧城墙或新建的城墙。11世纪时许多城堡实际上已经不再是孤立的据点，而是城镇或城市防守阵线的一环，城堡成为权力和国家安全的象征，而卡斯蒂尔王国的国名本身即源自"城堡"一词。除了城堡之外，防御型城镇在卡斯蒂尔王国向南攻击称为"泰法"的伊斯兰小王国以扩张势力时也扮演了重要角色。

早期的西欧城堡

现在一想到中世纪城堡，我们在脑中刻画出的图像似乎充满英雄情怀及神秘气息，这其实是19世纪浪漫时期的作家和诗人塑造出来的形象，事实上大部分城堡完全不符合现代人的浪漫想象，它们通常是因应军事需求而建的功能性建筑，不是贵族男女恋爱的场景。欧洲、中东和北非的城堡由于区域及文化背景的不同而有重大的差异，由于设计城堡时通常会配合并尽可能善用所处地形，因此不会出现两座结构相似的城堡。

今日最为人所熟知的城堡多半位于西

法国索米尔
这座保存到今日的城堡系于旧时要塞的遗址上修筑，索米尔于1026年遭富尔克·内拉占领

欧，其中又以位于英法两国者为多。在于格·卡佩在位期间，其手下的贵族忙于彼此争斗因此无暇挑战法王的权威，而于格·卡佩的死敌是下洛林公爵查理（下洛林即今比利时），身为加洛林王朝的末代继承人之一的查理有资格与卡佩竞逐王位，他进攻法国并占领拉昂。卡佩虽然围攻许久但还是无法击败查理，此外更因为部属勾结敌人故意不关上城门而连兰斯也落在查理手中，不过正如中世纪盛期的大部分军事行动，卡佩在发动一连串的城堡或防御型城镇攻防战之后终于获得最后的胜利。卡佩不像大部分封建主是间接统治属地，奥尔良及巴黎皆由他直接统治，两地在卡佩称王之后也成为其王国领土的一部分，合称为"巴黎大区"。但在卡佩死后，继位的虔诚者罗贝尔就面临来自安茹伯爵、布卢瓦伯爵和特卢瓦伯爵对王权的

法国朗热城堡遗迹。这座土垒与内场式城堡是富尔克·内拉所建，具有法国第二古老的主楼

挑战，在10世纪晚期到11世纪之间这些贵族手下的小诸侯为了协助领主对抗国王，甚至兴建石砌城堡封锁国王属地巴黎和奥尔良之间的交通。借助这些新建的石砌城堡，贵族不仅得以巩固自己在地方上的统治权，也能以城堡为据点与国王对抗。由此可见军事建筑似乎只在短短一代之内就经历革命，让王权在贵族的威胁下岌岌可危，然而建筑城堡牵涉的许多概念实则由来已久。

安茹伯爵富尔克·内拉建立的安茹王朝在11世纪成为英国的统治者，但在10世纪后期时他的年纪尚轻，当时他和布卢瓦伯爵皆为于格·卡佩的封臣，但无论是卡佩本人或其继承者罗贝尔基本上都没有办法驾驭这两人。富尔克勇猛好战、野心勃勃而且极富谋略，他在于格·卡佩在位期间开始巩固势力并向外扩张，在与布列塔尼公爵科南和宿敌布卢瓦伯爵厄德一世争夺土地时曾经吃过苦头，他因此由错误中吸取教训，知道如果要让新加入其麾下的封臣保持忠心不贰，最好的方法就是在新领地上建造城堡。富尔克和厄德的战场以卢瓦尔河以南的维也纳河谷及安德尔河谷为中心，富尔克一方面试图让此地的封臣持续对自己效忠，另一方面和厄德争夺索米尔及图尔的控制权。然而厄德死后富尔克的运势却急转直下，因为法王罗贝尔在与布卢瓦女伯爵联姻之后转而对抗富尔克以确保在布卢瓦的领土无虞。富尔克虽然一度受挫却并未放弃，再度采取扩张策略以蚕食方式并吞周遭贵族的土地。他在反抗自己的区域兴建城堡当作据点，到了11世纪20年代卢瓦尔河下游河谷由南特到图尔城郊之间的大部分区域皆已被富尔克掌握，索米尔也在1026年遭到攻占。图尔一直到富尔克死后都不曾屈服，而其继承者也持续采取通过石砌城堡确保土地控制权的策略。诺曼人和法王手下的其他贵族也会利用城堡确保统治权，然而他们是效法富尔克还是自行发展出这个方法到现在仍未有定论，但无论如何，诺曼人很快就会发现石砌城堡有助于在未来的争战中获胜，其重要性堪与诺曼骑士相比拟。

富尔克为了取得南特的布雷顿营地而在992年与布列塔尼公爵科南的军队交战，布雷顿的防御工事很可能是以土及木材加固保护，外围则可能筑有坚固的木桩栅栏，因此有时会被误认为城堡，不过即使不是城堡也已足够抵挡富尔克的少许兵力，富尔克最后落败。而富尔克也没有忘记这次的教训，他在990年代就开始建造更为耐久的石砌要塞以确保统治权并且让手下的封臣不敢轻易反叛。他的计划是将各个城堡的间距维持在行军一日之内即可到达的距离，而留在城内的驻军的任务是袭击滋扰任何入侵的部队但是避免正面作战。富尔克的对手很快就发现不可能靠正面作战消灭其手下驻军，必须进行成本极高的围城战，他们也发现要攻打位于富尔克的领土深处的重要城堡就必须承担极高的风险，因为附近城堡的驻军可以在一日之内前来救援，而攻打城堡时后方的联络线也可能遭到驻军袭击。由于封建体制下各诸侯的部队通常人数不多，也不善于进行长时间的攻击行动，但攻城需要投入大量兵员和时间，因此守城的一方就能在围城战中占有优势，这也就是为什么城堡在中世纪的法国如此普遍。

罗马帝国在某种程度上可说是被骑兵的铁蹄给踏平的，存活下来的拜占庭帝国效法东方人使用马镫并首先培育穿戴盔甲的骑兵部队，这群西欧骑士的先驱很快成为战场上的主力。骑士虽然在中世纪战役中扮演关键性的角色，不过受限于训练时间漫长且装备耗资甚巨，因此人数通常不多，部队统帅还需要征召农民兵和雇佣兵上战场充人数。中世纪时部队在战场上的编制通常分为右营、左营和中营，没有坐骑、武器简陋而且身上几乎没有什么护具的士兵站在开阔的战场上可能会觉得毫无安全感，很容易就会失去斗志。但是征召来的农民兵如果是驻守在城墙和塔楼之后，有了屏障通常就会比较有信心，因为他们知道敌军只有两个选择，一是在箭雨之下发动攻击，一是将城堡团团围住，但这样他们就会无所遮蔽而且必须到乡间搜刮食物和补给。当然攻城方可能也会准备特别的攻城武器来挖破城墙或攻击城垛，但建造这类武器也需要大量劳力和时间，无论如何，除非攻城方能够一直坚持到守军最后弹尽粮绝，否则很可能比守城方先丧失斗志。因此中世纪后半期的战事通常围城战多于正式会战也绝非巧合，根据《中世纪围城战》作者吉姆·布拉德伯里所述，中世纪战事中仅有1%是双方对阵，另外99%皆是围城战，因此确实有充分的理由可以称这段时期为"城堡时代"。

诺曼底法莱斯城堡

1. 罗马式风格的庞大主楼
2. 礼拜堂
3. 塔博特之塔
4. 当作次要住所的塔楼

这座于11世纪开始建造的法莱斯城堡是征服者威廉的出生地，其方形主楼旁边的圆塔称为塔博特之塔

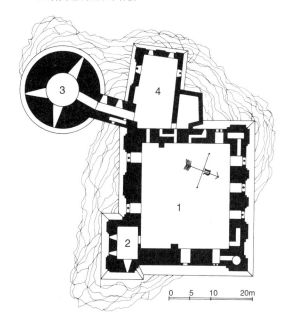

第 3 章 城堡时代 **097**

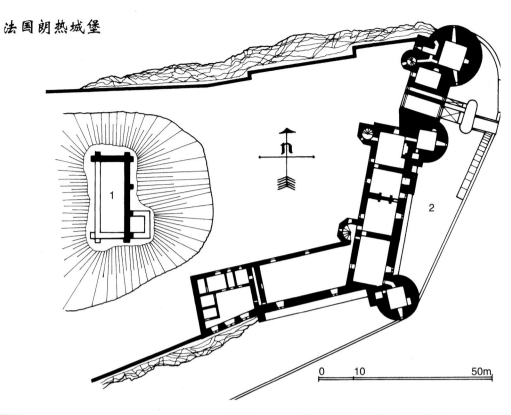

法国朗热城堡

1. 原先的土垒与内场及城堡主楼遗迹
2. 路易十一所建的城堡

法国朗热城堡
在朗热仍可见到原先由富尔克·内拉所建的土垒与内场式要塞的遗迹，但旧时要塞已经被之后路易十一于15世纪所建的新城堡取而代之

西欧的城堡

西欧最早出现的城堡由土垒与内场构成,这种设计似乎从 10 世纪就开始发展,有人认为土垒与内场式要塞的前身可能是维京人在法兰克王国沿岸掳掠时当作屏障的木造围栅,不过现已无法考察出其确切的起源。这些防御工事的实际外观究竟如何也已无从得知,但是根据其后出现的防御结构可以合理推测应具有木墙,而在木墙前方可能掘有保护营地用的壕沟。目前认为最早以土木筑成的土垒与内场式城堡是由诺曼人(亦即在诺曼底定居的维京人或斯堪的那维亚人)所建造,也有可能是安茹人在诺曼人之前就发展出这种类型的要塞,但无论是哪一种论点都尚未发现有力的证据。

位于丹麦特雷勒堡的圆形要塞是利用土墩筑成防御土墙及壕沟,其建造年代在 10 世纪,与东欧斯拉夫人所建造的更古老的郭区有些相似之处。其实这种利用挖护城河时掘出的泥土堆筑土墙的小型圆形要塞在欧洲相当普遍,在阿尔卑斯山以北的西欧、北欧、中欧及东欧地区皆可得见,这种要塞样式有可能是斯堪的那维亚人进驻诺曼底时所传入。虽然土垒与内场式要塞的起源也可以追溯至其他地区,但目前发现的证据证实这种要塞建筑最早是在法国境内的诺曼底及安茹发扬光大,再由诺曼人传到英国。

如前面的章节所述,土垒与内场式要塞是由位于土垒或人造土丘上的木造主楼以及环绕主楼的内场或中庭构成,在内场外围则设有木桩栅栏和壕沟,土垒是要塞中最后一处防御重心,而贵族或城主的住所通常位于主楼,有权有势的贵族可以建造较大型的主楼,其中设有大厅、起居空间和小礼拜堂。周围的壕沟可达 3 米深,内侧边缘利用挖壕沟时掘出的泥土及木头等建材加筑防御土墙,在土垒与外围壕沟和防御土墙之间的区域即为内场。进入 11 世纪之后,10 世纪的木造土垒与内场式要塞就改成石砌或完全被石砌要塞取代。

到 20 世纪 70 年代为止已知最古老的石砌主楼位于富尔克·内拉在法国建造的朗热城堡,有明确证据显示这座土垒与内场式城堡早在 995 年之前就开始动工(很可能更早在 992 年就开始),城堡所在地点控制了由富尔克的权力中心昂热通往他在卢瓦尔河以南领地的交通,而在这个地点驻军也能够威胁图尔并封锁由图尔沿卢瓦尔河到索米尔的路线。朗热城堡是典型的土垒与内场式城堡,其防御工事皆为土堆及木造筑成。根据安德烈·夏特兰在《城堡》(巴黎,1983 年)中所述,朗热城堡事实上是富尔克在领地内建造的两栋石砌住所之一,两栋住所皆为长方形结构,而地面层的门窗全部封住,所有入口皆位于第二层(即欧洲所称的一楼),城墙皆筑有扶壁加固。主楼是城堡中的主要结构,石砌的主楼设计仿造原始的土垒与内场式要塞的木造主楼,11 世纪时建造的石砌主楼是防御时的主要据点,不像以往的木造主楼仅居次要地位。

不过很明显富尔克不是在欧洲西北部修筑石砌主楼的先驱者,他的对手布卢瓦伯爵的领土上也有一栋筑有防御工事的石砌主楼,而其建造日期甚至早于富尔克所建者,很可能是在 11 世纪初红发汉富尔克一世扩张属于安茹伯爵的领地时所建立,因此建造石砌主楼也有可能是布卢瓦伯爵的创举。这座石砌主楼位于杜埃·拉封丹,刚好处于布卢瓦伯爵和安茹伯爵争夺统治权的地区,在该位置原有一栋老旧的木造结构,后来在大火中被烧毁,而石砌主楼很可能是之后由其中一名伯爵于 900 年在原址兴建。主楼和朗热城堡的一样,地面层的门窗全部封住,入口则设在地面层之上。同样地,现在已很难辨别建筑物究竟是在什么时候改建为防御主楼或是土垒与内场式要塞,可能是 11 世纪较晚期才由富尔克·内拉下令改建,但也有可能是前人在位时就加以改建。

同时期在中欧，日耳曼人所建造的射击塔的起源可追溯至罗马时代的瞭望塔，而在往东的斯拉夫地区，郭区仍是要塞的主要形式。在这段时期行政郭区扩张到极为庞大的程度，可将今波兰境内的克拉科夫、弗罗茨瓦夫（布雷斯劳）和格涅兹诺等重要城镇都围在其中，由各个家族独力建造的较小型的郭区则和西欧的土垒与内场式要塞类似。很多郭区的城门都筑有防御工事，在欧洲其他地区也很常见到与英国古老的丘陵要塞和罗马城墙类似的建筑结构，然而斯拉夫人是以门楼作为主要防线，而主楼作为早期的土垒与内场式要塞中的主要结构则是最后防线。部分郭区内部会加盖一栋当作最后防线的建筑物，这座塔楼或形似塔楼的建筑物具有双重功能，御敌之外也可当作住所、钟楼或谷仓使用。

黑暗时代极少出现石砌要塞或主楼是受到几个因素影响。首先采石比伐木更需要具有专业技能的工匠，此外搬运跟放置石头也需要一定规模的劳力。而大部分的封建领主既难以负担所需的人力成本，其资金也无法召集足够的石匠等专家，至少较低阶的贵族就没有这样的能力。其次，也可能是因为罗马人所发展出的制作和搅拌灰浆的技艺到了黑暗时代由于某些原因就已失传或者只有极少数人知道。最后也最重要的一点，很多地区木材来源充裕且容易取得，但是采石场却没有那么常见，而且利用木材所需的成本也比石材低廉。

威廉·安德森在《欧洲的城堡》（伦敦，1980年）中指出富尔克·内拉选择以石材砌造主楼不仅是基于防御上的考量，很可能也是为了提升自己在同侪间的地位，向大家炫示只有财力雄厚者才能建造出像石砌主楼这样的防御结构，而其他贵族在肃然起敬之余也很快群起仿效。由富尔克早期参与的几场战事中可以证明，要持续控制某个地区最好的方法就是建造难以攻陷或再度进占的防御据点，由于石头不像木材容易起火或腐朽，因此石砌的据点也就更加坚固。富尔克的石造主楼不仅有助于提升他的社会地位，也成功增进其军事力量。

主楼慢慢成为城堡的中心，而领主也在其周围加筑样式更为繁复的防御设施，随着时代变迁出现大小和形状各异的主楼，而环绕内场的幕墙构造也变得更加复杂。法国西北部一直到了11世纪仍以土垒与内场式要塞为要塞建筑的主流，由于该地的伯爵和公爵彼此争战不休，国王则时而支持一方，时而倒向另一方，因此各个贵族竞相建造石砌城堡。诺曼底公爵征服者威廉一世在保卫自己的领土跟之后向南部的曼恩和安茹扩张时曾多次攻打这种类型的要塞，威廉于1066年入侵英国时更携带了一座活动式可拆卸的木造城堡到英国组装，这似乎意味着即使在当时仍然很流行木造主楼。

诺曼征服之后，土垒与内场式城堡在英国各地逐渐普及，但英王忏悔者爱德华在位期间建造的要塞只有不到十几座保留下

法国乌当
建于12世纪中叶的圆形石砌主楼的四角具有凸出的半圆形角塔

英国多佛城堡的巨大主楼

来。威廉及后来的英王采用和法国相同的策略，他们利用城堡来加强对于英国领土的控制权，百年之间在英国建造了数以百计的城堡。诺曼人于是借助城堡之力，花费了相对较短的时间就成功铲除英国境内盎格鲁－撒克逊贵族的残存势力并取而代之。

12世纪上半叶由于英国贵族已经盖了太多城堡，亨利一世为了巩固王权于是下令拆除未获得许可就建造的城堡。此时已经有盎格鲁－诺曼人朝苏格兰南部迁移，在陷入与苏格兰人的争斗之后便建造土垒与内场式城堡抗衡，亨利二世在1168年侵入爱尔兰也采用了同样的策略。不列颠群岛上的贵族原先是以木材建造的土垒与内场式要塞，后来也和法国贵族一样慢慢改用石材。部分城堡的木桩栅栏以城墙取代，而土垒上的木造塔楼则由壳式主楼取代，这种主楼基本上是土垒上以石砌成的封闭结构，很明显是一些地区的木造塔楼演变成石砌主楼之前的过渡期的产物。

进入12世纪之后，欧洲西北部开始以主楼为要塞建筑的中心结构，全英国最大的两座主楼皆建在重要地点，一是伦敦的白塔，另一座则位于多佛。这两座长方形的大形主楼在英国合称"巨塔"，起初建造时可能属于土垒与内场复合式结构的一部分，但确实皆位于罗马时代留下的要塞之中，由于其重量惊人超出人造土垒所能负担，因此后来就将土垒部分移除。随着庞大的主楼在英法两国日渐普及，土垒与内场式的城堡渐趋式微，或日久荒废，或重新修整，最后消失在欧洲的地景之中，而石砌主楼则取代先前以木材建造的土垒与内场成为各地守军的最后防线。有些领主不再将主楼置于守卫区域的中央或不易遭到攻击的位置，而是将主楼放在第一线与幕墙相连。比较有权势的贵族有能力建造庞大的主楼，由于内部空间宽敞因此可当作堡主住所。在诺曼征服之后，特别是进入12世纪，大型主楼在西欧如雨后春笋般林立，其周围内场环绕的城墙则多半

第3章　城堡时代　101

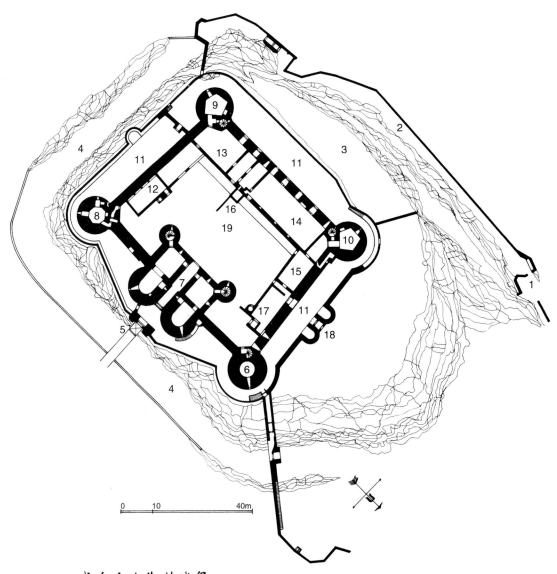

威尔士哈勒赫城堡

1. 水门
2. 外墙
3. 陡坡及外城区
4. 护城河
5. 外城门
6、8～10. 角塔
7. 门楼
11. 中城区
12. 谷仓
13. 厨房
14. 大厅
15. 小礼拜堂
16. 楼梯
17. 水井
18. 便门
19. 内城区

威尔士哈勒赫城堡速写
（沃伊切赫·奥斯特洛夫斯基绘）

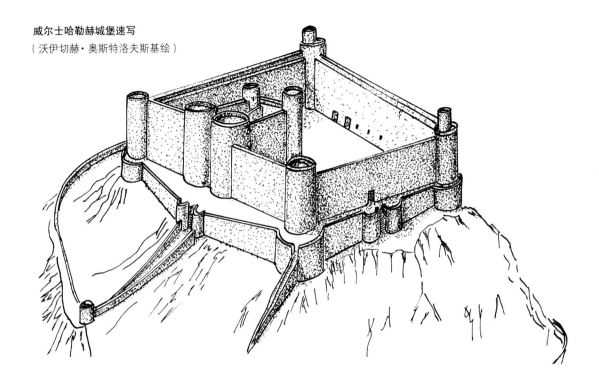

为木造，可能会再加筑石砌的城门和塔楼。

木桩栅栏最后也为石墙所取代，因此12—13世纪时的城堡的城墙、塔楼及主楼皆以石砌成，很多依循传统土垒与内场式构造建筑的大型石砌主楼则成为13世纪初期英国城堡的主流。

13世纪时主楼慢慢不再流行，取而代之的是更巨大而且防御效果更佳的门楼，而门楼最为出色的几座城堡包括英王爱德华一世与威尔士作战时为了令对方屈服而修建的哈勒赫城堡和博马里斯城堡。爱德华一世在位时所建造的皆是全英国最为先进且坚固的城堡，这是因为设计者詹姆斯大师在建造时融入许多他在其他地区所见的崭新设施以及他自己的巧思，比如各座门楼并未直接对齐的同心式城墙，此外也开始使用加挂重物的开合桥、城墙基座，甚至具有两个箭眼的射击孔。爱德华一世虽然将注意力集中在威尔士地区最出色的几座城堡，但也未疏忽伦敦塔等其他据点的整建工程。

爱德华一世于13世纪晚期不仅动员大批人力建筑城堡，甚至常常强迫手下的贵族也大力投入修筑工程，位于威尔士的博马里斯城堡就动用了超过2600名工人，这群工人只花了三年的时间就建造完成城堡的大部分结构，不过始终没有完成詹姆斯大师的完整设计，而威尔士的其他巨大城堡也是以同样的惊人速度修建完成。

由于卡佩王室和金雀花王室（安茹王室）之间的领地归属纠纷及复杂关系，法国也陆续出现新建的城堡。当时金雀花王室不仅统治英国，同时也是法王的封臣，拥有诺曼底、曼恩和安茹等法国境内的封地。英王亨利二世于1152年迎娶阿基坦的埃莉诺之后情况又变得更加复杂：埃莉诺在父亲死后成为阿基坦公国的唯一继承人，之后她很快在1149年嫁给法王路易七世，但是教廷于三年后宣告这桩婚姻无效，于是埃莉诺另嫁英王，同时路易七世却试图夺取阿基坦的统治权。路易七世与其子腓力二世于是发动战争试图从英国封臣手中夺回属于法国的封地，战事延续许久，双方的主要策略都是占领并控制重要的城堡及防御型城市。

因此西欧南起葡萄牙、北至英国不停出现新的或经过修复的城堡及城市防御工事，也有旧时所建的城堡和要塞遭到攻占并夷为平地。伊比利亚半岛上各个基督教王国在扩张势力时也持续修建石砌城堡，以便击退摩尔人后取得土地并与之抗衡，不过半岛上大部分的城堡有一点不同于法国和英国的城堡，这些城堡通常仅供国王派出的驻军留守而不作为当地贵族领主的私人住所。

中世纪的防御型城市

防御型城市的地位从 11 世纪开始更加重要，而在黎凡特、巴尔干半岛以及意大利半岛上，许多早在罗马时代甚至更久以前即建有城墙的防御型城市本身也是文化重镇。例如耶路撒冷早在青铜时代之前就已经筑有防御工事，其后青铜时代期间也仍筑有城墙屏护，其西侧城门数百年来皆筑有堡垒防守，而最古老的塔楼大卫塔甚至早在公元前就已建造完成。

堡垒的外观与城堡相似，公元两千年来有许多具有城墙的大型城市中皆常见到此种防御设施，而各地区重要的经济和政治中心就位于守卫森严的城墙之内。为了守护并加固耶路撒冷的城墙而建的塔楼几百年来经过数次改造和重建，城市的防御设施和罗马的明显有许多相似之处，另一座同样重要但未筑有堡垒的防御型城市是君士坦丁堡，在地中海沿岸还有其他设施相似但较小型的防御型城市。

即使进入中世纪盛期，西欧和中欧有许多重要的防御型城市仍然持续依赖古老的罗马城墙作为屏障，其中一座至今仍大致保留原貌的城市是法国西南部的卡尔卡松。这个防御型城市不仅具有堡垒及多重防御工事，其城墙还是同心式设计，内墙有 29 座塔楼而外墙有 17 座，城墙总长约达 3 公里，城堡是在已经不流行主楼的 12 世纪建造，可说是城堡发展到某一阶段的代表性建筑，卡

西班牙阿维拉

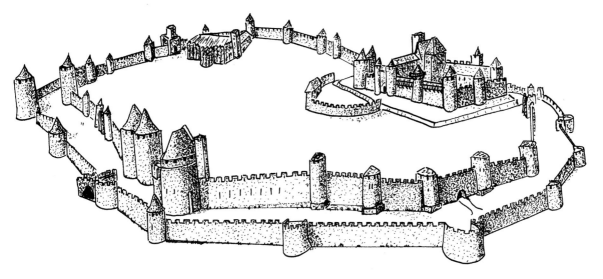

法国卡尔卡松
城堡及外堡位于右上方，教堂位于靠近上方处，而纳博讷城门则位于左侧
（沃伊切赫·奥斯特洛夫斯基绘）

尔卡松是当时防守最为森严的防御型城市。

伊比利亚半岛上保留至今的防御型城市阿维拉未筑有堡垒，不过此地有一座与城墙相连而且有一部分加筑防御工事的大教堂，环绕城市的雄伟城墙是在11世纪末开始建造、12世纪初期完工，设有88座塔楼及9座加筑防御工事的城门。

意大利半岛上有数个防御型城市，有些是在中世纪盛期时才开始发展，例如蒙塔尼亚纳兴起于14世纪后期而非中世纪早期，其高墙为砖造，两座具有多重防御设施的城门分别是城镇内两个权倾一方的家族的据点。在进入14世纪之前，这种防御森严的城门就逐渐取代主楼成为城堡内的住所，而蒙塔尼亚纳的城门似乎是将建造城堡的做法借用来建造防御型城市。其城墙约2公里长，每隔75米左右设置一塔楼，城墙前方还有宽阔的护城河。蒙塔尼亚纳的许多防御设施在下一代的要塞中皆可得见，而意大利半岛则是防御型城镇和城市发展最为蓬勃并演变成新一代要塞建筑的地区。威尼斯人打造出贸易帝国，基于安全考量就在亚得里亚海沿岸的达尔马提亚地区修筑了各种防御型港口和城堡；热那亚人也在海外疆土修筑要塞，意大利的两个共和国的工程成果甚至远达东边的黑海海岸。

防御型城市在欧洲其他地区的重要性也逐渐提高，在黑暗时代结束时，巴黎、伦敦和西北欧及西欧的其他城市外围皆已加筑新城墙，建筑幕墙所花费的成本通常高于其他古老城市的城墙，而部分新城墙也会与先前遗留的罗马城墙相接。腓力二世为了保卫巴黎，于1190年下令在塞纳河的右岸修建大约30米高且具有20座圆塔的城墙，二十年之后他决定在左岸也建造一道类似的城墙以便保护人口日渐增加的城市，到了14世纪时又必须再度扩建城墙。在12—13世纪，法国的其他城市也和巴黎一样，面积突破了城墙的范围，因此必须修筑新城墙才能保卫扩张后的新边界。神圣罗马帝国则持续利用防御型城镇抵挡来自东方的侵略者。

法国的防御型城市
卡尔卡松

1. 巨大外堡
2. 守卫城堡的外堡
3. 城堡
4. 界场
5. 城堡城门附设的塔楼
6. 城堡外围的护城河
7. 方塔
8. 守卫便门的外堡
9. 守卫纳博讷城门的外堡
10. 纳博讷城门
11. 藏宝塔
12. 城镇

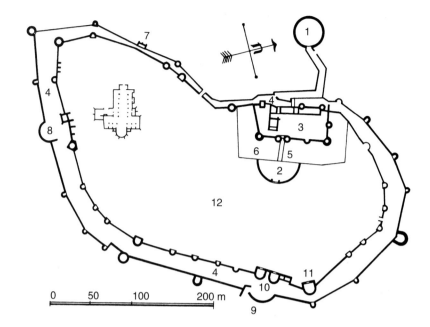

卡尔卡松的纳博讷城门图示
（由格林希尔出版社提供）

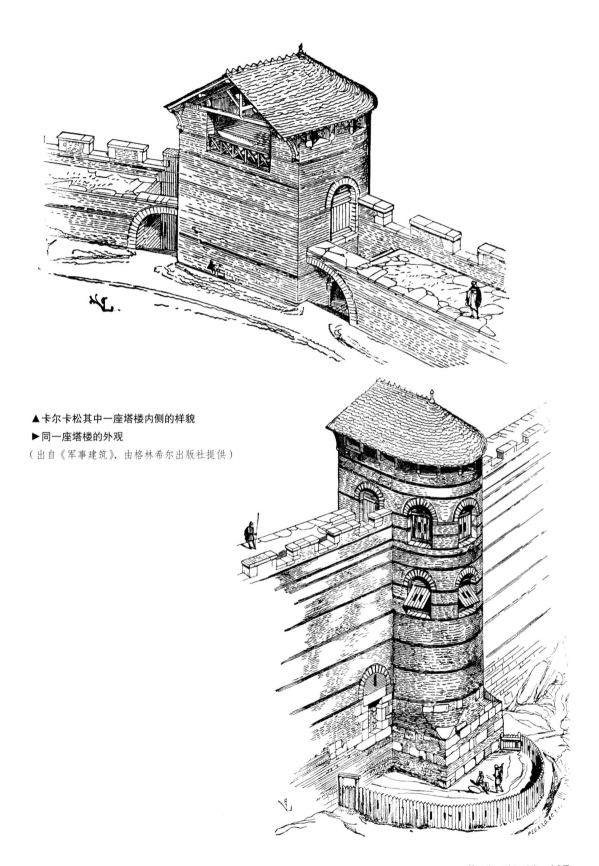

▲卡尔卡松其中一座塔楼内侧的样貌
▶同一座塔楼的外观

(出自《军事建筑》,由格林希尔出版社提供)

防御型城市耶路撒冷

1. 输水道
2. 艾赛尼之门（提哥亚门）
3. 泉门
4. 西罗亚塔
5. 金门
6. 史家希罗多德所述之圣殿（圣殿山）
7. 外邦人院
8. 羊门
9. 安东尼要塞
10. 美门
11. 女院
12. 司祭院
13. 王廊
14. 双门
15. 三门
16. 所罗门廊
17. 髑髅地
18. 圣墓
19. 城门
20. 大卫塔
21. 史家希罗多德所述之要塞
22. 皇家花园
23. 哈希芒王宫
24. 犹太会堂
25. 西罗亚池
26. 橄榄山

耶路撒冷的大卫塔

东欧的郭区

在东欧的斯拉夫地区有一些郭区已有数百年的历史,而斯拉夫人不像西欧国家改用石材,而是持续利用土及木材建造要塞。他们在11世纪时开始于石砌地基上建造可保卫城门的塔楼,在部分地区尤其是波兰到了12世纪初期之后才改成完全用石材砌造塔楼,此外也会尽量修筑可保护城门的护城河并注水,此类型的城门中最出色的例子是于11世纪下半叶建造的基辅黄金城门。

由于人口众多,有些城镇城区持续扩张到超出郭区所能保护的范围,这些地方的防御设施也发展成比较复杂的形式,比如需额外加盖城墙保护新兴的郊区,10世纪末的下西里西亚就出现许多此类结构较复杂的城墙。

波兰王国则是从波列斯拉夫一世在位期间到11世纪末为止都以土和木材建造的郭区为唯一的要塞形式,到了12世纪初波列斯拉夫二世在位期间开始在多数郭区中增建木造塔楼及具有石砌地基的城门,而制砖技术要等到13世纪才在波兰出现。西里西亚的奥斯特鲁韦克以及其他多处的郭区于1228年改为石砌,波兰各地到了13世纪末也纷纷出现方塔,较晚期则出现圆塔,在小波兰的卡利什、卢布令和下卡齐米日等重要城镇尤其明显。在由众白俄罗斯公爵统辖的东波兰的要塞形式也有所变化。西波美拉尼亚的郭区不像波兰其他地区的郭区经过进一步发展,而是继续保持传统样貌。最早出现在这个地区的石砌或砖砌结构是方形或长方形且筑有防御工事的大型房屋,比起日耳曼人的射击塔反而更近似西欧的主楼,而在神圣罗马帝国的日耳曼地区的射击塔在此时期也已经被更加坚实的结构所取代。一直到了14世纪晚期,这些主楼外围才出现加盖的城墙及塔楼,这表示波兰其他地方可能到了更久之后仍持续沿用传统的郭区,只是将土与木材筑的墙改建为砖石砌的城墙。

波兰北部要塞形式可能是深受条顿骑士团的影响而有所演变,条顿骑士团于1255年

重新修复后的基辅黄金城门(照片由约翰·斯隆提供)

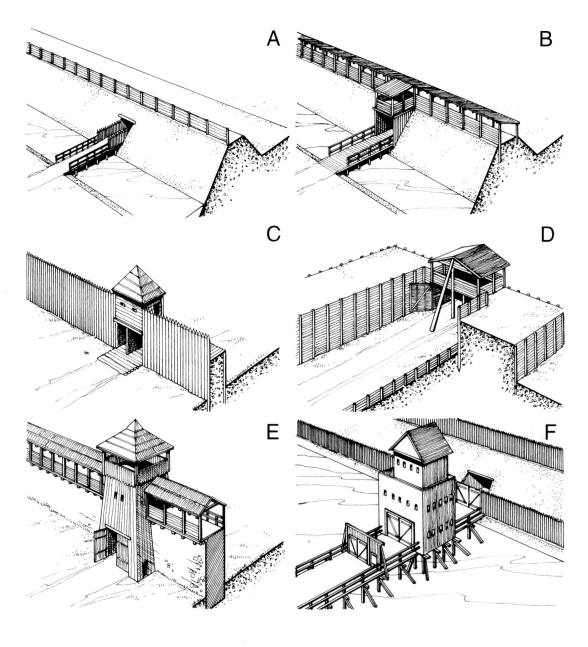

郭区的木造城门

A. 公元前于东欧相当盛行的隧道门
B. 向前凸出且包含入口走廊的城门
C. 面对城墙且具有双重入口的城门
D. 以立于水中的木柱支撑的宽阔城门
E. 门房
F. 设在桥梁上方入口之前的城门

在土伦建造了当地的第一座石砌城堡取代原先的郭区,并在 13 世纪末大幅扩建。他们也在东欧首开建造修道院式城堡之风,虽然在此之前波兰已经出现加筑防御工事的修道院,但都不是专为以战斗为职的骑士团建造或设计的要塞建筑。波兰的文化中心克拉科夫外围早在 8 世纪即以土和木材筑造防御工事,于 1000 年成为主教辖区时又再扩建。11 世纪时皮亚斯特王朝的国王将首都迁至克拉科夫,但此地百年来仍使用木造的防御设施,王室所拥有的瓦韦尔城堡的木墙一直到 13 世纪初才由石墙取代。而到了下一世纪 1355 年时,卡齐米日大帝才在城市外围修筑石砌城墙。因此波兰人常说:卡齐米日国王建立了木造的波兰,走时留下砖砌的波兰。

斯拉夫地区的大部分区域一直到 14 世纪皆沿用比较老式以土和木材构筑的格栅墙,其中具有代表性的区域首推波兰。大型郭区多半建成方形、椭圆或圆形,在 12—13 世纪大量伐林导致木材来源受到局限,斯拉夫人开始改用砖石,不过由于这类建材的成本较高而且需要较进阶的技术,因此一开始也像西欧人一样只用以砌筑塔楼和城门。

莫斯科城很可能是在 12 世纪初创建,统治此地的俄罗斯大公为了控制主要的贸易路线便于 1159 年修建了郭区类型的要塞,根据记载,这个要塞具有护城河、防御土墙和木桩栅栏。当时还是蒙古人入侵后所建汗国的封臣伊凡一世在罗斯人的土地上建立公国,而他所选的首都最后成为未来的俄罗斯帝国的中心,他在位末期的 1339—1340 年在城市外围以栎木新建城墙和塔楼等防御工事。莫斯科大公季米特里·顿斯科伊在 1367 年以全新的白色石墙及一座塔楼取代伊凡一世所建的土木构造,后人将修筑克里姆林宫一事也归功于这位大公,不过很明显早在 1331 年伊凡一世在位期间就已出现"克里姆林"(意为堡垒)一词。这座堡垒呈三角形,四周环绕河流或是类似护城河且宽度可达 32 米的水障。克里姆林宫于 1485—1495 年重新改建,而最后一座塔楼直到 17 世纪末才完工,其城墙长度总计超过 2.2 公里,厚度在 3.5—6.5 米之间,18 座塔楼中最高的一座为 80 米高,最小的一座则约 13 米高,是全东欧最为雄伟可观的要塞之一。

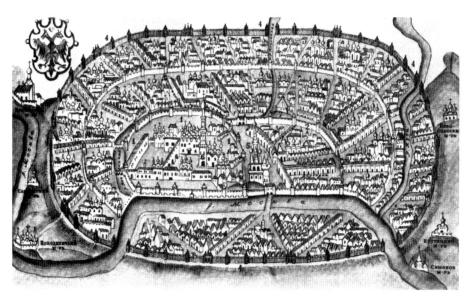

这幅 1606 年的莫斯科平面图中可看见克里姆林宫(1)、基塔格勒(2)、白宫(3)、土筑护城河(4)及圣巴西尔大教堂(5)

第 3 章 城堡时代

德国比丁根堡

位于黑森的比丁根堡于12世纪建造，其城郭的形状特殊，具有13边；于15世纪加筑具有拱顶的建筑物以进一步抵御敌军箭弹

1. 射击塔
2. 大厅
3. 中庭
4. 15世纪加盖建筑物的轮廓

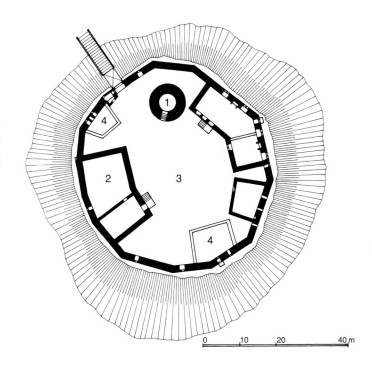

德国布格施瓦尔巴赫堡

这座位于黑森的城堡约建于1370年，归属历代的卡岑埃尔恩博根伯爵所有；其射击塔高踞整座城堡上方

1. 未注水的护城河，仍可当作道路通行
2. 可供畜养禽畜的下城区
3. 幕墙
4. 小礼拜堂
5. 主城门
6. 大厅
7. 射击塔

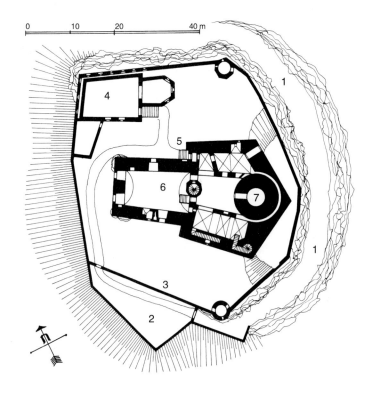

中欧及南欧的要塞

欧洲中部与南部要塞建筑的发展过程与西部的演变几乎算是并驾齐驱，日耳曼民族统治着神圣罗马帝国的平原及山区，他们在10世纪时主要依赖加筑防御工事的修道院和城镇抵挡入侵的维京人和马扎尔人。根据研究历史的撒克逊僧侣威特金特所述，日耳曼国王捕鸟者亨利一世于10世纪20年代晚期创立了极具威力的军团以及要塞网络。由于亨利一世推动改革并创立重装骑士部队以对抗马扎尔人及斯拉夫人，他所率领的撒克逊人和图林根人部队终于得以洗刷过去军事表现不佳的丑名，成为与洛塔林吉亚和法兰克尼亚两公国的法兰克人部队势均力敌的存在。亨利一世之子，又称奥托大帝的奥托一世之后于955年率领闻名欧洲的骑兵部队在莱希费尔德击败马扎尔人。

防御型城镇通常是由十数个以上的聚落演变而成，一般是形成城区之后划归特定要塞（堡）的防御范围，如此形成者包括梅泽堡、奎德林堡、戈斯拉尔、北豪森、格勒纳以及波勒德。亨利一世也命令修道院加筑外围护墙，并且督促臣下重新修复比较古老的防御型城市的防御设施，此外也派遣各个主教及伯爵以每月轮班的方式前往可能与罗马要塞类似的边防要塞驻守，他也因为大兴土木而获得"建造者"的称号。亨利一世的骑兵部队于933年在梅泽堡击败入侵的马扎尔人，向敌军证明其以防御型城镇及修道院构筑的防御系统确实固若金汤，他也利用同样的防御系统对付东侧的斯拉夫农民。

早期的日耳曼要塞大约是在西欧的土垒与内场式要塞最为盛行时开始发展，日耳曼地区主要的要塞形式是射击塔，其与法国的主楼相似，很可能源自以前罗马人在日耳曼边界所设立的瞭望塔。射击塔通常当作瞭望塔和防御据点使用，而且也作为主要防线，这一点就不同于早期的法国主楼，之后外围加筑的防御工事和环绕土垒与内场的木桩栅栏相似，不过射击塔的威力在此时还未达到巅峰。很多日耳曼城堡皆位于丘陵或山地之上，而周围的区域皆加筑防御工事，日耳曼人倾向选择形似半岛且除了一边与陆地相连之外其他边皆有河流围绕的山岬，如此一来就能严加控管通往城堡的入口。

城堡的建筑是到了11世纪下半叶在神圣罗马帝国皇帝亨利四世在位期间才真正开始蓬勃发展，而城堡的重要性也提升到与10世纪即开始的部分城市的防御工事相同。在亨利四世即位之前，神圣罗马帝国境内只有零星几座城堡，而且大部分都在未获皇帝许可的情况下建造。亨利四世对于帝国的管理极为严格，他下令将所拥有的许多木造城堡以石材改建。

亨利四世与教皇格列高利七世为了主教叙任权问题起争执时，手下的很多贵族就由各自的城堡出兵阻止他前往意大利求见教皇，他为了取得教皇赦免并重获王权只好大老远绕道至西欧南下。亨利四世重掌王权之后不仅报复曾羞辱他的手下贵族，也没有放过格列高利七世，教皇被迫于1084年至圣天使堡避难，这座由古老陵墓改建的城堡原是罗马帝国晚期林立的要塞建筑之一。亨利四世指派了一名新教皇，格列高利七世靠着诺曼人的庇护才侥幸脱身，得以在南方避难。

亨利四世死后城堡建筑的发展在日耳曼地区仍欣欣向荣，根据威廉·安德森于《欧洲的城堡》（伦敦，1980年）中所述，有些权倾一方且拥有土地的日耳曼家族甚至以城堡的名字为其家族姓氏。

马扎尔人在955年的莱希费尔德战役中被神圣罗马帝国皇帝奥托一世击败之后就不再袭击今德国和意大利北部，他们最后在多瑙河盆地的匈牙利平原定居，不久之后新成立的匈牙利王国就在国王斯蒂芬一世领导下改信基督教。斯蒂芬一世竭力效法邻近国

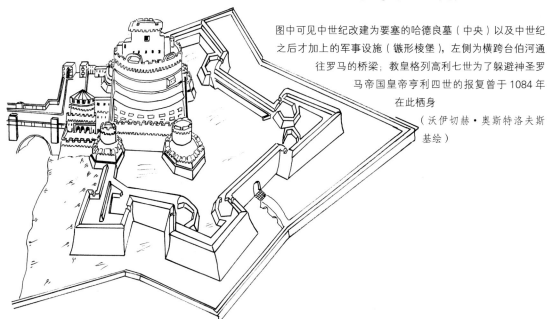

意大利圣天使堡

图中可见中世纪改建为要塞的哈德良墓（中央）以及中世纪之后才加上的军事设施（锒形棱堡），左侧为横跨台伯河通往罗马的桥梁；教皇格列高利七世为了躲避神圣罗马帝国皇帝亨利四世的报复曾于1084年在此栖身

（沃伊切赫·奥斯特洛夫斯基绘）

家的规章制度和建筑风格，他将国土分成数个郡，让每个郡自行出资修筑雄伟坚固的城堡，不仅分派"瓦卡托那军"（意为城堡士兵）前往驻守，而且指定爵位与伯爵相当的贵族担任这类城堡郡区的首长。有些郡是依据教区划分，不过教区和城堡郡区在安排上互相重叠的状况和一般不太相同。正如西欧贵族在封建制度之下得以自己修筑城堡并挑战王权，马扎尔人的制度也面临同样的崩解危机，各地的贵族也开始反抗国王派来治理各个城堡郡区的伯爵以及自己的上层领主。城堡周围之后出现许多新兴城镇，具有木墙的土堆郭区最终被石砌城堡取而代之，而很多城堡直接建筑在郭区之上。

匈牙利于1241年遭到蒙古人入侵之后面目全非，这批新来的入侵者几乎将王国大部分的土地夷平，甚至摧毁了布达的城堡。由于木造城堡被摧毁一空之后只剩下石砌城堡，国王贝洛四世于是下令从此之后皆以石材修砌城堡，此外也在多瑙河东岸的山丘上重建布达的城堡作为王室住所，并在多瑙河沿岸修筑其他石砌城堡，形成国王斯蒂芬所称的"防御之河"。13世纪下半叶出现大大小小的城堡，共有166座属于王室，另外132座为私人所有，其中包括斯洛克、苏梅格、切斯奈克及波多寇堡。

中世纪欧洲各地皆建有城堡及防御型城市，意大利也不例外，比萨、热那亚及威尼斯等欣欣向荣的小型商业城市发现必须大幅加强城市的防卫设施，于是建造要塞以保护才刚起步的贸易帝国。威尼斯从黑暗时代开始就大力仰赖岛屿地形以及周围的潟湖作为屏障，其他地区的城堡和防御型城市则同步发展。至于意大利半岛南部，罗马以南的众公国以及拜占庭派驻于阿普里利亚的行政首长皆利用前代留下的要塞建筑进行防御。9世纪时阿拉伯人攻占西西里，稍晚斯堪的那维亚人也在10世纪抵达，他们在11世纪进驻卡拉布里亚并持续进攻拜占庭军队和西西里的穆斯林，逐渐巩固在意大利半岛南部的势力。斯堪的那维亚人不仅将封建制度传入意大利半岛，同时也建造了许多城堡，最后甚至修筑出几座极为壮观的石砌要塞。

斯洛伐克特伦钦

1. 城门塔楼
2. 居住区
3. 城门塔楼
4. 加筑防御工事的教堂
5. 下城堡
6. 行政与居住用建筑
7. 小礼拜堂
8. 护城河
9. 上城堡
10. 中庭
11. 主楼
12. 大厅
13. 界场

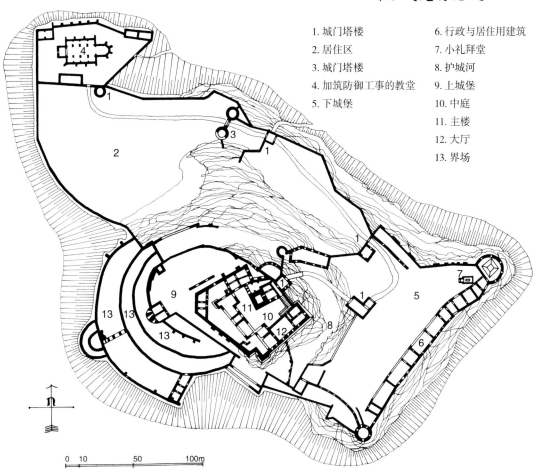

这座城堡建筑于13世纪中叶的特伦钦城高处，于15世纪大幅扩建并增加防御设施，到了16世纪初期又增设了火炮专用的射击位置，逐渐由中世纪城堡转型为中世纪之后的要塞

从郭区到城堡

木造要塞一直到中世纪盛期初期时在波兰和俄罗斯仍是主流,主要是因为木材是当地最容易取得的材料,郭区则是11—13世纪最为普遍的要塞形式,而斯拉夫地区的城堡最后却是从较小型的郭区演变而来。虽然城镇居民合建的郭区和单一家族所建的郭区在建造和设计上皆相似,但是后者通常包括一座与土垒与内场式城堡中的木造塔楼相似的木造结构。现在已很难断定究竟这些较小型的郭区外观如何,不过由近代在波兰格罗齐斯科重建的郭区可知应包括一座人造山丘,其上的几栋木造建筑物周围环绕木造围栅,必须先穿越城门才能通往建筑群,这种格局与西欧的土垒与内场式要塞很相近,不同之处在于没有内场,不过也不排除在深入发掘之后证明曾有类似内场的区域存在的可能性。

安杰伊·纳多尔斯基在《1500年以前的波兰军事技术》(华沙,1994年)中指出斯拉夫人在此时期也尝试采用石砌,他们在波兰境内先是利用未加工的粗石堆筑郭区的地基让城墙能够立得更稳而不会陷入多沼泽的地面,此时也会将粗石加砌在城墙的外侧以防止敌军将木造城墙拆散或纵火焚墙,在部分郭区则出现以石砌成的胸墙。中世纪盛期初期的郭区外围环绕的护城河不仅宽度和深度都增加,周围的护墙也以梢捆加固避免崩塌,护城河仍和从前一样是敌军靠近防御土墙前必须克服的主要障碍。较大型的郭区入口处会设置一座独立的城门并以塔楼加强防卫,要通往这座城门多半须经由木桥,桥梁长度可达300米。很可惜的是目前的考古证据有限,还不足以建构出明确且完整的郭区发展史。

很多地方的郭区到了13—14世纪就被石砌要塞所取代,历代波兰国王及上层的贵族也会修筑与西欧风格相似的城堡,偶尔也会建造称为"骑士塔"的大型独立主楼。14世纪时卡齐米日大帝将波兰大部分的郭区和木造城堡都改成石砌。

在神圣罗马帝国以北,丹麦王国自行发展出的要塞形式与日耳曼人的城堡不尽相同,但与斯拉夫人的郭区反而更为相似,在斯堪的那维亚其他地区也可以见到这种与郭区类似的土筑聚落。丹麦的要塞在发展过程中最为激烈的转变就是以砖塔取代老旧的木塔,以砖塔构成的海岸要塞主要用来抵御海盗文德人入侵,这些塔楼在12世纪被尊为"大帝"的瓦尔德马尔一世在位期间出现在哥本哈根、斯普罗岛、凯隆堡、桑堡和沃尔丁堡等地。砖砌建筑一直到13世纪才向东传入斯拉夫地区,砖在石材供应并不充裕的地方如波兰平原就成了木材的最佳替代品。

波兰兹姆比切的城门塔楼

14世纪波兰的欧斯诺卢布斯

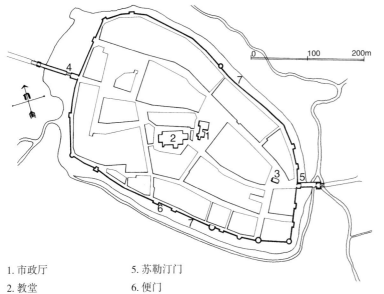

1. 市政厅
2. 教堂
3. 教堂
4. 法兰克福门
5. 苏勒汀门
6. 便门
7. 注水的护城河

设置于欧斯诺镇城墙的多座高大塔楼之一

波兰尼济察堡

匈牙利的柏茨迪兹家族修建的以取代早期木造要塞的骑士城堡,可俯瞰杜纳耶茨河并由此控制水路交通;波兰人于1410年接收并加以扩建,当时扩建的部分大多在此平面图中

1. 石桥
2. 未注水的护城河
3. 主城门
4. 下城堡
5. 建筑物
6. 棱堡
7. 主城堡的中庭
8. 城门塔楼
9. 主楼

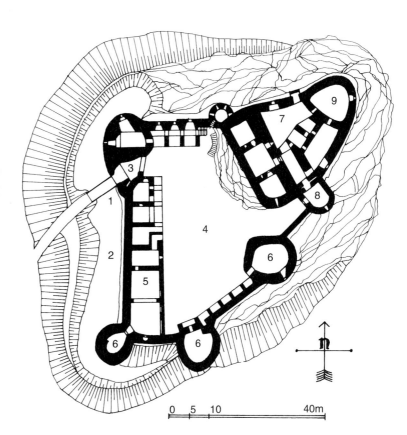

第3章 城堡时代 117

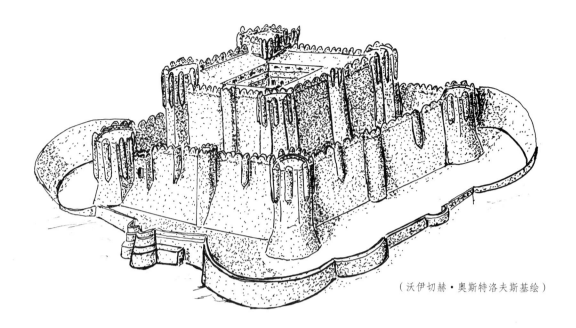

(沃伊切赫·奥斯特洛夫斯基绘)

西班牙柯卡堡

以摩尔风格的砖砌工艺著称,其同心式城墙于 15 世纪中叶由塞维利亚大主教下令建造,城堡结构中加入火炮射击孔以及可供使用手炮的位置,不过未曾经历重大的围城战役(见 92 页的照片)

1. 入口
2. 城门塔楼
3. 未注水的护城河
4. 外中庭
5. 入口
6. 中庭
7. 建筑物
8. 效忠塔(主楼)

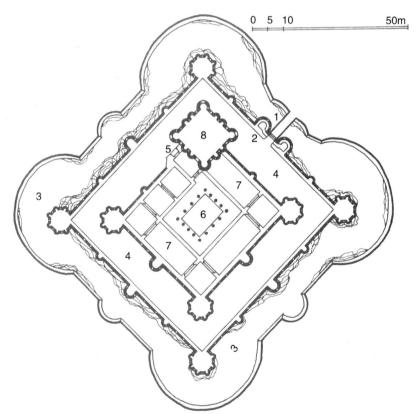

葡萄牙奥莫罗堡。圣殿骑士团为了控制塔古斯河靠近坦科斯的渡口，于是在1171年在罗马要塞的遗址上建造了这座位于岛上的城堡
（万德·欧卓斯佳绘）

伊比利亚半岛的要塞

也许是因为伊斯兰教和基督教势力在伊比利亚半岛上争战不休，此地在要塞建筑技术的领域发展领先欧洲其他地区。半岛上的基督教势力虽然在10世纪时就推进至杜罗河，但是接下来就陷入内斗，因此复地运动有一段时间几乎毫无进展，而他们在一步步攻占伊斯兰教要塞的同时也开始改建这些要塞或仿效其建筑风格。

另一方面阿拉伯人则占领半岛上的旧时要塞并加以利用甚至改建，在这个时期由于伊斯兰世界各方面的知识与科技突飞猛进，因此他们的工艺技术也达到新的高峰。

伊比利亚半岛的城堡发展史上最具代表性者首推戈尔马斯堡，这座城堡是由哈里发哈基姆三世手下的大将加利卜于956—966年建造。此处原有一座老旧的丘顶要塞，由于伊斯兰教和基督教双方势力经常在此地交战，因此加利卜决定将要塞改建为雄伟的城堡以便巩固摩尔人在此处的势力。于是他在山丘较高处建造了一座大型城堡，环绕山顶的幕墙约有1.2公里长、最高处可达10米，皆由大型石块筑成，沿线设有26座塔楼。这座巨大的城堡可以容纳为数不少的驻军，尽管加利卜费尽心思，基督教徒最后还是在981年成功占领城堡，不过穆斯林又很快收复此地。

在法国刚开始出现第一批石砌主楼的时候，西班牙的土地上已经有许多像戈尔马斯堡一般的壮观城堡。随着复地运动毫不留情地推进，基督教王国的领袖一个接一个地攻占摩尔人所建的城堡，或者比北方的邻居更早建造自己的石砌城堡。当征服者威廉带领手下贵族在法国西北部攻打以木材和石块建造的土垒与内场式城堡的时候，卡斯蒂尔国王斐迪南一世于1060年时正忙于率军攻占固若金汤的戈尔马斯堡，到了1087年以"熙德"之名闻名于世的贵族德·比瓦尔奉命守卫戈尔马斯堡。欧洲其他地区自行发展建筑城堡的技术时，伊比利亚半岛上的欧洲人则采用穆斯林建筑要塞的方法，不过当然可以说阿拉伯人也只是吸取了罗马和拜占庭要塞的建筑技术。不过欧洲北部的要塞建筑很快也会受到东方世界的影响，因为这些地区的欧洲人即将于1095年在教皇乌尔班二世的号召下举起十字架和宝剑前往伊斯兰世界发动圣战。

第3章 城堡时代

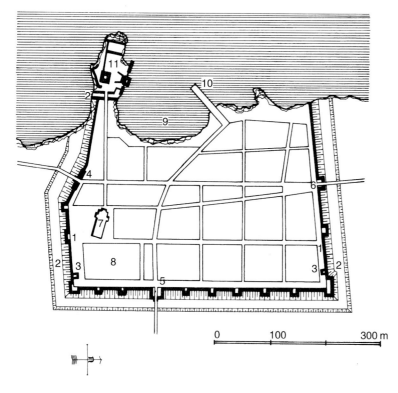

12世纪时中东的凯撒利亚

凯撒利亚城由罗马人创建，1101年十字军攻占之后重建城镇及要塞，不过保留阿拉伯人所建的城墙并进一步加固；12世纪晚期一度落入萨拉丁手中，之后又由狮心王理查夺回；路易九世的部队于13世纪中叶修建此城及其他处的要塞，其中增建的部分防御设施由下方照片可得见

1. 幕墙及塔楼
2. 护城河
3. 防卫塔
4. 临海城门
5. 东城门
6. 北城门
7. 圣彼得大教堂
8. 法兰克人的屋宅
9. 港口
10. 凸堤
11. 要塞

凯撒利亚。由凯撒利亚城门所见的幕墙及未注水的护城河

十字军的要塞

第一次十字军东征始于11世纪，从此之后无数代来自法国、英国和欧洲其他地方的骑士和朝圣者穿越拜占庭帝国前往圣地，他们自然会注意到途中的那些巍峨耸立的城堡要塞，尤其是君士坦丁堡，当他们抵达穆斯林的防御型城市时也会惊叹于古代与当代的建筑技术。十字军东征时面对的要塞远比他们在自己土地上遇到过的更难以攻占，必须发动规模更大、更冗长的围城行动才可能攻下。由于当时西欧的围城战事中成为攻击目标的城堡大部分仍是土和木材建造，因此只有极少数十字军具备攻打石砌要塞的经验，特别是来自意大利和伊比利亚半岛的军兵可能曾在黎凡特攻击过类似的石砌要塞，但他们在十字军中只占一了小部分。第一次十字军出发后攻击了数个防御型城市，最后以攻占耶路撒冷告终。城堡和防御型城市是克敌制胜的关键，在欧洲和中东皆然。为了和对手拼个旗鼓相当，十字军于12—13世纪在黎凡特建造了比欧洲家乡任何一座城堡都更为庞大的要塞。为了对抗伊斯兰部队先进的攻城技术，十字军建造了更加巨大的城墙、同心式要塞以及圆形塔楼。中东的土地上很快就遍布如骑士堡和贝尔沃城堡一般雄伟壮观的十字军城堡以及包括耶路撒冷、开罗、安条克及阿卡等防御型城市，十字军也在海岸修筑如罗得岛及马耳他岛上的防御型港口。十字军回程时将建筑及攻城的技术也一并传回家乡，据说狮心王理查就是受到在圣地所见要塞建筑的影响，才会在第三次十字军东征期间于塞纳河修筑加亚尔城堡。

耶路撒冷的城门

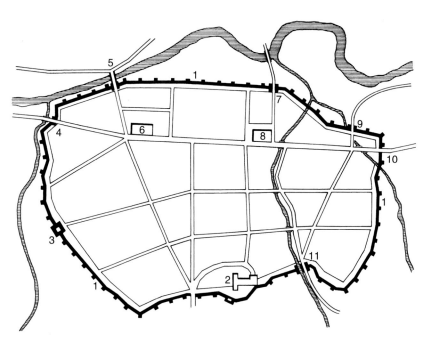

11—12 世纪时土耳其的安条克

1. 城墙（6 世纪）
2. 要塞位置
3. 两姐妹塔
4. 圣乔治塔
5. 加筑防御工事的桥梁
6. 皇宫
7. 大公之门
8. 圣彼得大教堂
9. 犬之门
10. 圣保罗之门
11. 铁之门

萨拉丁城堡于 12 世纪经过法兰克人组成的十字军整建，此后便成为地中海区域最为坚固难攻的据点之一

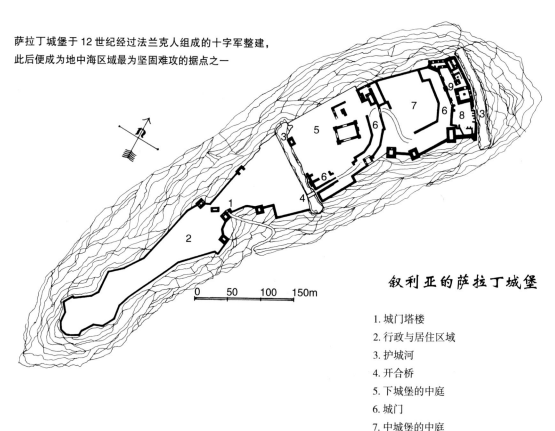

叙利亚的萨拉丁城堡

1. 城门塔楼
2. 行政与居住区域
3. 护城河
4. 开合桥
5. 下城堡的中庭
6. 城门
7. 中城堡的中庭
8. 十字军建造的巨大主楼
9. 拜占庭时代所建结构及入口

转捩点

12世纪堪称欧洲军事史上的转捩点，此时的英国和法国等欧洲王国由强有力的国王领导，与前代的君主相比能够以更高的效率动员更多兵力。在《十字军东征时期的西方战事1000—1300年》（纽约，1999年）一书中，约翰·弗朗斯指出城堡于此时期在战略上扮演数一数二的重要角色，他也和吉姆·布拉德伯里归纳出同样的结论，认为有更多战事以攻占城堡为主而非在战场上对阵厮杀。在敌方领土上设有大量城堡要塞的情况下，挥军入侵几乎等同于将手放进蛛网。为求获胜，攻击方必须将目标地区的粮食搜刮一空，如此一来不仅需将兵力分散至各地劫掠粮食，还需要分别围住各个要塞以免援军前来解围，这时就可能遭到袭击或是面临断粮的窘境。

12世纪时出现了一些比较有权势的君主，他们能够动员配备适当攻城器械的军队，除非敌方要塞格外坚固难攻，否则多半能快速攻陷大部分的要塞。攻城器械中有多种皆是在罗马时代就已发明，但在12世纪之前由于制造所需时间过长及金钱成本过高，因此在应用上受到不少限制。但是到了12世纪由于行政效率提升且经济和农业上有所改善，税收也就随之增加，各国也就得以制造更多威力强大的攻城器械。

欧洲因此展开一场全新的军备竞赛，各地的统治者竞相利用砖石建造坚固的城堡和防御型城市以便应对持续进步的攻城器械，唯有东欧地区一直到13世纪末仍持续建造大型的木造城堡。

在此时期因为堡主希望能住得更舒适，因此很多较大型的城堡也变得更为豪华，有些新添加的设施对于战时守城不仅毫无益处反而成为累赘。由于这类城堡中多半规模浩大而且具有多层同心式防御设施，新增的奢华设施对于城堡的整体防御效果并没有太大的影响，不过中世纪晚期所建的城堡中有很多座其实比较类似宫殿而非要塞。

此时的城墙也经过扩建并将邻近城镇或村庄纳入保护范围，特别是在法兰德斯地区，商业活动在城墙保护之下发展更加蓬勃，而进驻黎凡特的十字军也认为这样的做法效果很好，城堡与村庄城墙结合的最佳范例之一是位在两座陡峭河谷之间的山脊上的萨拉丁城堡。此处原有一座拜占庭要塞，法兰克十字军先是在12世纪于此建造了庞大的主楼和前方的门楼，之后又将旧城墙和塔楼往上加盖，在所处山脊与陆地之间有一道大约30米深的岩沟，因此进入城堡唯一的方法就是经由门楼守卫的桥梁。萨拉丁城堡在当时名列地中海世界最坚固且难以攻陷的城堡之一。

虽然部分历史学家反驳欧洲新出现的要塞建筑技法是由十字军从中东传回来的这种论点，但却很难找到有力的证据，因为西欧要塞在发展上的重大改变大多发生在第一次十字军东征之后不久。新出现的设计包括圆形或D字形塔楼在西欧逐渐普及，而在罗马帝国灭亡之后就许久不曾有人使用的攻城武器和技术也在此时重新登场，幕墙的高度也因为武器的威力逐渐强大而增加，城墙上也出现其他设施。

此外由于圣战及其他原因使然，在欧洲及中东各地开始出现以战斗为职的骑士团，包括医院骑士团（1070年于耶路撒冷成立）、圣殿骑士团（1119年于耶路撒冷成立）及条顿骑士团（1128年于耶路撒冷成立），另外在伊比利亚半岛也出现卡拉特拉瓦（1158年成立）、阿维斯（1162年于葡萄牙成立）及阿尔坎特拉（1220年成立）等骑士团。这些团体的使命在于建造大型城堡当作十字军在圣地及伊比利亚半岛活动的基地并驻守其中，其中条顿骑士团在13世纪进军东欧与信仰不同的普鲁士人交战，他们在宝剑骑士团（1200年于里加成立）的援助之下往东

中世纪末期的阿维尼翁

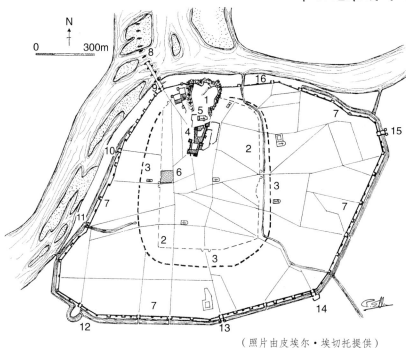

1. 水坝岩（古时的丘陵要塞）
2. 1世纪所建的罗马城墙
3. 1237年所建城墙
4. 教皇宫
5. 大教堂
6. 市政厅
7. 1355年所建城墙
8. 圣贝内泽桥
9. 罗讷河城门
10. 乌勒城门
11. 圣多明尼克门
12. 圣罗克门
13. 圣弥额尔门
14. 兰贝尔门
15. 圣拉匝禄门
16. 行道城门

（照片由皮埃尔·埃切托提供）

法国阿维尼翁教皇宫

法国卡尔卡松周围环绕的同心式城墙是在13—14世纪建造的

北进入波罗的海区域。东欧日耳曼人的十字军骑士团在对抗斯拉夫人、普鲁士人及其他族群时也采用了和十字军在中东时类似的策略，他们在争战过程中陆续建立石砌要塞，其中最雄伟的几座就耸立在波兰到俄罗斯之间的土地上。条顿骑士团在东欧建立的第一座石砌要塞位于土伦，之后还会陆续出现其他城堡要塞。

13—14世纪另一项重要发展是结构呈同心式的城堡，此种城堡的幕墙及塔楼最高，城门周围的防御据点最多，而其外墙通常较矮且薄，但也设有防御用的城门及塔楼。外墙的塔楼面对内墙的后侧为开放式，如此可以确保即使外墙遭到攻占也不会成为敌军反击的据点，因为只要驻军守在较高的内墙，外墙较矮的平台就会完全暴露在攻击范围之内。除了城堡之外，部分防御型城市的建设也采用了同心式要塞结构，历史最为悠久的城市首推君士坦丁堡，其三层城墙将城市所处的半岛完全包围在内，至于法国卡尔卡松及环绕城市的同心式城墙也极具代表性。

同心式要塞之外，其他类型的要塞建筑在中世纪的欧洲发展也相当蓬勃，比如很多地区皆可见到加筑防御工事的庄园宅邸，也有很多修道院筑有外围防御设施。希腊的修道院多半建造在如峭壁上方等通行不易的地点，西欧的修道院则和防御型城市一般具有护墙和塔楼，甚至教皇位于阿维尼翁的皇宫也建在有城墙环绕的城市之中且筑有防御工事。

城堡发展至中世纪盛期之后的标准形式仅剩三种：土垒与内场式要塞、大型石砌主楼以及斯拉夫人的郭区。由于不再堆筑土垒，因此西欧的城堡不再呈现圆形格局。城堡的防御设施完全取决于周围地形以及堡主的财力，石砌幕墙与塔楼、比较复杂的城门周边设施以及中央的主楼和内场等皆各自衍生形成独特设计。虽然十字军东征可能是造成欧洲大陆上的要塞建筑发展变化的重要因素，但绝不是唯一的因素，此时欧洲在社会和经济上所经历的深层变动也可能是原因之一。由于国力逐渐强大加上经济繁荣，自然

意大利圣吉米尼亚诺由13世纪保存至今的其中四座塔楼

攻城器械，石砌城墙和塔楼的高度增加，其顶端加筑堞眼而底部则加上基座以防止敌军以此为掩蔽或试图挖松破坏城墙和塔楼的结构；护城河的深度和宽度也有所增加。在13世纪时甚至在有城墙环绕的城市也可见到许多新发展而成的防御设施，需注意不管在欧洲的哪一区域，最新的防御设计通常是先应用在城堡上，之后才应用于防御型城市，因此城堡在了解中世纪要塞建筑的发展和重要性上始终扮演关键性的角色。

神圣罗马帝国的防御型城市是在亨利一世在位时所建设，但却成为历代皇帝巩固皇权的严重阻碍，其中反抗皇帝最为激烈的莫过于意大利半岛上的城市；同时英国的金雀花王室虽然掌握的兵力不如神圣罗马帝国皇帝，却能在12世纪一个接一个地占领英国与法国各地的防御据点。到了13世纪，法国卡佩王朝在成功削减各地城堡要塞的数量之后终于得以称霸法国。法王路易七世于13世纪初发动十字军攻打以朗格多克的要塞为据点反抗的净化派异教徒，由于法王持续增兵，法军即使面对坚固要塞最终还是得胜；至于与法王为邻的神圣罗马帝国皇帝却无法掌控意大利半岛上的诸多城市。接连数代的英王爱德华进军威尔士和苏格兰，并倚仗城堡和防御型城镇维持在当地的统治权。同时在伊比利亚半岛上，卡斯蒂尔王国持续实施在占领的土地上建设防御型城镇的策略，成功遏阻企图收复失地的阿拉伯人。伊比利亚半岛上的基督教王国设置防御型城镇和城市一方面可以控制新征服的土地，另一方面也是为了应付日后的战事而加强防御能力。

目前所见欧洲最为先进且现代化的城堡遍布威尔士、地中海东岸、伊比利亚半岛及罗斯等地，其在防守上可达到极佳成效的主因在于攻城军队的规模多半过小，无力进行冗长而不间断的围城战。

就有越来越多的君主和有势力的堡主能够动员大批兵员和劳工，此外城市里也出现一批专业素养极高的匠师阶层可供君主差遣，为他们修建出威力更强大、构造更为精细的要塞。不同匠师的作品自然不像大量生产的产品具有标准规格，因此即使部分技术和设施在欧洲已相当普及，建造出的成品还是有不少变化，一般皆因地制宜且配合各地统治者的偏好。法国和英国盛行土垒与内场式要塞，中欧以射击塔为主流，意大利半岛上热那亚及佛罗伦萨等城市里的世家大族则偏好修筑专属家族所有的高瘦塔楼。13世纪在意大利圣吉米尼亚诺所建的这类塔楼约有72座，其中14座仍保留至今，由于城市向外扩展故从1251年开始在外围修建新城墙。

于13世纪末的西欧和中欧可观察出要塞建筑发展的几种趋势：欧洲原先常见的建于土垒上的塔楼逐渐改为庞大主楼，最后则完全由功能相同的坚固门楼取代；为了抵御

法国卡斯泰勒诺城堡

两图所示皆为 13 世纪建于法国西南部卡斯泰勒诺的城堡，主楼俯瞰全堡并与同样于 13 世纪建造的幕墙相连，在幕墙入口前方可见到 15 世纪所建的外堡，较矮的城墙则为 16 世纪所建城郭的一部分

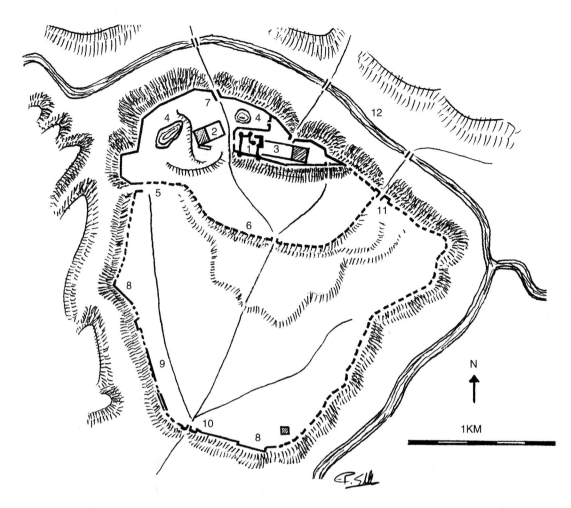

13世纪初的古撒马尔罕

1. 要塞
2. 大清真寺
3. 皇宫
4. 蓄水槽
5. 纳玛兹阿合门
6. 内墙
7. 布哈拉门
8. 重建之希腊城墙
9. 具有扶壁之城墙
10. 凯奇门
11. 中国门
12. 锡亚布河

（平面图由皮埃尔·埃切托提供）

撒马尔罕是中亚最古老的城市之一，也是中国以西的地区中最大的城市之一，于13世纪初被成吉思汗的蒙古大军摧毁，于14世纪时在帖木儿统治之下复兴并成为帝国首都

西南侧的部分区域经过重建，于此处可见到数种不同的城墙：

- 希腊化时期或其后所建的城墙，具有内侧走廊以及二或三层的前侧射孔。
- 有些地点筑有较矮的城墙且建筑技术较佳，可能是由古波斯阿契美尼德王朝所建。
- 具有方形扶壁的城墙，幕墙及扶壁设有前侧射孔。
- 有证据显示曾有塔楼但数量极为稀少。

要塞中有圆形塔楼；清真寺和皇宫是在阿拉伯人征服此城之后所建

对抗蒙古人的要塞

欧洲在 13 世纪初面临新一波来自东方的入侵者，虽然当时各地遍布城堡和防御型城市，但是再庞大或坚固的要塞也抵挡不住成吉思汗及其继承者率领的蒙古大军，虽然东欧各国匆促动员的大批军队有时人数确实较多，但在蒙古铁骑的攻击之下还是很快就溃不成军。

要了解蒙古军的制胜秘诀就要追溯至远东：中国的王朝数百年来都依靠屹立在北境的万里长城抵挡陆续试图入侵的蛮族，而到了 13 世纪初很多原先各自为政的游牧民族在成吉思汗的召集之下团结起来，组成一支阵容庞大而且组织严密的军队，当时统治中国的宋朝采取只守不攻的策略，认为只要有大型城池和坚固的城墙就足以抵御任何侵略。成吉思汗的部队一开始并不以攻占中国各地的城池为目标，而仅仅在各地劫掠，但后来他们发现如果要获胜就必须攻陷城池，于是他们勤加钻研攻城技术。

成吉思汗的蒙古大军在掌控整个中国之后仍不满足，接下来又转战信仰伊斯兰教的中亚地区，甚至攻打河间地带贸易昌盛的大城撒马尔罕及布哈拉，这两个城市当时刚落入领土大略等同于古波斯国土的花剌子模帝国手中。

由阿拉丁·摩诃末新建的花剌子模帝国那时刚脱离塞尔柱土耳其人独立，统治帝国的"沙阿"手下由土耳其人和波斯人组成的部队多达 40 万人，理论上至少足以牵制蒙古军，此外还有撒马尔罕及布哈拉两个防守森严的防御型城市作为后盾，然而说得含蓄一点，沙阿麾下由不同部族组成的盟军并不怎么可靠。再者，由各地的统治者所建的不少类似城堡的结构其实规模很小，是用来抵御一般盗匪而非大批军队。成吉思汗的军队一开始进攻时仅派出 3 万人的部队，被摩诃末之子贾拉尔·艾德·丁率领的 5 万名花剌子模士兵击退，但是成吉思汗再度派出 20 万人的大军由两面夹击。蒙古军于 1219 年包围位于边境的兀答剌儿，这座位于咸海以东、锡尔河畔的城市防守严密，由 8 万名士兵驻守。兀答剌儿在五个月之后沦陷，但守军退守城内的要塞之后又顽抗了两个月之久。摩诃末另外派出 5000 人的部队迎战另一支由南侧进攻但阵容较小的蒙古军，这支部队不幸全军覆没，同时成吉思汗率领主力部队由沙漠向北横扫整个花剌子模帝国，最后兵临布哈拉城下，于 1220 年初开始攻城。由于城内 2 万名守军临阵脱逃，入口与城墙相连的要塞很快就落入蒙古人的手中。

最后蒙古大军将有雄伟砖墙环绕的首都撒马尔罕团团围住，城内原有大约 10 万名驻军但出城试图突围时折损 5 万人，剩余的 5 万人里有 3 万人是又称康里人的东钦察人，他们出城向蒙古军输诚。城中军民在绝境之下不得不向成吉思汗投降，而大汗则将不忠的康里人全数处决，剩余的 2 万名驻军苦守城市中的要塞，但只支撑了数天就被攻破。花剌子模帝国在 1220 年底可说濒临覆亡，摩诃末虽力图复国但于 1221 年病逝。中亚的防御型城市规模不如中国的大城可以暂时遏阻成吉思汗的攻势，但与欧洲的防御型城市相较已经算是比较大的了。

继花剌子模帝国之后再也没有其他兵力堪与蒙古相较的大国，当时河间地带有几个防御型城市其实比欧洲最大的几个城市还大，足以容纳更多的军民，然而这些城市也无法挡住蒙古铁骑。此外像撒马尔罕和布哈拉等城市中的要塞有大量守军屯驻，但这些要塞在市民开城投降之后其实显得相当脆弱。欧洲虽然也有规模类似的大型要塞，但是除了君士坦丁堡可能只剩罗马有可能容纳这么多守军并且储存所需的粮草物资，事实上 13 世纪之前除了十字军部队之外几乎极少见到阵容达到数万人的欧洲军队。

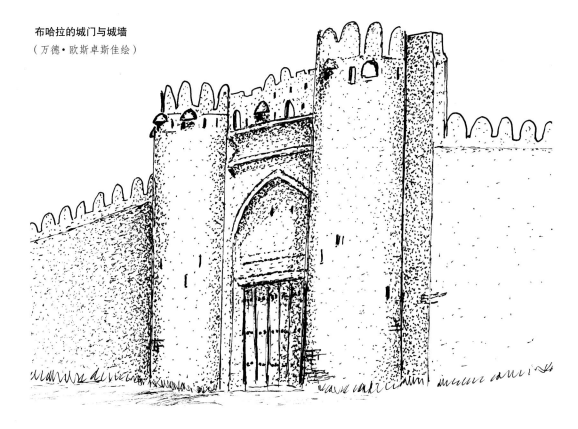

布哈拉的城门与城墙
（万德·欧斯卓斯佳绘）

　　成吉思汗于 1221 年初征服中亚之后派遣大约 4 万人的远征部队进军欧洲，这支兵力在大汗最宠信的将军速不台统率之下穿越高加索，首先攻打的是信奉基督教的格鲁吉亚王国，当时国王乔治四世本来动员了阵容相当庞大的部队准备前往中东展开第六次十字军东征。光是国王的皇家禁卫军就包括 3 万名库曼骑兵，库曼人也称为波洛伏齐人，这支与蒙古人有亲缘关系的土耳其裔游牧民族主要分布在格鲁吉亚以北的大草原；此外乔治四世麾下还有一支由能征善战的骑士和步兵组成的兵力，这支部队曾经在前一世纪与波斯人和拜占庭人交战。作战经验丰富的格鲁吉亚军队终究不敌蒙古人，国王逃回筑有城墙的首都梯弗里斯。由于蒙古军当时还未准备好进行围城战，因此第一次面对欧洲要塞时攻势受阻，不过这只是暂时的。乔治四世率军出城再次于原野上挑战蒙古军，这次彻底战败，结果显而易见，中世纪欧洲的骑士和战略完全不是组织严密的蒙古铁骑的对手。

　　蒙古远征军在攻陷格鲁吉亚王国之后继续前进，格鲁吉亚境内只剩下位于偏远高原山区的几个筑有防御石塔的村庄还能幸存。蒙古大军朝北进入大草原，在此击败一支库曼人的军队，令人惊讶的是他们还在此地与威尼斯的商人结盟，很快就由新盟友处取得关于欧洲现况的情报。惯于四处劫掠的库曼人害怕蒙古人继续进攻，于是和基辅与切尔尼戈夫大公姆斯季斯拉夫结盟，合计 8 万人的俄罗斯与库曼联军起初略胜一筹，蒙古军与联军交战数日，在追击之下被迫由第聂伯河退到卡尔卡河。可惜胜利只是昙花一现，蒙古人在 1223 年仅以稍微超出 2 万人的兵力就将联军剿灭。远征军在移师进攻乌拉人之前先朝伏尔加河前进攻击卡马保加尔人及其据点，所到之处不论是土与木材甚至石块建造的要塞建筑尽皆沦陷。

蒙古人第一次侵袭时就将俄罗斯南部的各方势力扫荡一空，大军很快就回到此地尽情攻击。1236年大将速不台在拔都的命令下率军回到俄罗斯，所到之处无不披靡，伏尔加河流域的卡马保加尔人被15万人的鞑靼军队击败，等到速不台的军队终于在1237年横越伏尔加河，俄罗斯诸大公也面临类似的噩运。最先遭到围困的是梁赞，三名俄罗斯大公在战场上与蒙古人初步交手之后就撤退了，梁赞在蒙古人的包围之下成了孤城。蒙古大军在不到两周的时间以雷霆之势攻占该城，接着发动令人胆寒的攻势，各个公国的城市很快就纷纷投降。苏兹达尔大公所辖的莫斯科遭到蒙古军直接攻击之后沦陷，苏兹达尔也跟着遭到攻占，公国首都弗拉基米尔于1238年2月遭到围困，虽然城内有大批守军但还是很快沦陷。蒙古军于3月进军诺夫哥罗德，该城依赖天候变化和周围的沼泽地形而幸免于难。

南方的俄罗斯大公们就没有这么幸运，雄伟的防御型城市基辅于1240年12月沦陷，木造防御工事被摧毁殆尽，最后只剩下格鲁吉亚山区里几座孤立的要塞逃过一劫，而诺夫哥罗德则侥幸位处较偏远的地带让蒙古军鞭长莫及。尽管如此，俄罗斯地区所有主要据点皆被攻占，斯拉夫人用土与木材建造的防御型城市无法抵挡这群鞑靼人。蒙古军最后放弃攻打的诺夫哥罗德在亚历山大·涅夫斯基的领导之下于1242年击败试图入侵的一小群条顿骑士，此即著名的冰上战役。

同时速不台在1241年率领超过10万人的军队继续进攻波兰和匈牙利，波列斯拉夫五世领导的波兰军队在克拉科夫城外与蒙古军交战后落败，该城也很快沦陷。西里西亚的亨利亲王率领4万名波兰士兵以及保守估计为2.5万名的条顿骑士及其他欧洲士兵对抗蒙古军，虽然就中世纪欧洲的部队而言已经是极为庞大的阵容，不过仍旧沿袭了中世纪组织松散、兵员训练不足的风气，于同年4月在利格尼茨惨败。匈牙利国王贝洛则在大约同时组织了10万人的军队，其中包含先前为了避开蒙古人而逃离的库曼人，不过这支军队也在具有决定性的绍约河战役中大败。

尽管各国派出的皆是中世纪以来出现过的阵容最为浩大的军队，但是没有一支能够抵挡蒙古大军，以木造城墙屏护的城堡和城市很快就沦陷，只有匈牙利王国的几座石砌城堡在某几场战事中得以保存，不过主因很可能在于蒙古军没有时间将城堡加以摧毁。比如佩斯虽然遭到重创，但是蒙古人却因为时间不足而未将一河之隔的布达要塞也一并毁去。

欧洲的势力不再像马拉松战役或温泉关战役中得以享受胜利的果实，蒙古大军过境时摧枯拉朽，将阻于途中的所有军队和防御型城市一律摧毁，没有一座要塞能够挡住蒙古人，即使是未被夷平的要塞也无法遏阻其攻势。大军离去的速度也和前来时一样惊人，只有在罗斯地区例外，他们在欧洲可说战无不胜、攻无不克，一直到1242年窝阔台驾崩时才应召火速回返。

在中国，对于成吉思汗及其铁骑而言，南宋在帝国规模和文化优势上都可说是当时最为强劲的对手，然而军队积弱不振，主要依赖庞大的城池保卫国土。成吉思汗为了征服南宋而将各个游牧部族联合起来，组成一支世界上数一数二的庞大军队，堪称完成了看似不可能成功的任务。天纵英才的他也发展出无与伦比的攻城战术，在生前始终以无比的领袖魅力牢牢掌控一手打造的庞大帝国。他的继承者也曾派大军进攻欧洲，于13世纪后期威胁欧洲各地，但此时蒙古帝国在政治上已分裂成不同势力，向欧洲扩张版图的计划也就付诸东流。成吉思汗的孙子忽必烈汗却实现了祖父终其一生未能完成的梦想，他于在位期间攻破中原多座城池并统一中国。

波兰人所用武器及盔甲

社会组织与军队规模

人口数量及社会组织不仅决定了城市和要塞的大小，也主宰了军队阵容的大小。西欧各国盛行封建制度时，军队通常规模小且兵员不固定，此时英王在法国仍拥有包括诺曼底在内的部分土地，同时仍身兼法国国王的封臣。法国的富尔克·内拉于10世纪可动用的兵力合计只有数千人；在黑斯廷斯战役中对阵的诺曼军和盎格鲁-撒克逊军各为7000人左右。封建制度中的封臣对于领主有军事上的义务，因此1066年之后英王和法王分别以手下的贵族作为主要兵力，由于可动员的人员有限，因此军队规模通常很小；全部的英军士兵中很可能包括轻骑兵和矛兵、弓兵等不同种类的步兵。如果根据《最终税册》的记录来计算，英王在11世纪末可动员的兵力约为1.5万人，其中小于三分之一为骑士；超过一世纪之后估计英王最多可召集到8000名骑士，而法王所能召集的兵力很可能稍微超过英王。由于贵族之间可能违抗王命或者为了争夺土地而彼此厮杀，因此君主很难成功组织大规模的军队。英王亨利一世去世之后，苏格兰王大卫一世于1138年组织了1万人的部队侵略英格兰北部但被8000名英军击退，此即军旗战役。

12世纪时英法两国人口各增加了几乎一倍之多，但由于持续实行封建制度，因此兵员数目还是没有显著增长。不管是亨利二世、理查一世或约翰王，所蓄养的军队从来没有超过8000人，而历代法王所能动员的军队可能几乎是英军的两倍。亨利二世在1173—1174年为了镇压叛军曾试图组织5000人的军队，即使麾下的骑士数目远超过2000人，但是他从来不曾同时召集超过2000名骑士出战。亨利二世开始在国内实施免兵役税的制度，其麾下骑士可以选择缴税或是亲上战场完成义务，而国王则以税金雇用佣兵出战。理查一世在1197年与法军作战时决定只召集300名骑士，但同时出战的野战军中步兵数字很可能为2000—5000人。约翰王在1214年布汶战役中组织了5000人的部队，联合神圣罗马帝国的1.5万人部队一同对抗法国，这场战役最后由派出兵员数量相同的法国获胜。爱德华一世在与威尔士交战时率领的英军在1277年最多有1.55万人，在1282—1283年为2万人左右，1287年时为1.1万人，到了1294—1295年又增加至3.1万人，此时英国的军队在封建时代的欧洲已经是最为壮大的兵力之一。进入14世纪之后由于各地中小型城堡和防御型城市的防御功效大大改善，要塞建筑的规模也与日俱增，英法两国终于发现有必要增加兵员数目。在14—15世纪的英法百年战争虽然已经出现阵容较浩大的军队，但是大部分的战事仍然以围城战为主轴。

732年图尔战役中交战双方的兵员数字多得超乎寻常，法军约有3万人，而对战的伊斯兰部队则有8万人。在10—12世纪的神圣罗马帝国，皇帝必须与手下握有重权的公爵们周旋，同时也需持续掌控意大利半岛上的众多人民，此外还不忘试图支配教皇，而且要抵御来自东方的侵略者。不过由于历代皇帝必须努力削弱各地诸侯的权力，因此他们也和英王、法王一样面临同样的问题，也就是没有大批军兵可供动员。1158年皇帝红胡子腓特烈率领大约1.5万名骑士及最多5万名主要来自意大利的步兵包围米兰，城中的4万名军民在一个月之后投降；由米兰围城战可知军队大小对于是否能成功攻下大型城市具有相当程度的影响力。在1176年莱尼亚诺战役中红胡子腓特烈率领的2500名日耳曼骑士和500名意大利步兵败给伦巴第联盟派出的超过4000人的骑兵部队；由参与以上战役的人数可确知神圣罗马帝国兵员数字变动的幅度很大，完全取决于皇帝的各个封臣及盟友忠心与否。很明显其军队中有很大一部分的步兵是由意大利盟友提供，失去意大利的支持之后，皇帝手下能参与野战军的兵员也就急速缩减。然而腓特烈却能在12世纪末组织并率领多达3万人的部队展开第三次十字军东征，这表示不同地区原先彼此竞争的诸侯很可能因为宗教的关系而愿意团结一致。

意大利半岛有各式各样的征兵制度，乡间地区的统治者主要依赖封建制度，人口比较稠密的城市区域则自行组织民兵团，由于大部分市民皆会参与，因此很可能是当时最有效的制度。这些意大利的部队很擅长守卫城墙及围攻敌方城市，12世纪时意大利半岛北半边的围城战远比欧洲其他地区发生的更加激烈，意大利各方势力动员的兵力规模也超出西欧地区其他地方。慢慢地城市取代独立的城堡成为战役中的主要目标，随之带动当地防御设施在设计上的进步。

在神圣罗马帝国以东有许多斯拉夫人于966年联合成立波兰并以改信基督教的公爵梅什科一世为领袖，他们的众多郭区虽然只是用土和木材建造却成功遏制日耳曼人向东

于圣丹尼修道院中发现的1225年绘成的法国亲王雕像

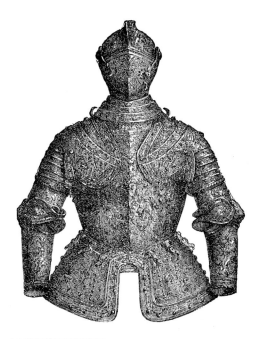

15 世纪的西班牙盔甲

发展的野心,梅什科更在靠近奥得河的采迪尼亚彻底击败撒克逊侯爵,其子勇敢者博列斯瓦夫则带着多达 1.7 万人的大批常备军队四处征讨,借由战争扩展波兰的疆土,另外还有派驻各处郭区的当地守军。在其统治期间可说全国每一座城镇都筑有防御工事,此外他还在边境设置特殊的军事郭区牵制敌军行动。波兰和罗斯这两个斯拉夫王国不像西欧的国家受到封建制度局限,两国立国的根源来自较早期的部族文化,最基本的社会组织仍旧仰赖家系和氏族之间的血缘关系。斯拉夫民族期望每个好手好脚的男人都能保家卫国并援助同胞,而战士阶层的成员身份为世袭制,因此斯拉夫领袖能够动员的兵员数目大于西欧的封建国家。但随着斯拉夫国家慢慢走向中央集权,军队也有了比较稳定制式,不同于部族社会特有适于四处袭击的兵力。分布于波罗的海沿岸由易北河到维斯瓦河的多个西斯拉夫民族统称为文德人,他们也和波兰人及罗斯人一样能够召集部族内大多数身强体健的男子从军,不过由于仍属部族社会因此并无君王之类的专权领袖。似乎只有普鲁士人和立陶宛人能够像波兰人一样联合起来组织成相对威力较强大的兵力,而波兰人的部队到 12 世纪时在军队组织和作战技术上仍旧保持领先地位。

丹麦王国除了大约 7000 至 1 万人的强大军队之外也能动员具有相当大型的舰队,丹麦人于 1147—1185 年联合撒克逊人一同对异教徒文德人发动圣战。他们这次出动的军队规模浩大,绝不是西欧常见的小批部队,但由于难以攻占文德人的坚固要塞,因此丹麦人最后只有袭击并劫掠文德人势力范围内的乡间地区。

在伊比利亚半岛上,莱昂、卡斯蒂尔和其他基督教王国的领袖发现不管是在原野战或城堡和防御型城市的攻防战,他们都需要大批军队才能战胜信奉伊斯兰教的对手。封建制度在 11 世纪的西班牙还不像在法国那

圣路易(1226—1270)

么盛行，因此莱昂、卡斯蒂尔和阿拉贡的国王都能够动员足以和伊斯兰教势力相匹敌的兵力。此外，为了持续控制新征服的疆土，他们特别占领或建设了很多城镇作为防御据点，城镇中的居民必须组成民兵团，一方面保卫市中心，另一方面在守城时作为国王派来军队的助力。根据部分文献记载，13世纪时，卡斯蒂尔、纳瓦拉、阿拉贡和葡萄牙在1212年拉斯纳瓦斯－德托洛萨战役中的盟军中约有6万至10万名步兵以及1万名骑兵，与他们为敌的阿尔摩哈德人派出的部队兵员数目在20万到60万之间，其中约有10万至18.5万名骑兵。这些数字虽有夸大之嫌，但基督教王国方面可能至少有6万名士兵，而伊斯兰教部队则可能为8万到10万人。

拜占庭帝国是当时少数能够维持相对而言大量兵力的国家之一，可惜为了对抗塞尔柱土耳其人的7万名骑兵而在1071年曼齐刻尔特战役中损失了大约4万名训练有素的士兵。大规模的军队在中世纪盛期的欧洲极为罕见，但在中东却不然。随着防御据点安条克、大马士革和耶路撒冷一个接一个沦陷，帝国也面临瓦解，塞尔柱土耳其人对欧洲的基督教世界造成威胁。教皇乌尔班二世于1095年号召基督教徒发动圣战对抗土耳其人，但第一支十字军等了两年之后方才动身，这支5万人的兵力很可能是中世纪欧洲的基督教世界曾经出现过的最庞大的军队之一。不幸的是其领导者驱使、约束和掌控如此大量兵员的经验不足甚至完全没有相关经验，因此在1099年攻击耶路撒冷时其实只有1.5万人参与，不过耶路撒冷虽然具有坚固城墙、2万名守军加上大约4万名居民，但最后还是被十字军攻陷。

欧洲的基督教世界在蒙古大军于13世纪出现在东侧边境时度过了史上最为艰险的时期，整个欧洲都面临如狂潮般席卷而来的兵灾威胁。几个国家只能派出人数较少的部队与规模较大且组织更为严密的蒙古军交战，落败是必然，但欧洲各国原先注定败亡的命运由于蒙古大汗遽逝而得以扭转。

14世纪时的欧洲君主仍持续依赖要塞建筑并企图攻占各处要塞据点，并未多花心思发展、组织或训练本国军队。面对15世纪奥斯曼土耳其人崛起后造成的威胁，此时的欧洲国家虽然军队规模仍旧小于对手，但依赖文艺复兴时期发展的战争技术反而得以克敌制胜。

勃艮第公爵大胆者查理所拥有的一套盔甲

波兰本津城堡的主楼

中世纪的波兰

居住在今日波兰及德国东部的斯拉夫人到了10世纪时仍为部族社会，由于神圣罗马帝国的撒克逊男爵屡次试图征服斯拉夫人，因此两方争战不休。10世纪时开始出现庞大的行政型郭区，表示氏族中的权力逐渐集中，首领对于氏族人民有更强的支配权。集权的趋势发展至966年便造就了波兰人的第一个国家，改信基督教的公爵梅什科一世建立了皮亚斯特王朝，此为第一个统治波兰的王朝。由于公爵成为基督教徒，其人民于是能够和一直觊觎其国土的撒克逊人平起平坐，当时称公爵的子民为波兰尼亚人，意为平原族。他们在境内大举建设郭区形式的要塞，虽然只是以土和木材为原料建造，但在梅什科崛起之前就能够成功遏阻日耳曼男爵的侵略野心。公爵在967年击败西北方的斯拉夫人（今日的波美拉尼亚境内），于972年在奥得河附近的采迪尼亚彻底击溃撒克逊侯爵，也因此加速其他斯拉夫族群迈向统一的步伐。

梅什科之子勇敢者博列斯瓦夫于992年继承爵位，其后登基成为首位波兰国王，为了让住在神圣罗马帝国皇帝亨利所管辖的土地上的斯拉夫人也加入己方阵营，他率军与帝国交战。两方最后在1018年议和，博列斯瓦夫取得许多西斯拉夫部族所居住土地的控制权。

博列斯瓦夫接下来的目标是位于罗塞尼亚地区的基辅罗斯，企图征服该地并为自己的无能女婿基辅大公斯维亚托波尔克夺回土地的掌控权。他在1018年攻占基辅，不过战败的俄罗斯诸国在刺激之下反而团结起来，无论如何，博列斯瓦夫还是想办法将包括切尔维恩和普热海希尔在内的几处坚固郭区纳入自己的领土范围。

在可萨汗国于10世纪中叶灭亡之后，包括基辅在内的数个俄罗斯公国于东斯拉夫人的土地崛起。大公智者雅罗斯拉夫在取得基辅之后统一全国，驱退波兰人之外并建立了波兰以东最为强大的斯拉夫国家。然而由于博列斯瓦夫的父亲改信罗马大公教，基辅罗斯却加入东正教会，两个国家之间的差异也日趋深化。

博列斯瓦夫统治的波兰不仅包含现代波兰境内的大部分土地，也涵括1939年之前属于波兰的土地。值得称道的是博列斯瓦夫能够维持大量兵力，也因此得以与众多敌国抗衡，据估计他有几乎多达1.7万人的常备军队，其中3900人为装甲骑兵，这样的兵力在11世纪初期很可能胜过法国或英国的军队。此外他也能够像其父一般运用境内的多个郭区作为永久防线，依据当时的习惯，大多数郭区会由当地人民固守，如此一来就不需要让正规军队分批前往各地驻守。他也可以在出兵行经较大型的郭区抽调额外的兵员加入自己的部队，依据所到地点不同可能增加数百人至数千人不等。

波兰的国势在博列斯瓦夫去世之后就逐渐衰弱，一直到了12世纪初才出现一位中兴明主，也就是别名"歪嘴博列斯瓦夫"的博列斯瓦夫三世，他在1102年即位。神圣罗马帝国皇帝亨利五世意图并吞波兰，曾要求博列斯瓦夫三世成为自己的封臣并与其兄共同治理波兰，未果，亨利五世的军队于1109年入侵波兰，但是坚固的郭区数十年如一日再度成功阻挡日耳曼人的去路。

俄罗斯普斯科夫的外墙（照片由约翰·斯隆提供）

中世纪的俄罗斯

俄罗斯人、白俄罗斯人及乌克兰人统称东斯拉夫人，这些民族在语言和文化上与包括波兰人、捷克人和斯洛伐克人在内的西斯拉夫人相近，政治体系也很相似。原先组织松散的西斯拉夫人各族在10世纪时开始组成比较紧密的国家，此时兴起的权力中心为诺夫哥罗德和基辅的两处郭区。罗斯的首都原为诺夫哥罗德，于912年始迁往基辅，然而大公仍指派其中一个儿子管理诺夫哥罗德以便牢牢掌控该地。尽管如此，由富裕商人组成并掌管诺夫哥罗德的寡头政权早就想脱离大公的钳制，他们在1136年驱逐前去治理的王子并组成共和政府，政权一直延续到下一世纪。至于基辅则在智者雅罗斯拉夫的统治下较早达到发展的巅峰，成为波兰以东的头号斯拉夫重镇。

俄罗斯的主要问题在于王位传承的制度。理论上基辅大公去世之后应由最年长的弟弟继承头衔，而其他弟弟则依据出生先后依次晋爵。所以智者雅罗斯拉夫在两个哥哥死后继承大公之位，他死后由长子继承头衔，而包括基辅、切尔尼希夫、佩列斯拉夫尔、罗斯托夫、加利奇、波洛茨克和斯摩棱斯克在内的土地则由众继承人瓜分。不幸的是雅罗斯拉夫的后代对于现状并不满意，他们为了争夺继承大公之位的权力而陷入内战。最后在1113年由弗拉基米尔二世莫诺马赫夺得基辅的控制权，结束了混乱的局面，其他人则退回分配到的较小领地，但在弗拉基米尔二世死后各个公国纷纷独立。

1125年王子尤里·多尔戈鲁基的父亲特别为了儿子建立苏兹达尔公国，年轻的他在12世纪50年代将首都由弗拉基米尔迁至克利亚济马河畔的苏兹达尔，尤里即使在成为基辅大公之后仍然偏好住在苏兹达尔，而基辅的重要性也因为迁都的关系而降低。安德烈一世成为基辅大公之后同样在弗拉基米尔进行遥控，于是俄罗斯的权力中心从此便由基辅永久转移至弗拉基米尔。

第四次十字军的东征行动于1204年以攻占拜占庭告终时，基辅残存的政治势力也烟消云散。蒙古大军于1238年进攻俄罗斯时，弗拉基米尔是首都，而基辅城内甚至没有负责指挥的亲王。此外身在弗拉基米尔的大公也没有办法掌控俄罗斯其他的城镇和城市，同时在诺夫哥罗德的共和政府掌权的几个商贾选了一名王子担任军事指挥官，但是不让他进驻城墙之内。公国遭到蒙古军攻击时，大公试图抵抗，但是蒙古军攻占弗拉基米尔之后屠杀大公的亲属，大公在其他亲王的协助之下组织军队迎战蒙古军，但在伏尔加河上游支流席提河惨遭歼灭。蒙古人于1240年继续进攻，在横扫俄罗斯的大部分地区之后指派大公人选。

俄罗斯军队的数目在12—13世纪偶尔可以达到2万人之多，每名亲王都拥有一批称为"卫队"的随扈，卫队通常不到百人，但有的可能多达数千人，成员皆为持骑兵长矛的重装甲骑兵或装备较轻的弓兵。俄罗斯大公需要召集军队时并不是依赖封建制度由封臣提供军事服务，大部分应召前来从军的精锐兵员来自城市，基辅和切尔尼希夫也会雇用包括钦察人在内的游牧民族前来壮大阵容。这些战士使用的武器有骑兵长矛、宝剑以及刀、锤和狼牙棒等，他们也会穿着轻型盔甲护身。

1223年卡尔卡河战役中，蒙古军以较佳的战术和策略成功剿灭俄罗斯派出的多达8万人的庞大军队，1240年时俄罗斯的大部分土地皆已落入蒙古人的手中。诺夫哥罗德则受到条顿骑士团的威胁，1241年发生在佩普西湖畔的冰上战役中，亲王亚历山大·涅夫斯基率领的俄罗斯军最终击败这群日耳曼骑士。不久之后涅夫斯基成为弗拉基米尔大公，其孙于1328年接受蒙古人指派成为大公之后将首都迁至莫斯科；俄罗斯到了1381年于库利科沃击败金帐汗国的部队之后才再度独立。

法国阿尔萨斯的高国王堡

第4章

高耸城墙走入历史

中世纪于15世纪时慢慢进入尾声,在部分地区则延续了比较久一段时间。史学家多半以1415年、1453年和1492年三个年份作为中世纪结束的标记,在这三个年份分别发生了重大战役,其中有两场是围城战。1415年的阿让库尔战役是英法百年战争中的重要转捩点,重装骑士从此之后不再是战场上的主要兵力;其后法军利用大炮从英军手中夺回一个接一个据点,百年战争于1453年结束,不过在这一年还发生了更为重大的事件,在土耳其人利用巨炮等现代攻城武器和先进技术进逼之下,依靠中世纪城墙防护的拜占庭终于沦陷;最后在1492年,伊斯兰教势力的中世纪要塞格拉纳达遭到信仰罗马大公教的卡斯蒂尔女王伊莎贝拉与阿拉贡国王斐迪南的联军攻陷,结束了摩尔人在伊比利亚半岛上将近八个世纪的统治,复地运动至此大功告成。此时不仅政治、经济及其他文化活动有了全新的发展,战争也随着呈现崭新风貌。文艺复兴虽然是在中世纪结束之后才开始,但在刚萌芽时出现了一种新型的要塞,一般认为城堡和其他中世纪要塞也在此时丧失防御功效并开始没落。

其实城堡并未完全荒废,甚至到中世纪结束很久之后仍持续运作,只是不再有人建造新的城堡,而是以具有防御工事的宫殿型住所取代。文艺复兴时期所建的要塞皆可以充分发挥火炮优势,而中世纪的旧式要塞也经过改建以方便守军使用火炮。13世纪及其后所建的城堡大多适合翻修,如果偶有中世纪所建的城堡遭到废弃,那是因为太过老旧无法整建,而且翻修的成本可能过高或根本不符合实际需求。有些城堡则因为完全被新兴的城镇所包围,因此失去原本的战略价值。

英法百年战争中火炮的使用

火炮最早是在14世纪时加入战场,但是威力过小,不仅无法重创要塞,甚至连在战场上的杀伤力也很弱,因此对于战局几乎不会造成什么影响。1415年英王亨利五世率军围攻诺曼底的阿夫勒尔,当时虽然运来几门火炮但带来的助益并不大。位于塞纳河口的阿夫勒尔港防守森严,外围筑有26座塔楼和具有堞眼的高墙,此外周围还修筑具有屏障功能的水坝,水闸打开后可朝较低处泄洪。三个入口里西南方的城门只有单一水道作为屏障,因此城内居民认为这座城门最为脆弱。西南城门也像其他城门一样由木造外堡守卫,不过其高度几乎与城墙相同,另外以铁条束起的梢捆和树干加固。港口设施位于城南,连通的是注入塞纳河的莱札尔德河,水道被铁链拦住之外河床上也设有尖头木桩;河道也会流经位于北边城墙的水门并环绕城镇的西部,将这一区和主城区分隔开来。没有河道作为屏障的城镇东部外围则筑有巨大的沟渠,由北侧面对洪泛区域的蒙蒂维利耶城门延伸至南侧面对河流的鲁昂城门,两座城门都有木造外堡守卫。城内仅有约400名武装军士驻守,但他们要面对的是超过1万人的大军。

为了攻破阿夫勒尔,亨利五世必须利用

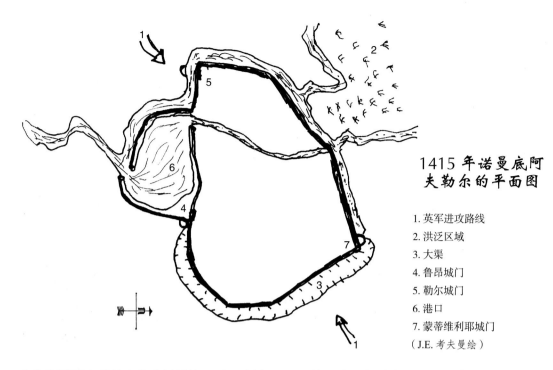

1415年诺曼底阿夫勒尔的平面图

1. 英军进攻路线
2. 洪泛区域
3. 大渠
4. 鲁昂城门
5. 勒尔城门
6. 港口
7. 蒙蒂维利耶城门

（J.E. 考夫曼绘）

火炮和不用火药的大炮破坏城墙，至于攻城锤和冲击塔已经不符合实际需求。英军在城镇东侧扎营，试图挖出通往城墙的地道但失败了，亨利于是决定在城镇西侧部署攻城炮兵队集中火力攻打勒尔城门，这座城门的外堡和英军皆位于水道的同一侧。英军努力挖掘通往要塞的战壕，但是法军也不甘示弱用对抗战壕及对抗地道加以防堵，亨利接着试着在活动护屏的掩护之下将重型火炮向前推送，但是炮兵却因为城内市民的弩箭和炮弹攻势而受阻，此外法军也出城突袭英军阵营。炮兵持续推动火炮到适当距离之后，根据史家记载，这批火炮很轻易地击毁石砌塔楼，木造外堡的壁垒也在轰炸之下炸成碎片。炮兵会在发射之前先行点燃抹在炮弹上的沥青，等到炮弹击中木造外堡之后就会引燃木材。英军在一周之内不分昼夜地轰炸，击打在城墙上的炮弹多达 500 磅，他们也利用各种投石机和重力抛石机进行攻击，尤其这种攻城器械的射程远超过部分火炮。旧式的攻城武器用来破坏要塞结构相当有效，但是因为手炮的加入相形见绌，发射手炮带来的巨响和烟雾在几乎所有参战士兵心中留下无比深刻的印象，守军的士气也一蹶不振。不过阿夫勒尔即使遭到如此重创仍旧屹立，守军一方面在英军持续轰炸中修复遭到破坏的城墙，另一方面持续从陆路和水路出城发动突袭，此外也在城墙上架起火炮反击英军。然而在这段时间却有一支法军只是待在鲁昂待命，没有采取任何可解围的行动，不久之后英军营地中疾病开始蔓延。过了三十多天之后，南侧水门的外堡经过数周的炮轰已经濒临崩坍边缘，所幸法军成功袭击英军营地之后稍事喘息。隔天英军攻占外堡，准备将火炮移到可以直接朝主城墙开火的位置。看到英军的火力越渐猛烈，再加上他们还备妥云梯准备在最后阶段以攀爬方式攻城，阿夫勒尔的守军在绝望之下终于投降。

查尔斯·奥曼在《中世纪的战争艺术》中指出这场围城战堪称火炮的胜利，但必须注意的是传统的攻城器械和技术也在英军的行动中扮演重要的角色。英军在此役中折损了五分之一，亨利为了此战确实付出不小的代价。然而阿夫勒尔围城战其实并未证明火炮的表现较佳，反而见证了攻守双方的决心和毅力。英军在攻占阿夫勒尔之后虽然损失了部分人马，但之后行军途中却意外在阿让库尔与法军开战并大败法军。

英法两国到了 1417 年仍未休战，当时法王为了和勃艮第公爵之间的内斗焦头烂额，而亨利五世回到诺曼底想利用这样的局势征服诺曼底。他首先攻击筑有极厚城墙和要塞的防御型城市卡昂，英军这次再度倚仗火炮之助，在两周后就将城墙攻破，而市内的城堡则再支撑了两周的时间。英军在卡昂中大肆劫掠，然而法王根本无法派兵前来救援，法军也因此斗志全失，英军很快又攻占阿朗松等几个防御型城镇，具有坚固工事的法莱斯则一直顽抗到 1418 年初。英军的攻击行动以鲁昂围城战为最高潮，这个诺曼底首都及防御型港市的城墙设有 60 座塔楼及 6 座有外堡守卫的城门，城墙背侧还筑有一座大型土堆斜堤以抵御炮火。根据德斯蒙德·苏厄德在《百年战争》（纽约，1978 年）中的描述，每座塔楼上装设 3 门火炮，塔楼之间的每个幕墙区段分别装有 1 门火炮和 8 门小型火炮，虽然可能稍微夸大，不过这可能表示此城共有 4000 名守军及超过 200 门火炮。

为了围攻鲁昂，亨利五世首先下令修建四座以战壕相连的防御型军营，并用铁链挡住塞纳河水道。两个半月之后城内的法军虽然没有被英军的连绵炮火击倒，但已经粮食耗尽而且求援无望，最后在 1419 年 1 月下旬投降。中世纪大多数战事皆是围城战多于原野战，这场战役也不例外，而守军投降也多半是因为粮尽援绝而非承受不住敌军攻击。亨利在诺曼底地区唯一围攻失利的是圣弥额尔山，此处要塞的守军仍坚守阵线抵抗英军。

接下来的战事也延续典型的中世纪战争风格，每次都以攻占一个要塞为新目标，而主要的战略行动也还是围城战。随后防御型城镇默伦遭到 2 万人围攻，此城的守军仅有 700 人，由于城堡位于塞纳河中的岛上，因此整个城镇被河流分隔成三个防御区。过去多场地下攻防战中常出现的挖掘地道或对抗地道的策略在此发扬光大到惊人的程度，英军像先前一样用重型火炮击毁部分城墙，但法军也很快加以修复或防堵。双方对抗了四个月，默伦在粮食耗尽之下不得不投降。亨利在攻占巴黎之后又发动了几次围城战，不过还是没有发生大规模的原野对战，而且还无法单靠火炮之力就取得胜利。

在亨利五世去世之后，贝德福德公爵及索尔兹伯里伯爵不仅持续侵占法王的防御据点，并在 1424 年再度于韦尔讷伊的战场上击败法军，后者更于 1426 年率领 4000 人左右的部队出击，攻下十数个城镇及防御据点，一路上势如破竹直到 1428 年进攻奥尔良才受阻。奥尔良是法国王储最后仍保有的土地上最为坚固的据点之一，有超过 5000 名守军在此驻扎，此外将近 10 米高的城墙上设有 71 门火炮，英军此时人数便居于劣势，不仅少于守军而且无法将整个城完全围住。流向城内的卢瓦尔河上筑有桥梁，英军

法国鲁昂
圣女贞德曾被囚禁于此塔

15 世纪诺曼底的卡昂

1. 城堡
2. 主楼
3. 环绕城堡的护城河
4. 旧城
5. 新城
6. 旧城幕墙
7. 新城幕墙
8. 奥恩河
9. 环绕城镇的护城河
10. 门楼

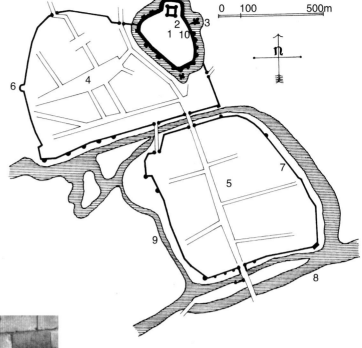

诺曼底的卡昂
城墙上凹处所设的箭眼砌造于 11 世纪

卡昂城堡门楼

巴黎巴士底要塞

先对位于南岸专门守卫桥梁的桥头堡发动攻击。桥头堡主要是在距离南岸最近的桥拱处设置的城门及开合桥结构，是由两座属于角塔的高大塔楼构成，塔楼前方岸边处还有类似外堡的小型土与木造结构。英军在一开始攻击失利之后便以火炮猛轰试图攻占角塔，塔内的驻军以为英军已经挖好通到角塔下方的地道之后便弃守逃命，英军进占角塔，但不久之后索尔兹伯里伯爵在角塔内时身中奥尔良守军发射的一发炮弹而毙命。围城战一直持续到次年暮春，英军为了完全封锁奥尔良便建造了数座称为防御塔的小型木造要塞，这类防御工事可能包含或本身就是低矮的土筑大道，可设于城墙或城门前方以利于火炮移动。到了5月时英军的封锁线被突破，法国援军在圣女贞德的带领之下占领了数座防御塔，守军接着也从北岸沿着修复的桥梁对已有500名英国士兵进驻的角塔发动攻击，最后夺回塔楼并结束围城战事。在这次的战事中，英法两方都无法借助使用火炮取胜，由此可知火炮在此时仍不具有决定性的影响力。

勃艮第曾是英王亨利五世在与法国长期争战中取胜的得力盟友，但勃艮第于1435年根据《阿拉斯条约》与法国再次合并，英国失去助力。尽管如此，法国还是与英国又缠斗了十八年才获得最后的胜利，火炮在战事中确实曾发挥威力，但一般认为火炮可以左右战局其实过度夸张。法军能于1436年收复被英军攻占的巴黎主要是因为城内闹饥荒、城内英军逃兵状况严重，而当地民兵又拒绝协助守城，市民甚至从城墙上放下梯子让在外围攻的法军进城。由于巴黎人不仅不支援还公然造反，守城的英军不得不退入巴士底要塞避难，最后只能投降。法军收复巴黎之后持续与英军争夺其他防御型城镇和城堡，要塞的控制权多次易手，但有些要塞如加莱、鲁昂、波尔多极为坚固，法军一直难以成功收复。

1441年终于有了重大突破，法军三次攻城失败之后在让·比罗与加斯帕·比罗的指点下借助火炮之力成功取得蓬图瓦兹，之后比罗兄弟获准为法军组织炮兵部队，不管在规模和威力上都持续提升。查尔斯·奥曼指

布列塔尼富热尔城堡

于11世纪所建的边境城堡毁坏之后被13世纪兴建的新城堡取代,这座新城堡于15世纪时因应火炮的使用而进行翻修

- 早期的城堡
1. 于1166年毁坏的主楼
- 13—15世纪的城堡
2. 皇宫
3. 圣母大道及城门
4. 拉艾·德·圣伊莱尔城门塔楼
5. 科埃特勒贡城门塔楼
6. 夸尼塔
7. 13世纪的戈布兰塔
8. 15世纪的拉乌尔塔
9. 15世纪的苏西昂塔
10. 卡德朗塔,15世纪的卫生塔
11. 湖泊

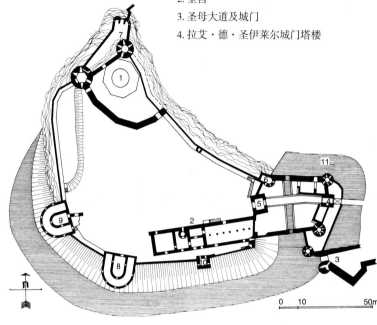

▶ 15世纪所建并具有雉堞与箭眼的苏西昂塔
◀ 15世纪所建并改造成适合安置火炮的拉乌尔塔
▼ 具有两座侧翼塔楼的外门楼(13世纪的拉艾·德·圣伊莱尔城门塔楼)

法国吉索尔城堡

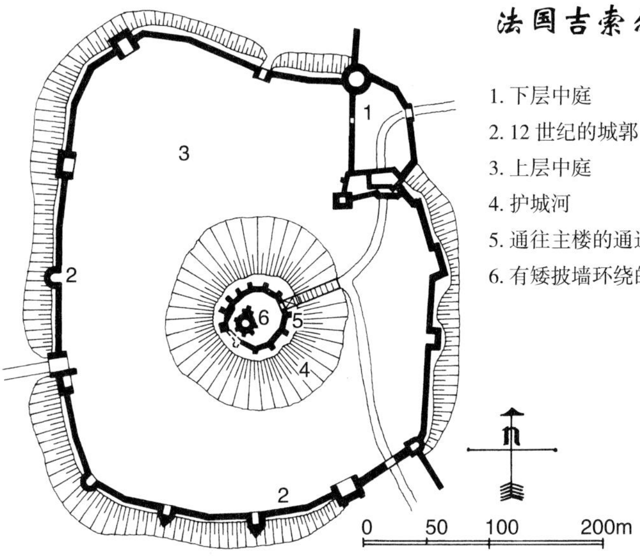

1. 下层中庭
2. 12 世纪的城郭
3. 上层中庭
4. 护城河
5. 通往主楼的通道
6. 有矮披墙环绕的主楼

法国吉索尔
图中此景是由外墙眺望 11 世纪的土垒与内场式城堡

出比罗兄弟部署的火炮在 1449—1459 年总共在 60 场围城战中取胜，但这样的说法其实过度夸大火炮在这些战事中的功效，事实上法军在这些战役中能够获胜主要是因为兵员数量具有优势加上当地民众的帮助，并不是因为他们的作战技巧或武器精良程度胜过英军。在此也必须注意亨利五世先前使用的火炮不多，但仍以几乎同样快的速度攻占很多类似的要塞据点，而 15 世纪 40 年代晚期的情况也没有太大的变化。此外 15 世纪 40 年代英国占领法国要塞之后派驻的守军人数本来就少，还得面对逃兵和资金短缺等问题，例如 1448 年驻扎在吉索尔的英国守军只有 43 人。

1449 年一支 6000 人的英国远征军发动闪电攻击之后成功攻占富热尔城堡，但这已经是倒数几次胜利之一了，因为法国于同年派出 3 万人的部队进军诺曼底陆续将据点从几乎毫无抵抗能力的英军手中夺回。鲁昂城内民众毫不抵抗就直接让法军进城因此得以免遭围城战之苦，英国驻军起初退守要塞但最终只能投降，但法军在阿夫勒尔和翁弗勒尔时则必须用火炮轰破城墙才能成功进驻。不过要注意的是英国驻军在防守时不像数年前的法国民众那么坚决不屈，比如卡昂虽然是在遭到炮轰三周之后投降，但是英军会战败不只是因为炮火猛烈，士气低落也是主因之一。英军在诺曼底保有的最后一处据点是瑟堡，此地在比罗兄弟的火炮的猛烈攻击下损失惨重，不过就如多年前亨利五世攻打阿夫勒尔一般，法军这次在围城战中也多有伤亡。

英军在 1450 年福尔米尼战役之后完全退出诺曼底，英国于是竭力保住对于法国西南部吉耶讷的控制权。波尔多和巴约讷于 1451 年夏天归顺英军，约翰·塔尔博特于 1452 年 10 月率领一支英军前往波尔多时，当地人民也开城门让英军进驻。但是法国再度派兵回到此区，于 1453 年围住卡斯蒂永并挖掘可安置火炮和兵员的战壕。塔尔博特为了替卡斯蒂永解围便攻击法军的阵地，但在炮火反击之下损失了一些士兵，英军很快就放弃抵抗，战争进入尾声。

中世纪要塞对于防守而言仍有相当的作用，但是在火炮的影响之下，军事建筑终究出现了重大变化和改革。

法国塔拉斯孔城堡

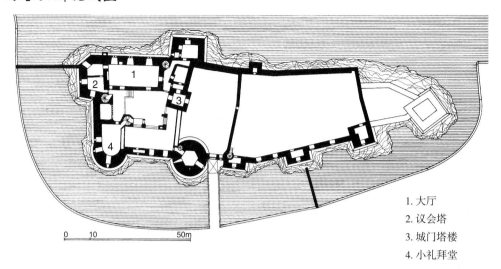

1. 大厅
2. 议会塔
3. 城门塔楼
4. 小礼拜堂

下两图为由靠近罗讷河侧所见的塔拉斯孔城堡景象

法国塔拉斯孔城堡
这座 14 世纪的城堡平面配置与巴黎的巴士底要塞相似

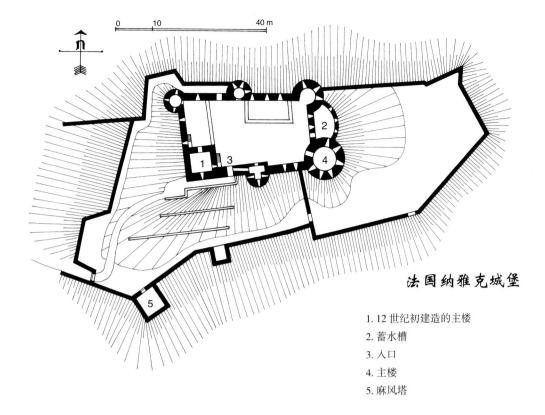

法国纳雅克城堡

1. 12 世纪初建造的主楼
2. 蓄水槽
3. 入口
4. 主楼
5. 麻风塔

坐落于山丘之上的纳雅克城堡是由历代图卢兹伯爵在领地上所建,原址上最早的城堡结构建于 11 世纪末,于圣路易在位期间扩建,13 世纪中叶新建大型主楼(4)之后,旧时建造的主楼(1)就成了居住区,由城堡可俯瞰周围区域及纳雅克城

由入口处眺望所见的法国纳雅克城堡遗迹

第 4 章 高耸城墙走入历史

法国皮埃尔丰城堡府邸

法国皮埃尔丰城堡府邸

这座大型复合式要塞建筑是由法国瓦卢瓦王朝国王的兄长奥尔良公爵路易于 14 世纪末开始兴建，在宗教改革时期经历数次围城战仍旧屹立，但之后遭到严重破坏。19 世纪维奥莱·勒－杜克获得拿破仑三世的准许之后重新将城堡府邸修复，不过在他主导之下重建的部分大多不够务实而且充满浪漫幻想的色彩。照片中所见的结构大部分是由维奥莱·勒－杜克重建，建筑风格应归类为哥特复兴式而非哥特式

法国皮埃尔丰城堡府邸

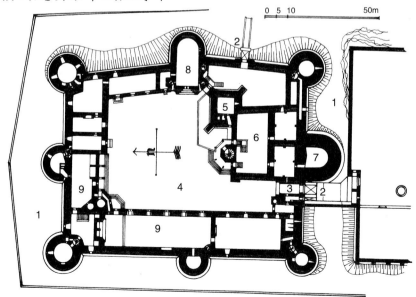

1. 护城河
2. 开合桥
3. 城门
4. 中庭
5. 领主厢房
6. 大厅
7. 城门塔楼
8. 小礼拜堂
9. 建筑物

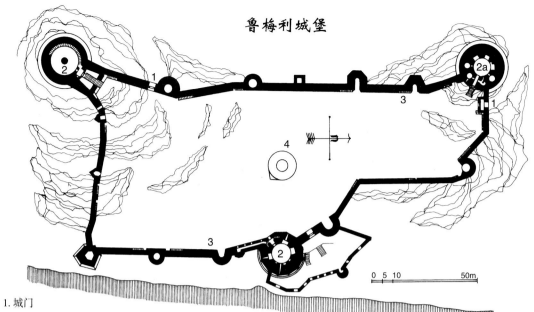

1. 城门
2. 12 世纪的塔楼
2a. 黑塔
3. 15 世纪中叶所建的幕墙
4. 主楼

位于博斯普鲁斯海峡靠近欧洲的那一侧,由苏丹穆罕默德二世于 1452 年重建,黑塔中部署了重型火炮

君士坦丁堡的陷落

1453年的意义格外重大，不仅因为英法百年战争在这一年结束，也因为这一年宏伟的君士坦丁堡遭到攻陷而拜占庭帝国灭亡。这座城市千年来除了曾经遭到信仰基督教的第四次十字军攻占之外始终卓然屹立抵御外敌，而其陷落的一部分原因就在于火炮。多年以来在巴尔干半岛各地引起战火的土耳其人曾于1422年围攻君士坦丁堡，但由于时间及攻城设备不足而遭击退，他们在当时就已经重创城墙，而帝国也在1453年之前予以修复。新即位的苏丹穆罕默德二世在博斯普鲁斯海峡靠近欧洲的这一侧兴建鲁梅利城堡，时人称为"博阿兹-克曾"，也就是"割喉者"之意，新城堡刚好隔着海面与位于靠近亚洲那一侧、较早期建造的土耳其阿纳多卢城堡相对。鲁梅利城堡中的黑塔比平常的塔楼多了两层，建造城堡的工程耗时不到五个月，在1452年8月完工之后苏丹就下令将三门重型火炮装设在黑塔上以便控制海峡交通并击沉威尼斯的船只。

次年穆罕默德二世挥军进攻君士坦丁堡，军队人数可能多达15万人，也可能仅有8万人，用以攻城的火炮有大约100门，有些是极为巨大的火炮，其中最巨大的一门称为巴西利卡，是由匈牙利人乌尔班制造并操作。虽然不同文献对于这个庞然大物的描述有些差异，但是有些细节大致相同：巨炮长度可能有9米，射出的炮弹可能重600或1200磅，射程可达1.5公里，但也有资料指出射程仅有50米远。这座巨炮光是重新填弹就需要两小时，一天仅能射出7发炮弹。查尔斯·奥曼在《中世纪的战争艺术》中指出炮弹的重量应不超过800磅，也说明乌尔班还为了攻城行动另外铸造了70门手炮，其中11门的规模足以发射500磅重的石弹，还有50门可以发射200磅重的石弹。乌尔班也为苏丹设计了手炮，可在博斯普鲁斯海岸重建的城堡内用来封锁海峡交通。讽刺的是，乌尔班曾经想为拜占庭帝国提供制炮服务，但是皇帝因为其索价过高而拒绝。

土耳其军的火炮编成多个炮组，其中9组各包含4门小型手炮，另外5组包含可以快速开火的中型火炮。大部分的火炮是在君士坦丁堡围城战开打之后数天才运抵城前，不过有几门炮似乎就足以供土耳其军从鲁梅利城堡所在的位置朝君士坦丁堡开炮。

土耳其军兵临半岛末端君士坦丁堡朝向内陆的城墙及防御设施，于1453年4月5日展开围城行动。拜占庭军队仅有5000人，另外再加上主要来自热那亚和威尼斯的2000名外邦志愿军，他们的火炮在数量和规模上都处于劣势，连法军在同世纪稍早于阿夫勒尔对抗英军时所用的火炮都比他们所用的好一点。

土耳其军甚至在大部分的火炮到达之前就对准朝向内陆的城墙开火，他们主要针对君士坦丁堡防线的北端攻击，那里以环绕金角湾的布雷契耐区的单层城墙保卫，这层城墙与位于吕库斯河谷内较低矮区域上鼎鼎有名的三层式城墙中的中段城墙相对并与布雷契耐区城墙相连。在土耳其火炮轰炸两天之后，布雷契耐区城墙的一段出现破洞，但是拜占庭军在当晚就加以修复。苏丹下令挖掘地道并填平护城河，同时等待大部分的火炮前来，而土耳其军另一方面也攻击邻近的两座小城堡，一座抵抗两日之后沦陷而另一座则只支撑了几小时。

炮兵队在4月12日终于就位，土耳其军再度开始炮击，攻势连绵超过六周不曾停歇。他们先用乌尔班制造的巨炮攻击布雷契耐区，接着是中段城墙的外墙，而乌尔班本人在攻击行动中不幸于其中一门火炮意外爆炸时丧生。拜占庭守军试图将兽皮和羊毛包垂挂在城墙上当作缓冲，这个方法在其他几场围城战时应付重力抛石机、投石机和攻城锤的攻击很有效，但是面对土耳其火炮却无

修复后的君士坦丁堡城墙遗迹
（照片由斯蒂芬·威利提供）

法有效隔绝杀伤力。斯蒂芬·朗西曼在《1453年君士坦丁堡城陷》（伦敦，1969年）中述及大部分的外墙在第一周最后就已被炸成废墟，但这么说可能过于夸大，尽管如此，拜占庭守军也在夜色的掩护下利用土和木材封住被土耳其火炮轰出的破洞。

土耳其人的舰队在陆地上争战不休的同时也试图突破金角湾上锁链和栅材形成的封锁线，他们的计划是攻破环绕金角湾的单层城墙之后让部队由此上岸并利用仓库作为掩蔽。从1204年第四次十字军攻打君士坦丁堡即可知道此区相当薄弱，不过土耳其军的登陆计划最后失败了。土耳其部队以苏丹的精锐禁卫军为首于4月18日针对防御能力已被削弱的中段城墙展开第一次大规模攻击，他们在发动攻击前还曾将护城河填平，但是守军趁夜出城突袭并清除填入的材料。土耳其军持火把烧毁守军临时搭建的防御工事，并摆出云梯试图攀上城墙，经历一小时的激烈攻防战之后，土耳其军的直接攻势遭到压制，于是再度展开炮火攻势。根据朗西曼所述，攻方的炮火连绵不断，而且特别集中攻击布雷契耐区的城墙区段。君士坦丁堡的市民每晚皆努力修补破损的城墙，但是土耳其火炮的威力确实有点问题，因为即使是连续数天炮击其实还是没有办法永久破坏任何一段城墙。据指出有一段外墙加上塔楼在4月21日遭到击毁，但是守军当晚就在废墟上新建了木桩栅栏。同时有一半的土耳其舰队利用拖行的方式走陆路到了金角湾，拜占庭守军由于在陆路和水路都成功抵御土耳其军的攻击而士气高昂，但是整个城市开始面临断粮的危机。

土耳其人一直到5月第一周仍持续炮轰三层式城墙，而乌尔班制作的巨炮早先虽然受损但修复之后也在5月6日再度投入战场。土耳其人最后在5月7日以中段城墙为目标发动攻击，他们冲过填平的护城河并将云梯搭在拜占庭军在废墟上立起的围栅上，交战三小时之后土耳其人再度撤退。次日他们再度攻击三层式城墙和布雷契耐区的连接处，但由于城墙极为坚固因此再度失利。

土耳其火炮于5月16日开始重击中段城墙，而土耳其军也在一个晚上之内组装出与外墙同高的冲击塔，并于5月18日将冲击塔往前推进，另一方面则在冲击塔的掩护之下试图填平护城河铺出可供冲击塔通行的路段。守军则于夜间将火药桶埋在护城河中，将土耳其人的冲击塔和预备供其通行的过道一起炸毁。隔天早上守军修复了毁坏的围栅，而土耳其军则建造了更多座冲击塔，挖地工兵也开始朝城墙的方向挖掘地道，他们的目标是布雷契耐区的城墙区段。不过城内的守军也利用挖对抗地道加以阻截、施放浓烟和引来护城河的水灌入地道等方法逼退敌方工兵。由于在前一次挖掘对抗地道时俘虏了几个土耳其人，因此守军得以严刑拷打战俘问出所有地道的位置并顺利找到地道，而土耳其军也因此暂停所有挖掘地道的行动。朗西曼在书中如此总结，城墙虽然严重损毁，"但土耳其人的大批军队和庞然无匹的战争器械的功劳其实不大"。

5月25日至26日落在陆上城墙的炮弹越加密集，但由于守军能够很快修复城墙或加固受损的替代用围栅，因此这轮攻击依旧无效。土耳其军在5月26日晚间将火炮向前推进,此外也带了材料来填平护城河,在27日将火炮对准中段城墙的一段围栅,当天晚上也开始朝护城河填土。炮火直到28日才停歇,土耳其人一度暂停行动,当晚他们开始填平护城河剩下的部分,也将火炮和攻城设备往前推。土耳其人于次日凌晨开始攻击,他们沿着陆上城墙攻击以便让守军分心,而主要攻势则集中在中段城墙,一开始是利用云梯攀爬攻城但由于天色昏暗而被击退,但他们很快又发动第二波攻势。土耳其军在损失大量兵员之后终于利用巨炮在围栅上击出空隙并由此突破,但是很快又被守军驱退。另一方面土耳其海军由水路攻击环绕金角湾的城墙也失利。第三波攻势是由禁卫军发动并以中段城墙为目标,这时与他们对抗的拜占庭守军从早上开始已经在作战位置坚守长达15个小时,这时已经筋疲力竭。

此时一群靠近布雷契耐区的土耳其军尾随在出城突袭的守军身后,而守军中有一人在回城时忘记拴上城门,于是有50名土耳其士兵趁机从未锁上的门进入,之后又拥入更多土耳其军,守军终于惊慌失措了起来。同时守军的重要指挥官之一热那亚人乔凡尼·朱斯蒂尼亚诺在守城时受伤,必须由人经城门送回内墙,他统领的部队看到指挥官被送走便陷入大乱,也跟着从同一座城门逃回城内。此时禁卫队接到苏丹的命令重新发动攻击,这时候他们仅是人数就已经胜过剩下的守军,在抵达可说已无人防守的内墙之后就散开来从后方攻击外墙上的守军,很快就占得上风。

君士坦丁堡攻防战的转捩点可说是城门未拴上的那个时刻,同时又有重要指挥官受伤而且送回城内时还被手下士兵目击。虽然土耳其人的胜利肯定有一大部分要归功于火炮,但在那一天能够攻陷君士坦丁堡却是靠这两起意外事故和兵力上的优势。

因此君士坦丁堡的三层式城墙绝不会像坊间所认为的那么老旧过时或无用,尤其是帝国也曾经翻修城墙以因应攻城技术的革新,其中包括加筑呼应文艺复兴时期要塞风格的较低矮城墙。这种矮墙算是一种辅助防御墙,可在护城河边形成斜坡,也可作为主城墙之前保护城墙基础免于遭受炮弹及其他武器攻击的作战据点。虽然土耳其人能够以集中火力破坏这种外墙的部分区段,但是拜占庭守军也能在废墟上很快立起新的木桩栅栏并持续以此防守城墙。君士坦丁堡在防守上最主要的致命伤还是在于兵员不足导致内墙无人防护,所以土耳其军试图攻破外墙之后,内墙根本没有兵力能够抵挡。假使当时内墙也有守军驻防,那么在那一天土耳其人就不一定能破城取胜了。

其他处的君士坦丁堡城墙遗迹

(照片由斯蒂芬·威利提供)

第 4 章 高耸城墙走入历史 **155**

格拉纳达阿尔罕布拉宫的拱门及拱心石

西班牙复地运动中的要塞攻防战

火炮类武器并不是到了15世纪才登场，其实它们早在前一世纪就出现在战场上，只是效果不佳，根据最早关于火炮的记述可知早在复地运动时期即有人使用火炮攻击要塞。艾伯特·麦乔金在所编著之《西班牙的战争艺术》（伦敦，1995年）一书的导言中指出，格拉纳达的奈斯尔德王朝苏丹伊斯梅尔一世于1324年围攻威斯喀及次年围攻巴埃萨时皆曾使用种类不明的火炮，虽然没有提到这类武器的效果如何，不过可以推测光是火炮射击时发出的轰隆声和浓烟就足以震慑守军。再怎么说，即使来自匈牙利的制炮师乌尔班在向土耳其人展示其制造的其中一门火炮时，也得警告他们在听到声响和看到浓烟时不要惊慌。

萨阿拉这个防御型城镇虽然小却位于几乎难以企及的高度，驻守的伊斯兰部队在遭到围城军队几发火炮攻击之后眼见城镇遭受的损害程度，便于1407年投降。当然萨阿拉遭到破坏的程度肯定不如将近半世纪之后的君士坦丁堡，这座雄伟大城遭到土耳其人以更大型的火炮连续数周的炮轰。

复地运动的最后阶段发生在15世纪下半叶，基督教势力在女王伊莎贝拉和国王斐迪南联合领导之下与格拉纳达的伊斯兰教哈里发交战。西班牙军队于1482年2月底深入伊斯兰教王国的领土袭击位于马拉加及格拉纳达之间的防御型城镇阿尔哈马。西班牙人算准了这个城镇由于深处王国内部而且位处高地，当地的摩尔守军在防守上肯定会轻忽，于是由队长奥尔特加带领30名云梯攻城队队员在夜色掩护下展开攻城行动，他们先攀爬上山再借云梯之助爬上要塞的城墙，进城之后成功消灭守军。奥尔特加的队员打开城门等待朝城镇行进的西班牙军队，镇民虽然仍试图反抗但终究徒劳无功，城镇被洗劫一空。数日之后一支5.3万人的格拉纳达军队前来救援，但根据威廉·普雷斯科特在《西班牙的战争艺术》中所述，援军并未带来火炮，同时西班牙军队已经修复城墙并准备要守住这座新征服的城镇。格拉纳达军在损失2000名士兵却仍旧攻城失败后决定展开漫长的围城战，甚至截断作为城镇主要水源的河水。三周之后西班牙援军前来解围，击退格拉纳达军之后只留下一批边境民军防守阿尔哈马，没想到格拉纳达军卷土重来，而且这次带了火炮，而斐迪南派来的另一支援军在5月中旬再次成功解救阿尔哈马。然而整个攻防过程从头到尾，摩尔人的火炮对于最后的胜负似乎都没有造成什么影响。

接下来就是更大规模的围城战，西班牙派出将近9万人的部队围住格拉纳达，将其与周围据点隔开。西班牙军在1485年攻击龙达，城市在猛烈炮火攻击之下陷入火海，城墙也遭击破，龙达最后接受了斐迪南提出的极为优厚的投降条件。西班牙人接下来收复半岛上其他土地时也采用了同样的策略，大部分城镇面对漫长围城战或优雅投降的抉择时都选择了后者，以免为了交战而付出极高的成本。在龙达沦陷的同年，西班牙又组织了超过5万人的部队继续从穆斯林手中收复失土。

普雷斯科特也指出，当时格拉纳达王国的势力仍旧不可小觑，不仅可依恃山地地形为天险和防御严密的城镇，也能动员多达10万人的兵力，首都以外分别有三支各1万人左右的守军，分布在龙达、马拉加和瓜迪克斯，而仅是格拉纳达城内的阿尔罕布拉宫就能容纳4万名守军。尽管如此，伊斯兰教王国还是无法抵挡基督教军队连绵不断的攻势，格拉纳达以西的龙达和马拉加首先沦陷，之后基督教军队终于成功地将王国仅剩的港口也完全封锁。

西班牙军队在围城战中虽然用了火炮，但光是火炮似乎还不足以确保最后得胜。摩

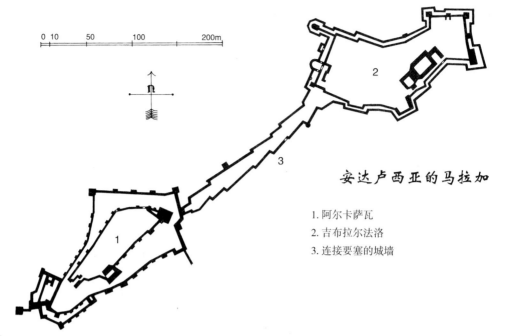

安达卢西亚的马拉加

1. 阿尔卡萨瓦
2. 吉布拉尔法洛
3. 连接要塞的城墙

马拉加的阿尔卡萨瓦
由两座大型城堡雄踞保卫,是复地运动时期伊比利亚半岛上最为坚固的防御型城市之一

西班牙格拉纳达的皇宫遗迹

尔人的要塞一般由筑有城墙的城镇和内部称为"阿尔卡萨瓦"的要塞构成，而要塞通常是整个据点最为坚固雄伟的部分。环绕城镇的城墙的坚固度、高度和厚度通常都不如要塞周围的城墙，这是由于城墙的一大部分可能包围的是山头或丘陵上较少人出入的区域，因此不会建得很厚。根据普雷斯科特所述："环绕摩尔人城市的城墙虽然雄伟，其厚度却不足以承受这些惊人武器（指西班牙人的重型火炮）的长时间攻击。"普雷斯科特也认为摩尔人虽然在要塞中部署了一些火炮，但是没有和西班牙人类似的火炮，因此无法阻挡对方的攻势。

普雷斯科特也指出女王伊莎贝拉和国王斐迪南相信要攻占摩尔人在格拉纳达最后的几座要塞势必需要火炮，因此从葡萄牙、西西里和法兰德斯进口了大量火药及炮弹，不过他们取得的武器在规格、威力和数量上似乎都不如土耳其人在围攻君士坦丁堡时所用的火炮。西班牙军在1489年围攻巴埃萨时只有20门稍嫌古老的火炮，射出的炮弹只有一部分是铁弹，其他的通常为大理石制且重量可达175磅，是利用在巴埃萨周围地区采得的石材制成。虽然石弹不太可能在城墙上造成太大的损害，不过重击城墙时肯定能够重挫瑟缩在墙后的守军的士气，而石弹爆裂时碎屑四射的效果甚至可以比拟20世纪的小型杀伤弹。

马拉加是王国中最为坚固难攻的防御型城市之一，其港口周围也环绕着雄伟的城墙，城市由两座城堡保卫，其中一座即为位居山脚俯瞰市区的阿尔卡萨瓦，其周围有双层城墙，要塞里还有一座11世纪下半叶才加盖的皇宫，与山上的吉布拉尔法洛城堡以城墙相连。整个复合式要塞结构总共包含110座大型塔楼、22座小型塔楼和12座防御城门，塔楼的高度稍微高出幕墙且可在其中部署火炮。

伊莎贝拉和斐迪南的军队于1487年5月兵临马拉加城下，格拉纳达军前来迎战但落败，之后便退入城内。西班牙军为了孤立要塞中的伊斯兰军队便在周围修筑防御据点，另一方面海军也将港口封锁。马拉加城墙在猛烈炮火的攻击之下很快出现破洞，西班牙部队试图突破防线但攻势遭到压制。摩尔人试图由东方派兵解围，但很少有兵力能够突破西班牙部队的封锁线。斐迪南这时决定不再顾虑市内建筑物是否完好，西班牙军于是首次动用重型火炮持续轰击，一直到弹药用尽必须等待补给才停火。同时摩尔人也没有坐以待毙，他们一方面以自己的火炮回击，另一方面也不时地出城袭击西班牙军的营地。围城战开打数月之后仍未分胜负，此时摩尔人开始面临缺粮危机。国王斐迪南在8月要求匠师弗朗切斯科·拉米雷斯建造冲击塔并主持挖掘通往城墙的地道，一部分隧道是要

第4章 高耸城墙走入历史 159

穿过城墙下方到城内,另一部分是为了让城墙坍塌,而摩尔人也以增加突袭次数和挖掘对抗地道的方式扰乱西班牙人的攻城行动。

拉米雷斯最后终于挖出一条通到城墙塔楼下方的地道并在其中放入火药后引爆,普雷斯科特认为这是文献中可找到最早在地道中使用火药的例子。这次爆炸攻击迫使摩尔人横越桥梁退守城内,同时西班牙人也进占这座设有火炮且攻击范围涵盖桥梁的塔楼。塔楼被炸之后不久市长就退守吉布拉尔法洛城堡并准许市民和西班牙人谈条件,西班牙在8月中旬接受市民和阿尔卡萨瓦城堡守军投降,吉布拉尔法洛城堡的守军也在西班牙人占领城市的同一天投降。马拉加会投降一方面是因为市区在西班牙的火炮攻击之下遭受的损害很可能大于要塞,另一方面守军的士气在物资短缺再加上遭到爆炸攻击损失一座重要塔楼的情况下无疑大大受挫。

西班牙军成功扫除摩尔人在沿岸据点的势力之后,于1489年围攻由2万名守军防守的巴埃萨。经历半年的攻防战,巴埃萨最终因为弹药短缺而在12月投降,有了此城的先例,同样具有坚固城墙的阿尔梅里亚及瓜迪克斯在遭到围困时并未多作抵抗就在优厚的条件下投降。斐迪南的军队在1491年春天进军格拉纳达,最后一场战事由此展开。格拉纳达军在围城战一开始时就出城突袭但惨败在西班牙军手下,伊莎贝拉和斐迪南的军队接着建造了舒适的大型营房让士兵过冬,摩尔人的国王最后在绝望之下接受投降条件,西班牙军在1492年1月进占格拉纳达。

就要塞建筑发展及围城战史的角度而言,格拉纳达王国覆灭比起君士坦丁堡城陷落的意义更为重大。人数众多的土耳其军队在君士坦丁堡面临的是几千名守军,他们为了破城几乎用尽了所有的攻城技巧,虽然以强大火力集中攻击城墙最脆弱的部分再加上连绵不断的炮火攻势摧毁了部分塔楼和城墙区段,但是土耳其人一直到两桩纯属意外的事件发生之后才能完全占上风:一是守军大意之下没拴好城门,一是守军重要指挥官在己方士兵面前倒下。另一方面,格拉纳达王国的覆灭就完全不掺杂任何意外或运气,在复地运动的最后阶段,两方都能动员相对庞大的兵力,而驻扎在防御型城市中的伊斯兰守军比起君士坦丁堡里的拜占庭军队也更加英勇善战。此外,伊比利亚半岛上的伊斯兰部队也以用炮技巧著称,所建造的要塞也能让火炮发挥威力。但是就如同君士坦丁堡围城战中的情况,攻城方并没有因为使用火炮就占有优势,火炮也不是导致摩尔人的几个大城如马拉加、巴埃萨以及格拉纳达最后屈服投降的主因。西班牙军只有在围攻马拉加时大规模攻击后成功夺取重要据点,不过最后获胜的原因却不在火炮,而是因为能够发挥创意将火药埋入地道。另外一点也与君士坦丁堡战役雷同,那就是攻城方即使用火炮攻破城墙也还是不足以取胜。从伊比利亚半岛上的战事可知守城战中拥有大批守军的重要性,如此才能充分守卫要塞并且防止敌军突破防线。围城战演变至此,无论哪一方都不可能只靠几百名士兵就成功守卫一座防御型城镇或城市,同理,也没有一方能够只靠一小支部队利用投石机、火炮或地道就成功攻下城池。

由西班牙格拉纳达的皇宫眺望伊斯兰教要塞的景象

罗得岛围城战及最后结局

要塞发展史上的另一项重大事件是1480年的罗得岛围城战,此时奥斯曼土耳其人经过1453年灭亡拜占庭帝国一役之后已经完全精通攻城战术。伊斯兰教的势力虽然遍布巴尔干半岛,但即使是到了中世纪将近尾声之际,十字军在地中海上仍掌控许多重要的岛屿据点,尤其医院骑士团在其中几座岛上修筑要塞和瞭望塔以保卫位于地中海东部的主要基地罗得岛。罗得岛上除了港口和城市,尚筑有30座由骑士团的骑士看守的城堡,即使土耳其人在1453年之后袭击了周围的数座岛屿,作为骑士团大本营的罗得岛依然屹立不摇。土耳其部队虽然无法用船将巨炮运载出海,但是他们依旧能够派遣大批部队和适当的攻城设备前去围攻罗得岛。

医院骑士团是在1309年占领罗得岛,当时的市区防御工事是由拜占庭帝国修筑,包括高耸城墙、间距相同的方形塔楼以及宽阔护城河,这些设施虽然年代已久但还是相当雄伟坚固。大部分的城墙在1450年之前加厚了2—4米,另外也和君士坦丁堡一样沿斜坡加筑了矮墙,15世纪中叶又在方形塔楼周围加上多边形壁垒。两座人工港口由位于入港处防波堤末端的塔楼守护,其中圣尼古拉塔建于1361年,其所守护的是通往"战船港"的入口,另一座位于东侧防波堤末端的圣天使塔建于1436年,主要守护"商港"的入口。城墙、塔楼及防御城门皆筑有雉堞和围板,骑士团还将城墙分成不同区段之后指派不同国籍的兵员负责守护,每段城墙皆以守军的国家或家乡命名,这些名称仍沿用至今。根据埃里克·布罗克曼在《两次罗得岛围城战役》(纽约,1969年)中所述,罗得岛可能是最早于城墙设置炮门的地区,但目前缺乏有力证据。在土耳其人展开攻击之前,骑士团新建了三座塔楼并利用大型锁链设置水栅以保护商港。有一名叛徒将罗得岛城墙的旧平面图交给土耳其人,其中虽然包含大量错误的资讯,但是有一点却正确无误:城市西侧城墙中央的奥弗涅区段年久失修已经朽坏。

一支土耳其侦察部队于1479年的冬天袭击罗得岛,围城战由此揭开序幕,到了1480年春天,罗得岛上的居民眼见土耳其人很可能大举来犯,于是全数撤入城内并加紧防范。岛上守军共约4000人,其中600人是医院骑士团的骑士,1500人为雇佣兵,其余则为民兵。梅希帕夏率领的土耳其舰队在5月底现身,部队在未遭遇任何抵抗的情况下于海滩登陆,指挥官身旁还有曾经在君士坦丁堡战役中协助基督徒的火炮手乔治大师予以辅佐,他们在城市北侧部署有三门大炮的炮组,希望能炸毁圣尼古拉塔之后强行打开港口让舰队驶入。

圣尼古拉塔的圆形结构直径超过17米,周围环绕另一座两层皆设有火炮的要塞,这座小型要塞遭到土耳其军石弹的猛烈攻击,虽然有所损毁但守军还是很快地加以修复。连续炮轰十天之后,土耳其军于6月从水陆两路同时发动攻势,结果被击退而且伤亡惨重,同时他们也针对东南侧被称为意大利的城墙区段展开攻击。

土耳其人精锐尽出,将大小不一的火炮甚至重力抛石机等各种可用的武器都用来攻击城墙,在猛烈火力之下最脆弱的雉堞部位以及许多区段都严重损毁,共有九座塔楼坍塌,骑士团团长的皇宫也被战火摧毁,城墙之后的结构物在土耳其人的攻击之下也变得惨不忍睹。土耳其军于6月7日移动重型火炮,改以犹太区旁的城墙为目标,骑士团团长皮埃尔·德·欧比松下令要该区居民全数撤离并且准备设置新据点以备城墙破损时进行防御。而土耳其军不仅挖掘之字形的壕沟供士兵潜近护城河,还试图将靠近意大利城墙区段的护城河填平,守城的意大利人也挖

1480—1522 年的罗得岛老城

1. 圣尼古拉碉堡
2. 奈拉克塔
3. 圣天使塔
4. 军械库
5. 骑士团领袖的皇宫
G.P. 战船港
C.P. 商港

依据国籍区分的守卫区段

P.C. 卡斯蒂尔岗位
P.I. 意大利岗位
P.P. 普罗旺斯岗位
P.E. 英国岗位
P.Ar 阿拉贡岗位
P.Au 奥弗涅岗位
P.G. 德国岗位
P.F. 法国岗位

（J.E. 考夫曼绘）

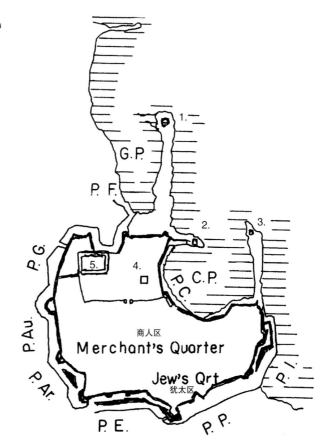

罗得岛圣尼古拉碉堡

出通往护城河的地道，再将土耳其人填入的石块搬回城内当作修筑新据点的建材。

土耳其军在6月13日开始以强势火力轰炸防波堤及圣尼古拉碉堡，同时一队携带弹丸和手炮的工兵也在冲击塔的掩护下试图搭设一座横跨港口与圣尼古拉碉堡的浮桥。他们在6月18日晚间由水陆两路同时进攻，但是塔楼的守军几乎是在浮桥刚完工之际就将之击毁，作战数小时之后到了上午，土耳其军由于伤亡惨重不得不再次撤退。

6月24日，土耳其军试图靠近意大利城墙区段，他们将火炮部署在靠近护城河处并且致力将城墙炸成碎砾，守城的意大利人经由连接护城河的地道出城突袭，重创土耳其军的据点并且破坏了数门火炮。意大利城墙区段到了7月下旬几乎只剩断垣残壁，但是守军已在内部做好准备。土耳其军在7月27日进攻，兵力配置和君士坦丁堡之役相同，由非正规军领头，禁卫军随后，他们大举冲过城墙破洞试图破坏搭建在废墟上的围栅，占领意大利塔之后越过内墙前进，没想到那是守军设下的陷阱，土耳其军再次伤亡惨重。其在围城战中损失了大约9000人，剩下的7万人中有一半为伤兵，围城战在8月宣告结束，土耳其军全数退走。罗得岛的中世纪要塞虽然遭到土耳其人以最为先进的火炮猛烈轰炸，但还是以胜利者的姿态巍然耸立。

欧比松在围城战之后开始更新罗得岛的防御设施：将圣尼古拉碉堡的两座塔楼周围的厚层炮塔构造改建为可安置火炮的样式；15世纪早期所建的奈拉克塔也于1480年以后进行翻修以便封锁商港的另一侧，这座高37米的塔楼的墙面厚达3.7米；其他处也陆续加上比如两道护城河交会所形成的防御构造、设置于幕墙前的凹角矮堡以及其他盛行于文艺复兴时期的防御设施。位于旧时的拜占庭城墙之后的几座塔楼也经过扩建及增厚，较薄的辅助防御墙的部分区段也加上凹角矮堡进一步防护，而早期就已出现的棱堡和有顶通道似乎足以抵挡敌军纵向射击的炮火。阿萨纳修斯·米戈斯在《要塞与军事建筑》期刊上有一篇讨论这类防御设施的文章，他在文中指出制作这些设施的意大利师傅法布里齐奥·德尔·卡莱托也为其中一段城墙设计了具弧度的胸墙城齿，而这种设计在之后的迪尔城堡等英国边境碉堡也可看见。

土耳其人于1522年7月再度以优势兵力围攻仅有500名骑士、1000名雇佣兵和500名民兵的罗得岛（根据部分文献估计守军人数实际上可能超过6000人），首先以重型火炮攻击设备更加现代化的要塞，但是不仅无法重创圣尼古拉碉堡，反而还遭到守军致命的火炮回击。9月，土耳其军成功击破城墙，工兵队也挖出超过50条通向城墙的地道，但是守军也以对抗地道加以阻截。土耳其军于9月4日在英国城墙区段下方引爆地道，接着在地面发动的攻击也顺利占得据点，但遭到守军的顽强抵抗。之后引爆其他地道的效果就没有那么好了，土耳其军9月的攻势一波接着一波，围城战一直延续到12月，骑士团团长最后因为弹药用尽加上兵员不足以继续抵御而投降，不过原先多达10万人的土耳其大军也损失了超过五成兵力。

罗得岛在第二次围城战中虽然拥有比1480年时更先进的防御设施以及人数更多的守军，但却挡不住人数倍于己方的土耳其大军，问题之一可能在于更先进的防御设施仍需要更多士兵才能有效进行防御，但却无法供应足够的人力——这昭示了城堡时代即将步入尾声。

西班牙萨克森的阿尔卡萨瓦

高墙时代告终，城墙高度下降

中世纪时期的高耸城墙能够承受比较原始的攻城器械如投石机等的攻击，所以通常只要有一小群士兵守卫就足够，但在重力抛石机成为13世纪的主要重型攻城器械之后情况就为之改观。这种抛石机，尤其是大型的抛石机可以轻易将高耸幕墙或塔楼的城垛击毁，而通往城墙下方的地道也能让地基剧烈松动甚至完全崩塌。为了因应挖掘地道和重力抛石机，13世纪出现了更为厚重的城墙。虽然13世纪的城墙仍然无法完全抵御地道、重力抛石机和重炮的攻击，但是攻城方也需要付出相当代价才能让城墙倒下。

11至12世纪时的多场围城战中参战的人数并不多，要塞防线遭到突破时守军与试图攻入城内的部队人数通常相差不会过于悬殊。攻城部队人数增加之后只需要突破其中一处就能利用人数优势占上风，为了抗衡人海战术，因此城墙越建越厚之外也增加了其他的防御结构。这样的改变又进一步促进攻城技术和武器的蓬勃发展，另外也出现专业的攻城部队比如挖地工兵、工兵和技师。随着攻城技术逐渐发展并出现专业分工，守城的技术也开始进步并出现多种变化。城墙如果盖得太高，倒塌之后形成的石堆过高，守军就很难爬上去站稳；但是反过来说，如果攻城方能够在石堆上站稳脚步，他们就能朝下俯瞰守军并且任意朝其攻击。解决之道就是修筑一道内墙并降低幕墙的高度形成同心式城墙构造，如此一来守军就能迅速调兵前往外墙有破损处救援；不过这种方法需要有充足的人员配合，但实际上不一定能够达到或是根本就难以负担人力成本。其他解决方法包括利用多种建筑设施让守军得以沿城墙及护城河进行纵向射击，在罗得岛就可以看见这类措施的应用，此地的要塞于1480—1522年经历多次改建，可以一窥军事建筑由中世纪到文艺复兴时期的演变情况。

中世纪的高墙会被淘汰不只是因为无法承受火炮的攻击，另一个原因是无法有效容纳16世纪时出现的体积更大、威力更强的火炮。虽然一般认为中世纪的守军在防守君士坦丁堡等要塞时为了避免影响城墙构造而未善加运用火炮，但事实上城堡里可以也确实曾有人使用火炮，例如摩尔人在防守马拉加、龙达、巴埃萨和格拉纳达等城市时皆曾在要塞内设置火炮。

许多中世纪的幕墙上根本没有足够的空间可以放置火炮，光是发射之后的后坐力就可能让火炮直接栽下城垛，只有部分结构如塔楼上会设有专供安置火炮的平台。此外，如果要在城墙后方使用小型火炮或手炮就必须凿出较大的射孔。事实上，即使攻城部队以活动掩体和壕沟保护火炮，对于守军而言，利用中型或重型火炮攻击还是比直接出城袭击更为有效，装设在中世纪城墙上的手炮的射程通常与地面上火炮的射程相差不多，足以重创攻城方及其临时建造的掩蔽物。

不过城墙高度下降的主要原因有二：一是因为挖掘地道和使用重力抛石机的攻城方法盛行，而守城方必须很快派出大批兵力才能堵住城墙上的破洞，修复的重点在于城垛而非城墙本身，因为一旦城垛遭到摧毁，那么城墙剩余部分的状况也就不重要了；二是要配合使用火炮而须降低城墙高度，一般而言城墙越高，不管基部再怎么厚，最上方城垛可供设置火炮的空间还是会越狭小，但是较矮的城墙就会有更多空间来装设火炮，更重要的是火炮炮弹弹道较低，如果装在很高的城墙上会让射击范围变小，就近距离射击而言反而威力不足，但是装设在较低处的火炮由于炮弹会掠地飞过，射击范围就能涵括火炮与目标之间的区域。因此将火炮设在较低的位置不仅能够提高射中的概率，也比较有可能击中位于火炮和目标之间的任何人员或物件，在面对一拥而上的攻城部队时也就

意大利萨索科尔瓦罗城堡

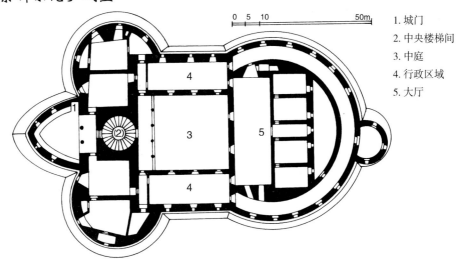

1. 城门
2. 中央楼梯间
3. 中庭
4. 行政区域
5. 大厅

15 世纪的最后二十多年间建于意大利乌尔比诺的城堡要塞，展现中世纪步入文艺复兴时期的过渡风格，其设计适于安置火炮且可抵挡新型的火药大炮，可说是具有极高且厚的弧形城墙及塔楼的要塞

可以有效提升火炮的威力。

就好比中世纪不是在某一天突然结束就换成文艺复兴时期，要塞建筑也不是一夜之间就由中世纪风格转变为文艺复兴时期风格，而是在长达百年的时间之内逐渐演变。至少大部分 13 世纪以降所建筑的中世纪要塞并没有因为出现了什么新型武器就马上过时，大多只是经过翻修，而之后多年仍持续沿用。法国艾格莫尔特的康斯坦茨塔就是一例，为了配合使用火炮，原先具雉堞的胸墙于 16 世纪加厚并改为类似罗得岛所采用的有弧度的城齿，此外也加上可提供炮兵更广的射击角度的梯形射孔。法国和其他国家有多座类似的大型塔楼于 15 世纪甚至到 16 世纪都经过改造并加上同类的防御设施，英国有很多城堡也以类似的方式翻修以便使用火炮，不过大部分位于威尔士的城堡却因年久失修而逐渐荒废。

然而 17 世纪英国内战时期，很多威尔士的城堡再度为人修复并使用，可能加上专供使用滑膛枪及火炮的平台，或者有些是匆匆加上土筑防御工事以便加强防御效果。城堡即使到了这个时期也仍旧相当坚固且足以抵挡攻城部队的直接攻击，还是要经过漫长的围城战才有可能遭到攻占。此时期所用的攻城技术与中世纪最后数百年间盛行的技术也相同，而结果也相同。不过 17 世纪的围城战役极少出现直接的攻击行动，攻城方只有在利用重型火炮将城墙轰出破洞之后才会直接攻击，平常则偏好以等待城内军民断粮及挖掘地道的方式攻占要塞。当然，虽然出现了很多威力更强大的新型重炮，但是大部分城堡在围城战中还是能够坚守三个月以上的时间。彼得·冈特在《围城战之国》（伦敦，1991 年）中指出爱德华一世在威尔士北部所建的很多城堡即使经历猛烈炮火长期轰炸也未受到重创，比如哈勒赫城堡就在炮火之下坚持了九个月，而威尔士的城堡会遭到毁坏主要是内战结束后获胜的一方刻意加以捣毁所致。

由威尔士和法国的城堡可得知当时是如何在最小范围之内翻修现有的城堡，而罗得

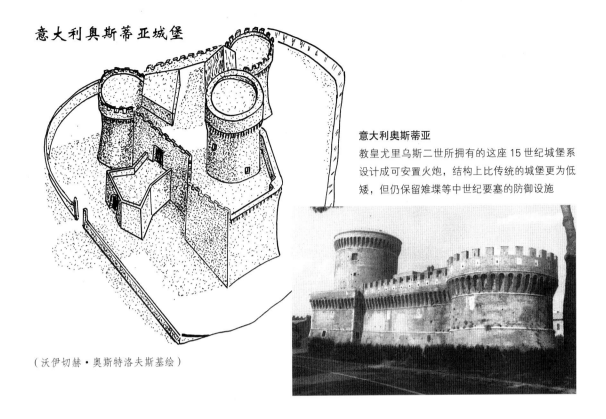

意大利奥斯蒂亚城堡

（沃伊切赫·奥斯特洛夫斯基绘）

意大利奥斯蒂亚

教皇尤里乌斯二世所拥有的这座15世纪城堡系设计成可安置火炮，结构上比传统的城堡更为低矮，但仍保留雉堞等中世纪要塞的防御设施

岛的要塞则是大规模重建和更新的最佳示例，充分体现了要塞风格由中世纪到文艺复兴时期的转变。另一方面，建于15—16世纪的意大利萨尔扎纳、法国萨尔斯及英国迪尔的形式则介于中世纪的城堡和现代的碉堡。弗朗切斯科·吉安贝蒂·达·桑迦洛是好几代意大利建筑师的宗师，他在14世纪设计了萨尔扎纳，然而首创要塞建筑新风格的则是在他建造萨尔扎纳稍早之前设计萨索科尔瓦罗城堡的弗朗切斯科·迪·乔治·马丁尼。萨索科尔瓦罗城堡的构造包含了早期棱堡的一些特征，而萨尔扎纳在设计上除了融合棱堡的特色之外还进一步改良，其城墙较矮，所以虽然具有雉堞但在外观上仍呈现文艺复兴时期的要塞风格。要塞格局为较罕见的三角形，每一角各自设立一座大型筒形塔楼，由于塔楼位置经过特别设计，因此守军能由幕墙以纵向射击的方式开炮，之后西欧有许多小型要塞皆采用这种样式。1497年萨尔扎纳前方又增建了一座三角形外垒以防御其入口，这是最早出现的V形棱堡之一，其功能与外堡相似并以桥梁与要塞相连。萨尔扎纳坐落于山丘顶端，其中两座筒形塔楼之后也加上更新、更厚的城垛以便设置火炮，据点周围则环绕未注水的大型护城河。

奥斯蒂亚城堡也具有一座大型角塔，这是吉安贝蒂的其中一个儿子为教皇尤里乌斯二世所建；吉安贝蒂的另一个儿子则为圣天使堡加盖了棱角分明的棱堡。吉安贝蒂家族在建筑要塞上的创新手法于该世纪相当盛行，同时也陆续出现其他的改建手法，直到后来中世纪要塞再也不堪翻修整建之后才改为兴建新式的要塞。

位于比利牛斯山以北鲁西咏的萨尔斯原来设有城堡和防御型村庄，遭到法国人袭击并摧毁之后便由西班牙匠师拉米罗·洛佩斯于原址设计并建造萨尔斯防御堡垒，新要塞是以水平防御为主而非垂直防御。洛佩斯于

意大利萨尔扎纳

这座三角形的城堡是由弗朗切斯科·吉安贝蒂·达·桑迦洛于 14 世纪设计，展现由中世纪城堡转变为文艺复兴与军事要塞的过渡风格，其设计中可见具有雉堞的塔楼（右图），而守卫入口的三角形棱堡（下图）则是最早问世的 V 形棱堡之一，出入可经由跨越护城河的桥梁（上图）——连接要塞及 V 形棱堡，是前往 V 形棱堡的唯一通道

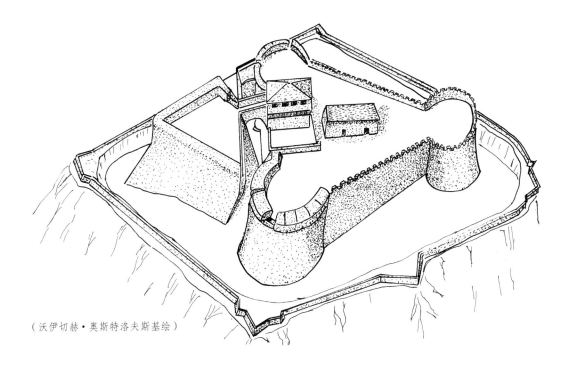

（沃伊切赫·奥斯特洛夫斯基绘）

意大利萨尔扎纳城堡

1. 入口
2. 岗哨
3. 未注水的护城河
4. 外垒——V形棱堡
5. 开合桥
6. 主楼
7. 营房
8. 文艺复兴时期要塞的胸墙及有顶盖之走道

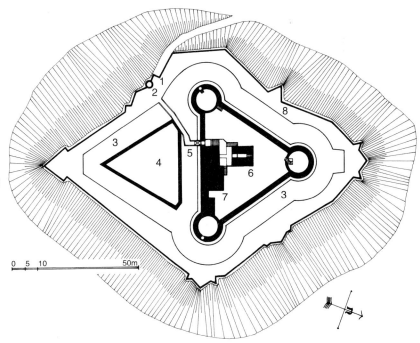

法国萨尔斯防御堡垒

1. 护城河
2. 设有开合桥的小城堡
2a. 开合桥
3. 可安置火炮的半月堡
4. 主城门
5. 中庭
6. 水井
7. 主楼

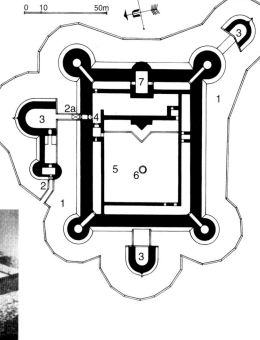

萨尔斯

在火炮时代经过翻修的最大型城堡之一,由于护城河极深可形成一部分的城墙再加上主要塔楼较矮,因此整体轮廓也较低矮

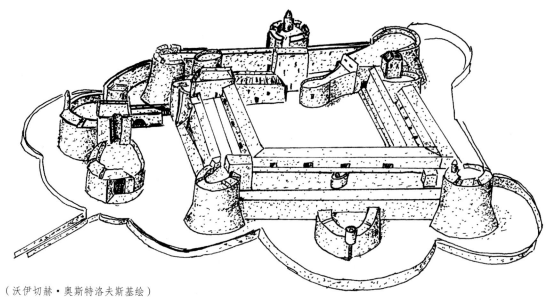

(沃伊切赫·奥斯特洛夫斯基绘)

休达

葡萄牙于 15 世纪晚期建于北非海岸的前哨基地，具有专供设置火炮的棱堡，属于比较现代化的要塞建筑

1497 年开始动工并于 1503 年完工，同年就遭到法国的弗朗西斯一世围攻。围城战中法军的炮火摧毁了城垛，因此要塞又经过重点改建，城墙上的防御设施规模也有所缩减。洛佩斯在要塞的角落设置了大型筒形塔楼并安放可朝幕墙纵向射击的炮门，城垛具有的弧度设计则有助于弹开投射而来的炮弹。五层式的大型主楼砌建于幕墙之中，其四角朝中庭突出，在主楼前侧、中庭之内凿有水井并加筑防御工事。整个长方形的要塞的长与宽各约 115 米和 90 米，周围 12 米宽、7 米深的护城河可由邻近的天然涌泉引水填满，仅有幕墙上的城垛和四座中世纪风格的筒形塔楼会暴露在敌军的炮火之下。城垛的厚度不到 5 米，但城墙在 1503 年的围城战之后改建至 14 米厚。两座方形的幕墙塔楼上都设有火炮，幕墙另外以 V 形棱堡或半月堡守卫，从其中一座 V 形棱堡可通往邻近入口处的小城堡（在通往要塞的通道入口处建造的防御工事）。每一座 V 形棱堡和要塞之间皆以具拱顶的廊道连接，棱堡中设有内室及火炮室，后者具有升降装置可将火药载运至上方安置火炮的平台。

萨尔斯防御堡垒的内部有三边筑有具回廊的建筑物，下方楼层形成廊道而上方楼层形成平台，地下则为可蓄养上百匹马的马厩、弹药库以及挖掘对抗地道用的廊道，其防御设施与中世纪城堡相比之下差异极大。这座要塞本来的设计是可容纳将近 1500 名守军，这个人数就足以在城墙遭人以武力击破时加以防堵，不过在几次战事中驻扎其中的守军可能有三倍之多。

英王亨利八世担心法军入侵，于是在 1538 年下令在唐斯地区建造数座海岸要塞，虽然设计是由国王主导，但国王指派了波希米亚匠师斯蒂芬·冯·哈塞尔贝格来监工。这几座"城堡"皆建于 1539—1540 年，其中包括迪尔、沃尔默和桑当，另外在康瓦耳也有两座，是最后一批具有可安置火炮的中央主楼的要塞建筑。迪尔城堡是前三座中最大者，在其棱堡及塔楼上总共有 145 个火炮射孔和射击据点，棱堡、塔楼和城墙上的主要射击位置都面向海岸，其城垛也和萨尔扎纳和萨尔斯一样具有弧度可弹开炮弹。中央主楼设有可供 25 名守军进驻的营房，周围有六座半圆形棱堡，其中一座的内部为门房且位于未注水的护城河中，外围的幕墙则包含另外六座棱堡，周围的宽阔护城河与海滩之间相隔甚近。主楼的设计与先前中世纪要塞的主楼大不相同，因为以前主楼是城堡里

第 4 章　高耸城墙走入历史　171

英国迪尔城堡

1. 开合桥
2. 中央主楼：可供 30 名左右的守军驻防
3. 具有炮门的棱堡，屋顶上也可设置火炮
4. 地面层棱堡：在屋顶上设有火炮、在与护城河同高的一层则设有供使用滑膛枪的枪眼（图中未绘出）
5. 设有入口的地面层棱堡
6. 未注水的护城河

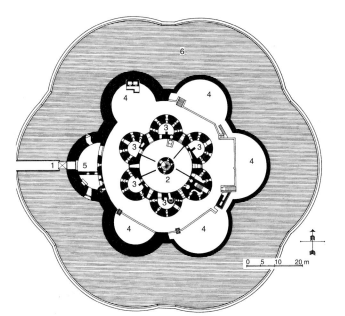

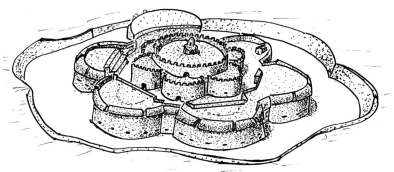

（沃伊切赫·奥斯特洛夫斯基绘）

迪尔城堡
最早在火炮时代建造的几座要塞之一，和亨利八世下令修建的其他几个海岸要塞一样皆属 16 世纪要塞而非城堡

最为坚固的部分,可能也是最后防线,但这样的设计概念在几百年前就已经不再流行。亨利八世的这几座"城堡"是最早出现的一批真正属于火炮时代的碉堡,要塞的设计因为加入许多可供守军充分发挥火炮威力的元素,所以几乎已经看不出有哪些是属于中世纪的防御设施。

城堡建筑的时代虽然在16世纪初的欧洲宣告结束,但之后在东非却曾短暂复兴。葡萄牙人于15世纪沿着非洲海岸航行寻找前往东方的新航线,他们先在摩洛哥沿岸建造要塞,但其风格多半属于文艺复兴时期而非中世纪,比如位于北方的休达以及最东可到濒临印度洋的蒙巴萨等地的要塞。

第一支葡萄牙远征队于1557年抵达阿比西尼亚,其目的是帮助传奇人物祭司王约翰的后代抵抗阿拉伯将军葛朗的伊斯兰部队。17世纪时埃塞俄比亚信奉基督教的几代皇帝便在葡萄牙人的协助下,在首都贡德尔建立具有高耸城墙的雄伟城堡。

第一座城堡是在皇帝法西利德斯在位时开始建造,具有四座高大的圆形角塔、幕墙以及面对位于两座角塔之间的一道城墙且兼当皇宫的主楼。法西利德斯及其子孙所建的城堡虽然是在进入17世纪之后才修筑的,但设计上偏向中世纪样式而非文艺复兴时期风格。

来自欧洲的探险队在往新大陆更内陆的地区前进时也修造了木造围栅形式的要塞以及与中世纪前半的建筑风格相似的塔楼,不过他们在海岸上建造的要塞就比较进步。这是不同防守对象所带来的差异:内陆的美洲原住民所用的武器比较落后,只要建造简易的要塞就足以防御;但在海岸上就必须和来自欧洲其他国家的殖民者抗衡,而对方所用的武器和己方是同样精良的。

城堡时代于是在15世纪末进入尾声,代之而起的是火炮碉堡的时代。虽然15世纪晚期就进入了要塞建筑的新纪元,但是有些城堡还是持续承担防御重责,因此在接下来数百年间发生的战事中,现代要塞和城堡同时扮演了重要的角色。

埃塞俄比亚贡德尔的城堡

法国波纳吉耶城堡

1. 外开合桥
2. 马厩
3. 阅兵场
4. 第二开合桥
5. 城门
6. 护城河
7. 楼梯
8. 开合桥
9. 外垒
10. 北门
11. 军营
12. 大厅
13. 圆形塔楼

波纳吉耶城堡

建于13世纪，于15世纪时因应火炮而改建，可说是中世纪的末代城堡之一

（插图由格林希尔出版社提供）

中世纪围城战之最

最令人恐惧的军队或武人

中世纪战争中最令人不寒而栗、闻之丧胆的莫过于蒙古人,他们的恶行包括将战俘的头当成炮弹射入敌方要塞,还有将当地的孩童缚在攻城器械上当作人肉盾牌以便重挫守军的士气。在蒙古军威胁之下,被迫投降的城堡和防御型城镇的数量居高不下,任何部族的战绩都难以匹敌,蒙古人的凶残嗜杀和暴虐无道同样无人可比,唯一能够匹敌的可能是古代亚述人。

第二名应归瓦拉几亚大公"施刺刑者"弗拉德三世所有,他最为人所熟知的称号是"德古拉伯爵",是因为他不管对方是土耳其人或基督教徒都习惯刺穿敌人身体而得名,由于作战风格凶残,因此没有外敌胆敢来犯。

维京人虽然让欧洲甚至北非沿岸军民闻之色变,但他们嗜杀和凶残的程度其实不如前两者,比较之后倒是出现颇为有趣的结果。不过维京人大肆搜刮劫掠的作风太过恐怖,确实在欧洲人的集体记忆中烙下极为深刻的印象。

围城战中最致命的元素

◆**鼠疫**:不管是攻城部队或守军都可能因军中传染疫病而一败涂地。

◆**饥荒**:通常守军比攻城部队更容易面临缺粮危机。

◆**缺水**:即使是最坚固的防御据点在断水时也会很快投降,而常见的攻城伎俩就是在水源里下毒或截断城内水源。很多防御据点皆设有水井、蓄水槽,或在水源处筑有城墙保护。

◆**时间**:围城战的时间拖得越久,攻城方就越有可能中途放弃,但是守军如果缺乏物资供给也可能先竖白旗。

杀伤力最强的攻城武器

◆**重力抛石机**:可投射各种弹丸重创敌方要塞的城垛及城墙后方的构造。

◆**弩及长弓**:守军使用较为有利,可特别用来攻击隐藏在暗处的攻城部队。

◆**冲击塔**:攻城方可借此爬上城垛,或者冲击塔高出城垛时也便于从其上攻击守军,使用上主要的难题就在于如何顺利推到城墙前就位。

◆**挖地道**:让城墙和塔楼崩塌最有效的方法,但是需要投入大量的时间而且得冒着被守军的对抗地道阻截而失败的风险。

◆**火炮**:在中世纪的最后一百年间使用可达到极佳的心理震撼效果,此外也能摧毁不够坚固的城墙。

西班牙塞哥维亚的阿尔卡萨

第 5 章

中世纪的城堡与要塞

有太多中世纪城堡及要塞分布于欧洲各地,无法在一本书中完整介绍,因此本章会将重点放在几座精选的要塞建筑,入选的除了非常有名的要塞之外,也包括比较默默无闻但是同样值得探索者。虽然西欧城堡中以位于英法两国者最为知名,但此处要提醒读者中世纪时的欧洲各地都筑有城堡及防御型城镇,比如荷兰境内原有至少2000座防御据点,但只有200处仍保存至今;或者比利时境内曾矗立着超过3000座城堡;法国境内可能多达3万座,其中有至少1万座要塞建筑的保存状况尚称良好或已呈现废墟状。

欧洲每一区的要塞都值得细细探究,传统的西欧城堡以位于法国、英国和威尔士者最具代表性,位于圣地的多座城堡虽然设计上承袭古典风格但仍归类为中世纪要塞。我们也检视了斯拉夫地区的东欧城堡的诸多特征,这个类型似乎是由完全不同的建筑传统演变而来,不过目前的证据似乎显示,斯拉夫要塞经过文化传播之后深刻影响了西欧要塞建筑的传统,而中间的媒介很可能是与东欧和西欧的接触皆相当频繁的斯堪的那维亚人。

拜占庭要塞建筑起源自先前的罗马时期,之后自成一格,并在南欧、东欧的部分地区,以及中东与西欧的传统中互相交流。此外,伊斯兰世界的要塞建筑传统也传播到中东、北非甚至伊比利亚半岛,一方面融合当地既有的要塞建筑样式,另一方面也留下特属伊斯兰世界的印记,从伊比利亚半岛上的多个阿尔卡萨瓦(即要塞)、阿尔卡萨(指城堡或宫殿)以及之后基督教王国在该地兴建的城堡即可明显见到此种风格。

在欧洲的部分边缘地带也可发现许多源自较古老建筑传统的要塞,尤其是包括在不列颠群岛上的爱尔兰的环形防御工事,其中有许多皆是在诺曼征服时期所建造并于之后改建时加入土垒与内场;爱尔兰和东欧的斯拉夫地区有很长一段时间皆持续采用环形防御工事。是故,中世纪晚期的许多城堡所呈现出的可能是不同的要塞建筑发展轨迹或者是有所延迟的发展阶段。

虽然城堡要塞有各式各样的变化,各地的风格也截然不同,而本章介绍的少许例子并不能呈现中世纪欧洲的城堡建筑艺术的完整风貌,希望以下的描述和平面图能够让读者稍加领略这些要塞建筑的特色,产生兴趣之后再深入阅读和探索。

威尔士哈勒赫城堡

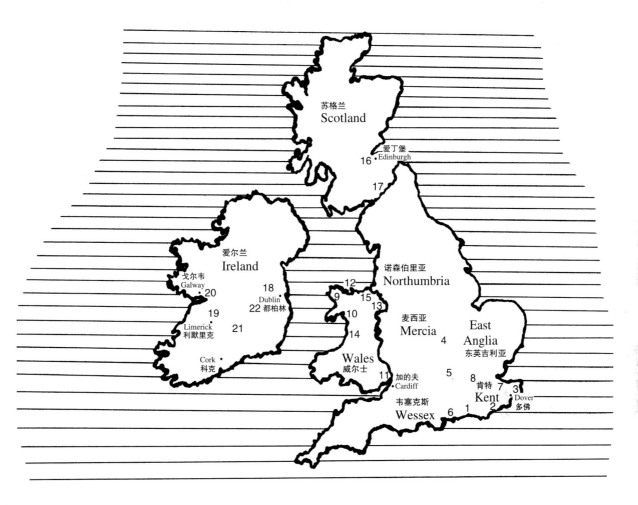

英国及爱尔兰

1. 阿伦德尔
2. 博迪亚姆
3. 迪尔
4. 凯尼尔沃斯
5. 牛津
6. 波特切斯特
7. 罗切斯特
8. 温莎
9. 博马里斯
10. 卡那封
11. 卡菲利
12. 康威
13. 弗林特
14. 哈勒赫
15. 里兹兰
16. 爱丁堡
17. 卡拉弗罗克
18. 特里姆
19. 利默里克
20. 多尼戈尔
21. 卡希尔
22. 杜纳马斯

第 5 章 中世纪的城堡与要塞

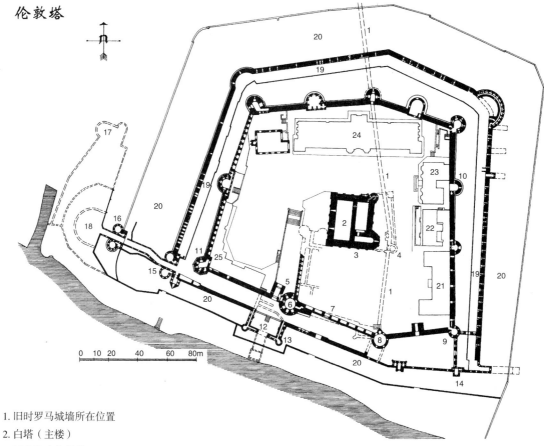

1. 旧时罗马城墙所在位置
2. 白塔（主楼）
3. 圣约翰小礼拜堂
4. 衣橱塔
5. 血腥塔
6. 韦克菲尔德塔
7. 大厅厅址
8. 灯笼塔
9. 盐塔
10. 司令官塔
11. 钟塔
12. 叛国者之门
13. 圣托马斯塔
14. 井塔
15. 拜沃德塔
16. 中塔
17. 壁垒门门址
18. 狮子塔外堡堡址
19. 炮塔
20. 护城河
21～25. 新建筑物

伦敦塔插图
（由格林希尔出版社提供）

大不列颠

诺曼人在 1066 年黑斯廷斯战役获胜并成为英国新主,之后就急于在国内建立自己的要塞以便巩固统治权。他们先用土与木材筑成的防御工事将土地围起,接着建造土垒与主楼,之后数百年间土与木材逐渐被石材取代。英国境内至今仍保留多座壳式要塞,最知名的几处包括洛斯特威西尔、加的夫、伦敦塔、温莎和阿伦德尔。

英格兰

此区最大型的两座要塞首推伦敦塔及多佛城堡,两座土垒与内场式城堡数百年来皆曾经过不同阶段的重建、翻修及现代化。为了防守伦敦,征服者威廉首先在旧时罗马城墙的东南角加筑防御工事,之后又在要塞中修筑白塔(伦敦塔),这座庞大的主楼一直到威廉二世在位时才完工。白塔的形状近似长方形但不太方正,只有一侧具有直角,边长约略超过 30 米,而四边的长度也不完全相同。大部分的主楼皆设置可通往地面之上第二层的外部楼梯和前楼作为入口,白塔的设计也相同。庞大要塞周围较低矮的城墙为 4.5 米厚,主楼本身有四层共 27 米高,内部有一道分隔墙将主楼区分成两个形状不相等的区域。大部分石砌主楼在角落处通常设有至少一道通往上方楼层的圆形石砌楼梯,而主楼的地板则为木造。小礼拜堂位于主楼东墙边,亨利二世于 1241 年下令将整个主楼结构刷白并为小礼拜堂加装玻璃花窗。

环绕内城区且具有 13 座塔楼的城墙是在 13 世纪亨利三世在位期间建造,其继承者爱德华一世又加上外墙,因此形成同心式要塞构造。城郭外围环绕的大型护城河将城堡与泰晤士河分隔开来。爱德华一世在主护城河的另一侧修筑外堡,外堡本身也具有开合桥及附属的护城河,跨越护城河的通道数世纪以来曾经过多次改建。白塔几百年来皆作为英国皇家的住所,与同类型的欧洲城堡相比可说是规模最为庞大的要塞建筑之一。

伦敦塔

多佛城堡与伦敦塔大约是在同一时期建造，邻近罗马帝国时期留下的旧灯塔以及英王哈罗德在诺曼人入侵之前所设立的城镇，城堡所在处原来是一座在1066年诺曼征服之前不久所建造的旧城堡，征服者威廉时代的工事至今已不复得见。现今矗立在此处的庞大主楼是在12世纪80年代亨利二世在位期间建造，同时期也增建了内城区周围的幕墙以及大部分的外围城郭。

一般认为多佛的庞大主楼是12世纪最为坚固的主楼之一，其高度接近29米，城墙厚度0.8—6.5米不等，并以基座加固，每一边的长度皆超过30米。主楼构造包含四座角塔，入口由英国当时最巨大的前楼构造守卫，仅是前楼就设有三座塔楼以便看守通往主楼的开放式楼梯。多佛城堡的主楼共有三层，和白塔一样以内墙区隔成两部分，出入皆经由设置于角塔的两座螺旋式楼梯，环绕主楼的内墙包含14座朝外凸出且后侧呈开放式的长方形塔楼，外墙则包含多个凸出的塔楼以及庞大的司令官塔及城门；城堡北侧及南侧的城门皆设有外堡防守。到了下个世纪亨利三世在位期间又进一步翻修城堡的多个部分。1216年时英国各地的男爵仍持续反抗约翰王，法王腓力二世之子路易率军围攻多佛，他先攻击北侧的外城门并攻占守护城门的外堡，接着挖掘地道破坏了城门的其中一座塔楼，但是守军成功堵住防线缺口并坚守岗位，总算保住了多佛城堡。在此役中遭到破坏的通道之后改建为诺福克塔，该区也另外增加防御设施。多佛城堡一直到19世纪之后仍旧不时进行改建和翻修，融合不同建筑风格之后呈现繁复多变的面貌，13世纪的编年史家巴利斯称其为"英国之钥"。

罗切斯特城堡也是在征服者威廉统治英国时期建造，城堡所在的波利丘上原有一座诺曼征服之后不久就建造的土垒与内场式城堡，12世纪时坎特伯雷大主教科尔贝的威廉在波利丘上旧址以北大约100米处建立了高

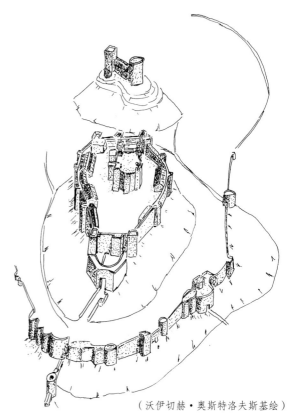

（沃伊切赫·奥斯特洛夫斯基绘）

多佛城堡
由城堡望向峭壁及英吉利海峡所见景象

环绕多佛的庞大主楼的部分城墙

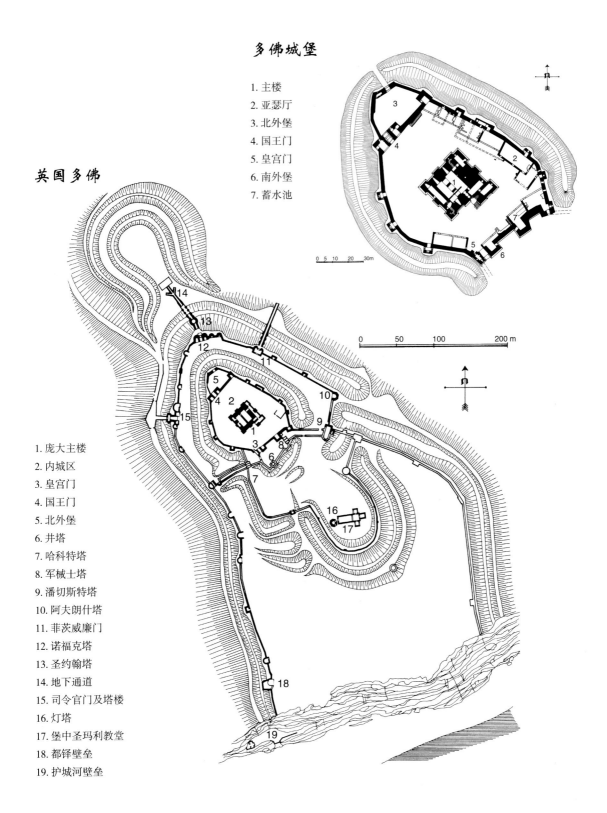

多佛城堡

1. 主楼
2. 亚瑟厅
3. 北外堡
4. 国王门
5. 皇宫门
6. 南外堡
7. 蓄水池

英国多佛

1. 庞大主楼
2. 内城区
3. 皇宫门
4. 国王门
5. 北外堡
6. 井塔
7. 哈科特塔
8. 军械士塔
9. 潘切斯特塔
10. 阿夫朗什塔
11. 菲茨威廉门
12. 诺福克塔
13. 圣约翰塔
14. 地下通道
15. 司令官门及塔楼
16. 灯塔
17. 堡中圣玛利教堂
18. 都铎壁垒
19. 护城河壁垒

第 5 章 中世纪的城堡与要塞

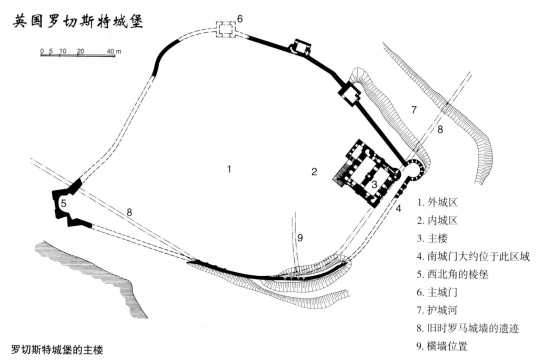

英国罗切斯特城堡

1. 外城区
2. 内城区
3. 主楼
4. 南城门大约位于此区域
5. 西北角的棱堡
6. 主城门
7. 护城河
8. 旧时罗马城墙的遗迹
9. 横墙位置

罗切斯特城堡的主楼

大的塔楼作为主楼。这座位于城堡内场南边角落的主楼的形状近似正方形，每边约27米宽，高度接近35米，墙面靠近地基处约有3.6米厚。主楼的中段及四角皆设有可分担重量的扶壁，墙基处也筑有可防范敌军挖空墙脚的基座。

主楼有四层，每层皆以横墙区隔为两半；城垛上设有可支托木造围板的撑架以及可增强防御效果的角塔。前楼有三层，与主楼入口之间以小型开合桥相连，入口设置在前楼前方的小塔中，需走过一段浅阶梯才能进入，城门则以吊闸保护。

主楼的地面层设有楼梯可通往地下室，其内的污水池专门接收主楼厕所排出的污水，这座污水池可能每两年才会清理一次。横墙中央设有水井，不管在哪一层皆可汲水使用。主楼中较高的三层各设有两座壁炉，不同层之间以两座环形楼梯相连，四层皆开有可透光的窗孔；地面层以上的第二层（三楼）设有室内小眺台，其拱柱形成横墙中的连拱廊。主楼的四楼主要是堡主及其家眷的住所，屋顶多半为铅铸；小礼拜堂位于前楼的三楼。

有一段与城堡外墙相切的城墙将城堡内场区隔成内城区及外城区，前者的大小仅为后者的四分之一。城郭周围筑有护城河，从前很可能是由西北方的梅德韦河引水注入。12—14世纪曾将部分的罗马城墙并入外墙结构，因此外墙的规模和位置皆曾变动。新建的幕墙中包含门楼，门楼东侧还设有开合桥以及数座塔楼。到了爱德华一世及其后的英王在位期间皆曾进一步加以整建。

约翰王在位期间陆续有多名贵族起兵反抗，而罗切斯特城堡和多佛城堡都曾经历大规模的围城战。约翰王先是失去加亚尔城堡，在1206年又失去诺曼底，接着又和教皇英诺森三世起了争执，教皇于是下令禁止英国举行教会仪式，甚至法王腓力二世也以支持教皇为名准备入侵英国，约翰王最后决定向教皇屈服。之后约翰王的军队再次与欧陆国家交战，但于1214年的布汶战役惨败，在国内也无法控制手下的贵族，于1215年被迫签署《大宪章》。接着约翰王雇用佣兵部队对抗不听王命的贵族并占领罗切斯特及该地的城堡，根据史家记载，约翰王前来攻打时城堡内的骑士及弓兵合计不超过140人。城镇在约翰王的部队突袭之下很快就沦陷，接下来城堡也遭到包围，从编年史中无法确知城墙究竟是被攻城器械击破还是遭到挖地工兵破坏，总之守军最后退入巨大的主楼。挖地工兵接下来又破坏了主楼东南角的地基，此处的主楼结构有一大部分崩坍，守军利用主楼内的横墙持续抵抗，不过最后由于气力和粮食耗尽仍然只有投降一途。

大约两年之后新即位的英王亨利三世下令重建主楼毁坏的部分，此外也将外墙加以延伸，并在毁坏处附近的东南方角落加盖筒形塔楼。城堡在1264年再度遭到造反的贵族围攻，这次守军也在内场沦陷之后退入主楼，叛军花了一周的时间以投石机持续攻击并让挖地工兵挖掘通往城墙下方的地道，所幸国王的军队及时赶来逼退围城部队；不过这次围城战中遭到破坏的部分一直等到下一世纪爱德华三世在位期间才修复并加固。

苏格兰卡拉弗罗克城堡

1. 土墙，很可能设有木桩栅栏
2. 开合桥
3. 注水的护城河
4. 城门塔楼
5. 中庭
6. 大厅
7. 营房

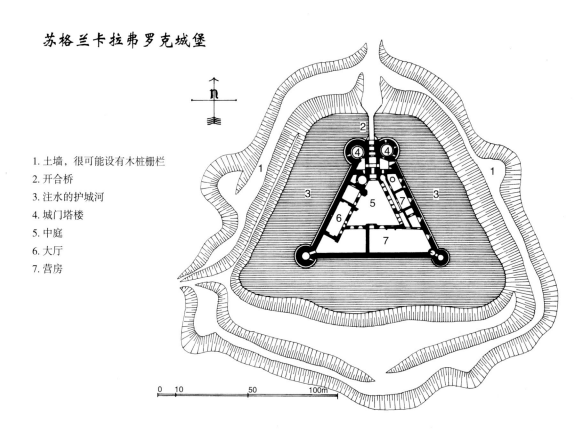

苏格兰卡拉弗罗克城堡是最早建造的同心式城堡之一

186　兵战事典7·欧洲中世纪要塞篇

苏格兰

苏格兰同样以境内的城堡著称,其中最为壮观者莫过于位于爱丁堡的城堡,这座城堡建于 11 世纪,于多代苏格兰国王在位期间翻修改建,1296 年曾遭到围攻,1314 年曾一度被摧毁,在中世纪之后还曾遭到数次攻击。

苏格兰另一座知名的城堡是于 1290—1300 年建造的卡拉弗罗克城堡,虽然现已无法确认这座城堡最早是由苏格兰人还是由英格兰人建造,但它确实屹立在苏格兰的土地上,而且是最早出现的同心式城堡之一。这座城堡的格局为三角形,以岩层为地基,在建造时刻意模仿法国风格,其主楼为位于三角形顶点处的巨大城门塔楼,主楼附设的两座筒形塔楼设有雉堞,此外在三角形的另外两角各设有一座圆形塔楼。注水的护城河周围筑有可增加防御功效的土堤。卡拉弗罗克城堡在建成后的数世纪曾数次遭到摧毁之后又再重建。

威尔士

欧洲有几座最为壮观、知名度最高的城堡皆位于威尔士,例如卡菲利、弗林特、里兹兰、康威、卡那封、哈勒赫及博马里斯,其中大部分皆位于威尔士北部,为 13 世纪爱德华一世为了控管威尔士地区而下令建造。除了卡菲利之外的城堡皆由一位称为詹姆斯大师的高明石匠或建筑师设计,其成品已经慢慢由具有主楼及多重防御设施的城堡演变成真正的同心式城堡,中央主楼的功能则被巨大且结构复杂的城门塔楼所取代。爱德华一世在位期间于威尔士建造的城堡堪称全欧洲最为坚固、造价也最为昂贵的城堡,随后在其他地方如哈勒赫及博马里斯也兴建了类似的城堡。

北威尔士的几座城堡固若金汤,在南威尔士仅有克莱尔的吉尔伯特建造的贵族城堡卡菲利能够相提并论。这座城堡建于 1271 年,比爱德华一世在北威尔士所建造的多座知名城堡还早了六年,很可能是南威尔士最

苏格兰爱丁堡城堡

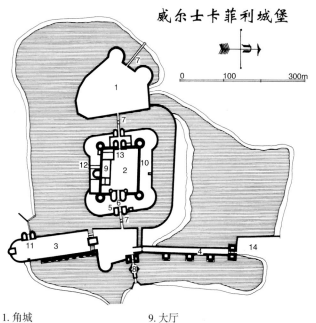

威尔士卡菲利城堡

1. 角城
2. 内城区
3. 南侧平台
4. 北侧平台
5. 通往中城区的东门楼
6. 通往内城区的东门楼
7. 开合桥
8. 外堡及两座开合桥
9. 大厅
10. 中城区
11. 门楼
12. 水门
13. 西城门
14. 城门

▲▲外堡的门楼一度设有开合桥，门楼中吊闸上方的顶板凿有谋杀孔，后方则为坚固的木门
▲由内墙及巨大的东门楼南侧望向内墙及通往中城区的较小东门楼的景象
◀内墙的东城门；城门左侧的塔楼在英国内战时期曾有一部分遭到破坏

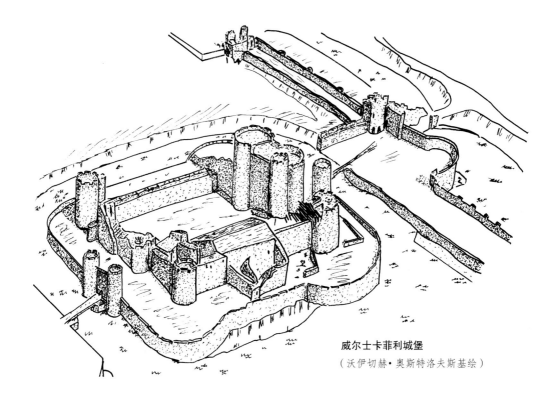

威尔士卡菲利城堡
（沃伊切赫·奥斯特洛夫斯基绘）

为坚固的防御据点。卡菲利城堡的前身是吉尔伯特在1268年于城堡现址附近建造的一座城堡，而这座较早期所建的城堡本身很可能也是用来取代更早的罗马碉堡，不过这座旧城堡在1270年被威尔士亲王卢埃林焚毁。亲王甚至在吉尔伯特刚开始建造卡菲利城堡时就率军围攻，所幸亲王后来去处理其他事务，堡内军民也就不需向围城部队投降，吉尔伯特也得以在1295年完成最后的建造工程。

卡菲利城堡和大部分之后由爱德华一世所建的城堡一样具有壮观的同心式城墙，也以门楼取代主楼，而其水路防御设施的壮观程度在欧洲城堡中也是数一数二。城堡东侧的外幕墙可作为阻拦沼泽以及附近溪流的堤坝，并且在城堡北边和南边各形成一座环绕城堡且宽达400米的湖泊作为屏障。内城区周围环绕的幕墙共设有四座筒形角楼以及防守森严且附设两座巨大塔楼的城门。大厅及其他结构物位于内城区的南侧城墙之内，此处也设有水门。内城区外围的中城区设有两

条通道，各附设两座半圆塔楼。两个入口中较大的东城门共有三层，城堡司令官的住所就位于最上面一层。整个城堡周围环绕内护城河及南侧湖泊。连接守卫森严的城门以及东侧正面或巨大幕墙的开合桥将近400米长，东侧正面包含南侧平台及北侧平台，其上设有水闸，靠近中央巨大门楼的地方筑有防御用的分隔墙，而两平台的末端皆设有便门。门楼里有守卫室、操作开合桥的机械装置、沉重的双层城门以及吊闸。东侧正面之前即为外护城河。中城区的西门楼仅有两层，可通往具有角城功能的小岛区域。

1316年威尔士当地的亲王卢埃林·布伦率领1万人的部队攻击卡菲利城堡，城堡守军人数虽少却成功抵御了亲王的突袭。有了城堡周围的水路防御设施，不仅挖地工兵派不上用场，连投石机也无法靠近城墙攻击。1326年，爱德华二世为了与皇后伊莎贝拉手下的军队抗衡，便将总部设在卡菲利城堡。1326年11月皇后的军队围攻城堡，一直到

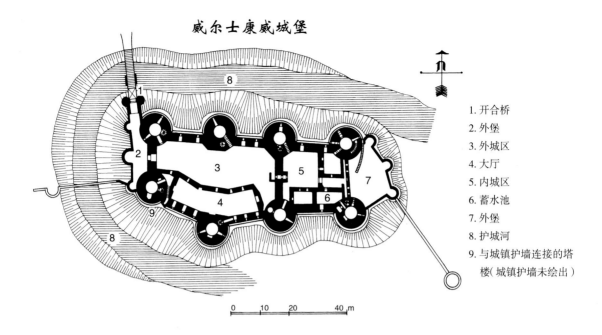

威尔士康威城堡

1. 开合桥
2. 外堡
3. 外城区
4. 大厅
5. 内城区
6. 蓄水池
7. 外堡
8. 护城河
9. 与城镇护墙连接的塔楼（城镇护墙未绘出）

▲望向内城区的景象，右侧为大厅

◀外城区的塔楼及西外堡

（两幅照片皆由伯纳德·劳里提供）

1327年2月仍未退兵，守军最后在2月以优厚的条件投降，投降时粮食物资仍旧相当充裕。此前爱德华二世于1327年1月被俘且被迫让位给其子。

1403年领导威尔士起义的欧文·格伦道尔占领卡菲利城堡作为据点，城堡再度扮演了重要角色。17世纪英国内战期间，议会党人也曾想方设法要摧毁这座城堡。

13世纪爱德华一世时代所建的威尔士城堡中最为先进的当属1283—1287年建造的康威、1285—1322年建造的卡那封、1285—1290年建造的哈勒赫，以及建造年代在1295—1320年但一直没有完工的博马里斯。威尔士的多座城堡在建造时大多结合邻近城镇的城墙构造，唯有建造年代较早的弗林特仍然保有主楼结构；康威及卡那封的形状皆偏细长而且配合岩层地基的轮廓。

康威城堡具有多座筒形塔楼，在城堡较狭窄的两侧的两座塔楼的东端和西端之间设有两条城门通道，两座城门皆附设外堡，塔楼的城垛上一度设有木造围板但后来被雉堞结构取代，城门通道也有部分区段筑有雉堞。此外，其中几座塔楼筑有瞭望用的高耸角塔。靠西的外城区约占城堡面积的三分之二，大厅和守军驻扎区域皆位于此区，外城区的南墙还设有以绳梯连接的便门；皇族住所及办公处所位于内城区的东侧。城堡中的各个部分皆以城墙走道相连，与筒形塔楼连接的城镇护墙则将内、外城区的北边部分区隔开来。城堡的东侧及南侧分别有康威河和吉芬溪流过，其他侧则修筑宽阔的护城河。城镇护墙绵延超过1公里长，宽约1.7米、高度则可达9米，沿线共筑有21座塔楼及数座城门，大大提升了城堡的防御能力。1284年时的守军仅有30人，到了1401年增至75人。康威城堡在历史上曾两度遭到包围：第一次是1401年在威尔士人围困之下投降，第二次是1646年英国内战期间。

卡那封城堡所在位置的高度不如康威城堡，但同样位于河流与城镇之间，堡址昔日曾有罗马碉堡及诺曼人所建的土垒与内场式要塞矗立，城堡北侧筑有护城河，注水之后便与环绕城堡南侧的河流相连形成水路屏障。爱德华一世所建的较先进的城堡中大多皆以城门塔楼取代主楼作为城堡中最坚固的据点，卡那封城堡也采用了同样的设计，由称为"国王之门"的巨大门楼可以通往雄踞城镇之上的城堡北侧结构及塔楼。詹姆斯大师原先的设计是在门楼结构加入六座吊闸及五扇门并在内部装设箭眼及谋杀孔，不过这

威尔士弗林特城堡

威尔士卡那封城堡

1. 鹰塔
2. 国王之门
3. 王后之门
4. 护城河
5. 城墙
6. 河流

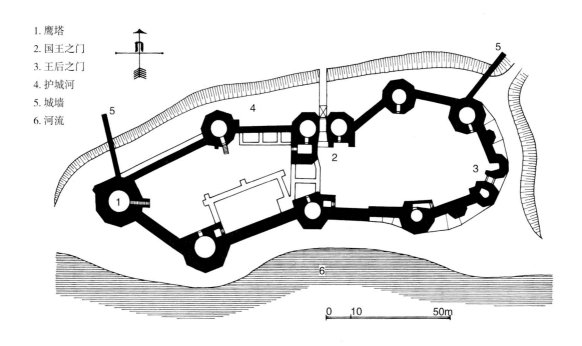

部分的工程后来并未完成。

城墙与卡那封城堡西侧呈多边形的鹰塔相连，高达 36 米的鹰塔的功能与主楼相似。城堡东北边的塔楼与另一边的城墙相连，环绕城镇的城墙绵延将近 1 公里长且设有两条防守严密的城门通道。城镇及城堡的北侧以麦纳海峡为天然障壁，南端则为喀德南河。城堡东边还有一座称为"王后之门"的门楼，此门楼设有两座吊闸及谋杀孔，后方即为旧时的土垒。幕墙走道的设计与卡尔卡松的类似，守军可经由走道穿梭往来于多边形塔楼之间，而且可以在任何一段幕墙遭到攻陷之后加以阻截。当时建造此堡时挖出一副骸骨，当时的英国人相信是君士坦丁大帝之父的遗骨，再加上国王也想将新建的城堡与罗马帝国互相连接，因此不仅塔楼外观模仿君士坦丁堡的城墙打造出多层条带，甚至连鹰塔也加上老鹰图样的雕刻。鹰塔上附设三座瞭望用的高耸角塔，另有几座塔楼也设有相同的角塔。1284 年驻扎在城堡中的皇家守军有 40 人，至 1401 年增加至 200 人；此堡虽曾在 1403 年及其他时期数次遭到威尔士人围攻但从未遭敌军攻陷。

哈勒赫和博马里斯与卡那封的相似之处在于格局比较规则且近似长方形，此外也具有同心式城墙及坚居的门楼。哈勒赫城堡（见 102 页）坐落于可俯瞰哈勒赫镇的高耸山丘上，周围环绕宽大的护城河，不过这座城堡有一点和其他爱德华一世时代建造的城堡不同，其与环绕城镇的城墙是分别建造的。此堡在内墙各个角落处设有四座突出的巨大筒形塔楼，其中两座设有角塔。位于东墙的门楼是由两座巨大的 D 形塔楼构成，也可作为城堡主楼，门楼里除了入口之外在内部角落处还有两座较小的塔楼。东侧的城墙厚约 2.6—3.5 米，城堡后方高 60 米的峭壁上还矗立着高达 24 米的内圈幕墙。环绕在中城区周围的是较低矮的外墙，出入则需经由城门走道及外城门。外城区周围的城墙除了环绕城堡北侧及西侧未筑有护城河的区域，也沿山丘最陡的一侧向下延伸约 50 米长；由于包围外城区的城墙一直延伸到山脚，因此远看很像是有带子环绕的巨球。这种格局的优点在于，即使敌军攻陷了外城区的城墙也无法占得太大的优势。哈勒赫城堡的建造工程始于 1285 年，于 1290 年完工。威尔士人曾于 1294 年围攻城堡，但在英王的部队前来解围之后退走。欧文·格伦道尔于 1401 年在法军的援助之下再度围攻哈勒赫并截断哈勒赫到海岸的交通，当时城堡内仅有 40 名守军。最后这一小批英军被迫投降，格伦道尔从 1403 年开始占据哈勒赫城堡，英王最后于 1409 年派出一支千人部队夺回城堡。哈勒赫城堡之后在玫瑰战争中也曾陷入漫长的围城战事，当时城堡归属兰开斯特家族所有，28 名守军在顽抗两年之后于 1468 年接受优厚的条件献城投降。

博马里斯城堡比爱德华所建的其他城堡庞大许多，虽然同样具有同心式城墙，但是外墙的城门和内墙的城门不在同一线上，如此一来即使敌军攻陷外城门也无法直接冲入内城门。城堡的北墙及南墙各设有一座坚固的门楼，周围为注水的护城河，还附设临海的码头。博马里斯城堡和哈勒赫一样在四角各筑有一座突出的筒形塔楼，此外在未设门楼的两边城墙中央也各设有一座塔楼。较低矮的外墙是 1316 年加盖的，其上筑有多个凸出的小型塔楼。由于英王爱德华必须分出精力和资金处理与苏格兰的纷争，因此博马里斯城堡始终没有完工，此外城堡是到了英国内战时期才首次遭到围攻。

威尔士博马里斯城堡

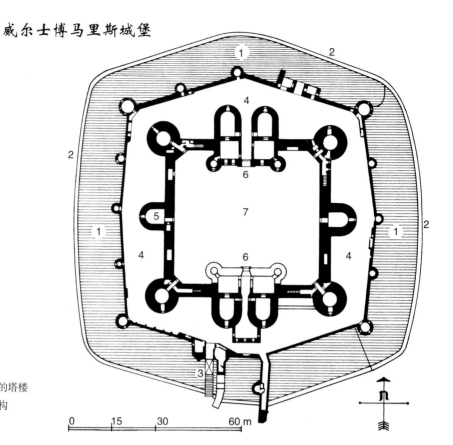

1. 护城河
2. 外削壁
3. 开合桥
4. 界场
5. 设有小礼拜堂的塔楼
6. 复合式门楼结构
7. 内中庭

博马里斯城堡遗迹空照图

加的夫城堡是以原始的土垒与内场为雏形，之后数百年间再陆续加上其他防御设施而形成新式的要塞建筑及住所。格洛斯特伯爵菲茨哈蒙于1090年入侵威尔士之后很快就在旧时罗马碉堡遗址的西北角建立土垒，其上加盖的木造主楼到了下一世纪时演变成多边形石砌壳式要塞。菲茨哈蒙也重建罗马人留下的城墙并加筑塔楼和营房，原先的城郭后来改成石砌，南边则加盖了一座大型门楼，加的夫城堡于是成了12—14世纪极具代表性的大型要塞建筑。

威尔士加的夫城堡
由新建的城墙眺望最早的土垒与内场式城堡所见景象

威尔士博马里斯城堡的门楼

第 5 章 中世纪的城堡与要塞　195

爱尔兰

爱尔兰人建造要塞的历史极为悠久,最早可以追溯至环绕酋长住宅的土围或环形石墙,曾占据此岛的凯尔特人也建造了称为"塔拉"的壮观土筑工事,之后黑暗时代的人们在乡间各处建造环形防御工事,这种土筑工事的特色是护城河的面积远大于所环绕的区域,多处遗迹仍保留至今。最著名的几处环形防御工事分别位于卡文郡的凯索拉罕、威克洛郡的基派普、米斯郡的拉夫库鲁,以及奥法利郡的敦加。

12世纪时亨利二世手下的盎格鲁-诺曼人来到当时政局动荡不安的爱尔兰,他们很快就兴建土垒与内场式城堡取代环形防御工事,多半是将土垒建在原先环形要塞的中

爱尔兰的杜林塔
也称为杜那戈尔城堡,这座由奥康诺家族所建的要塞屹立于爱尔兰西岸俯瞰大西洋,虽然是在中世纪结束之后约16世纪80年代建造但仍为具有中世纪风格的住所

央,而主楼就直接立于其上,并保留原先环形防御工事中的外围土墙以保卫内场。爱尔兰人一直到13世纪仍持续建造土垒与内场式城堡,此地区的城堡与欧洲其他地方的同类型城堡的不同之处在于保存状况格外良好,最为人所熟知的几座包括:威克洛郡迪尔帕克的拉斯特朵、米斯郡米尔顿的土垒、基尔代尔郡的克朗克里,以及奥法利郡的克朗麦克诺伊斯城堡。

部分地区的土垒与内场式城堡几乎才刚完工就马上改为石砌,盎格鲁-诺曼人在爱尔兰建造的城堡中最重要的一座是休·德·拉西建于米斯郡的特里姆城堡。亨利二世指派拉西治理新征服的土地并约束别名"强弓理查"的彭布罗克伯爵和其他贵族,拉西便于1173年在博因河南岸的旧时环形要塞原址上建造特里姆城堡作为新的要塞,这座构造简单的土垒与内场式城堡后来遭到焚毁,之后在1200—1224年又重新建造成庞大的石砌建筑。特里姆城堡的巨大主楼几乎完全占据旧时环形防御工事的土墙围起来的区域,其周围的护城河许久以前曾注满水,东北侧则筑有前楼和矮护墙。约呈三角形的下城区在拉西之孙杰弗里·德·盖尼维的时代几乎一度全被城墙包围,由下城区前往主楼则须经过横越护城河的堤道。城堡南侧由博因河到东南角的城墙区段至今仍由四座半圆形塔楼守卫,其中两座为角塔。幕墙的东侧区段濒临博因河并由两座长方形塔楼守卫,不过此段城墙并未保留至今。西北侧的城墙并未加筑塔楼,不过东北角有一座塔楼,此塔不仅是整个城堡建筑中最巨大的塔楼而且紧临城堡大厅。城堡总共有三座城门:南门又称为都柏林门,设有外堡守护;西北门以方形门楼守卫;第三座城门为水门,可由河道进入城堡,很可能是利用城垛上的围板守护。

位于提派累立郡的卡希尔城堡坐落于舒尔河中露出的岩层所形成的岛屿上,建造城堡的巴特勒家族的祖先乌斯特的菲力普是在1192年获授此区的土地。城堡最古老的部分是在13世纪建造,包括由幕墙环绕的方形内城区、三座方形角塔以及一座位于东南方的圆形角塔。城堡入口设有巨大的门楼,屋顶室或堡主眷属的主要住所位于内城区西北角的方形塔楼之内,通往屋顶室的入口则设在地面层上的单层大厅里。15世纪时通往内城区的城门以城墙分隔,原先的门楼就成了主楼兼堡主眷属的主要住所。在主楼和圆形角塔之间的东南侧幕墙区段则新开了一个城门,13世纪时的吊闸及机械装置都移到这个新城门。15世纪时也多加了一块长方形的外城区,设在外城区东侧的入口亦筑有外堡看守,通往位于岛屿东侧的外堡的堤道则加筑

爱尔兰米斯郡的特里姆城堡

(莉兹贝丝·诺塔绘)

防御用的护墙。16世纪时主楼以南的内墙将外城区进一步分隔成中城区及外城区两个部分。城堡在1580年时曾经历大规模的围城战并遭到火炮攻击，17世纪时在靠近东北方塔楼处又增建了凸出城墙的圆形棱堡。

杜纳马斯城堡位于莱伊什郡，从城堡所在位置可以俯瞰并控制全区，而此地和爱尔兰其他城堡的堡址一样以前就是重要据点，别名"强弓理查"的彭布罗克伯爵在12世纪末就曾占据先前矗立于此的要塞。13世纪时梅勒·菲茨亨利在此修筑了高大壮观的防御工事，之后彭布罗克伯爵威廉·马歇尔加以扩建并以此地作为权力中心。城堡中的大型主楼位在上城区和下城区之间区域最高处的中央位置，也当作大厅使用。城堡建筑周围的幕墙设有两座城门，南城门很可能当作便门，东城门则是主要出入口，至今仍可看到此城门门楼残存的遗迹。设有外堡的外墙几乎与东侧幕墙等长，城堡外围还设有宽阔的护城河，从前也可能另外设置其他障碍物。这座宏伟的城堡现在虽然只剩下废墟，但是从残存的建筑结构仍然可以想见昔日的荣景。

爱尔兰的另一种重要的防御设施是塔屋，这类要塞在英王的鼓励之下于15世纪时特别盛行，而其中最有趣的一座莫过于基尔肯尼郡的上克莱拉：这座长方形的防御结构共有五层，入口处以小型内场守护，顶层的堞眼望台至今仍凸出地面层的入口。这类塔屋通常至少有两边筑有低矮护墙且多半设有小型角塔，这种围墙结构称为"磅墙"。至于戈尔韦郡的奥福纳米尔塔屋周围设置的防御设施则更加复杂，原先是两道城墙并以内墙区隔出外城区及内城区，刚好可将流经

爱尔兰卡希尔城堡

内城区北侧的吉姆宁河当成天然的护城河，内城区东侧则架设跨越河面的开合桥。面积较大的外城区在南侧和西侧城墙之间设有方形塔楼，西南角设有圆形塔楼，在西北角还有另一座方形塔楼；外城区内原亦设有宴会厅，但现在已经毁坏殆尽。大部分塔屋皆为方形或长方形，不过也有几座如基尔肯尼郡的巴里夫以及中世纪结束之后建于克莱尔郡的杜林为圆形塔屋。

多尼戈尔城堡所在的位置早在中世纪开始时即筑有防御工事，历史上最早进驻香农靠近金瓦拉且俯瞰戈尔韦湾的这块露出岩地的是7世纪时的爱尔兰国王康诺特，目前已知欧海恩斯家族中有一人于1520年在此地建造了今日的城堡，但在此之前原址上曾出现过哪些建筑物则已无从考查。多尼戈尔城堡似乎结合了爱尔兰塔屋及较古老的主楼式要塞的特征，其主塔或主楼的高度刚好超过20米，周围则像多数塔屋一般筑有磅墙，塔楼每一边的入口和窗户皆设有城垛且加装堞眼望台加强防御。磅墙和塔楼的屋顶设有城垛及城墙走道，磅墙的城门侧翼则加筑小型角塔。这座要塞虽然是在中世纪以后才建造，但确实与欧洲边缘地带的要塞建筑一样保留了中世纪城堡的诸多特色。

爱尔兰香农的多尼戈尔城堡

德国科赫姆城堡
此堡建于 12 世纪并于 14 世纪扩建,其塔楼的高耸锥形屋顶在多雪的北欧十分常见,这种设计比较能够承受屋顶积雪的重量

西欧

1. 艾格莫尔特
2. 阿讷西
3. 锡尔苗内
4. 波纳吉耶
5. 纳雅克
6. 朗热
7. 库西
8. 迪南
9. 栋夫龙
10. 法莱斯
11. 富热尔
12. 吉索尔
13. 阿夫勒尔
14. 斯特拉斯堡
15. 埃当普
16. 索米尔
17. 拉斯图
18. 圣弥额尔山
19. 富瓦
20. 特尔梅斯
21. 皮埃尔丰
22. 普罗旺斯
23. 皮伊洛朗
24. 佩赫培图斯
25. 凯里布斯
26. 科赫姆
27. 萨尔斯
28. 希农
29. 塔拉斯孔
30. 万塞讷
31. 贝尔瑟尔
32. 布永
33. 格拉文斯丁
34. 加亚尔
35. 考布
36. 德拉亨山
37. 埃尔兹
38. 马克斯堡
39. 古腾菲尔斯
40. 莱茵菲尔斯
41. 埃吉尔
42. 希永
43. 格朗松

第5章 中世纪的城堡与要塞

法国万塞讷城堡

法国

法国境内现在仍保留多座土垒与内场式城堡的遗迹，有两座石砌城堡的年代最为久远，其中一座位于朗热，此处现在仍留有一大段原始的城墙，不远处即为后期兴建用来取代旧堡的新城堡。

位于吉索尔的城堡主楼是目前保存及复原情况最为良好的壳式主楼之一，原先是由诺曼人于11世纪建筑在土垒与内场之上。这类要塞建筑的多边形主楼周围的石墙称为矮披墙，曾于1160年重建，墙内设有小礼拜堂、水井及厨房。要塞坐落在接近方形且具圆角的内场之中高达20米、侧边陡峭的土垒上方，原始的土垒是由威廉二世在1096年建造，最早的主楼也是其在位期间增建。城堡有三侧由溪流形成天然的护城河环绕，剩下一侧沿陡坡往下走即为城镇，这一侧设有城门和巨大的外堡。英王亨利一世于1123年加筑了周围的城墙以及凸出城墙的侧翼塔楼，这是中世纪时期最早出现在法国的侧翼塔楼，其后方为开放式以避免敌军攻占之后盘踞在此与守军对抗。法王腓力二世于1193年由狮心王理查手中取得此城堡之后，在城镇外墙及外堡和环绕城堡内场的城墙相接的东南角加盖了巨大的圆形塔楼"囚犯塔"。

吉索尔城堡的内场足以容纳1000人的驻军，在英法百年战争期间一直具有重要的战略地位。1438年英国在此派驻90名守军，1448年仅剩43人，因此城堡在百年战争末期也像诺曼底其他守军人数不足的英国城堡一样很快落入法军的手中。

除了吉索尔之外，英王亨利一世在诺曼底所建造的其他石砌城堡总计超过25座，都是作为据点来控制法国的领土。

狮心王理查被迫将吉索尔城堡让给法王腓力二世之后便于1195年兴建加亚尔城堡以便守护位于诺曼底的边界，这座建在塞纳河一处河湾的新城堡费时三年完工，堪称理查在位期间的杰作。城堡坐落在大桑德利及小桑德利两城镇上方90米的山嘴上，以其制高优势控制全区，具有三个城区以及许多新颖的防御设施。

加亚尔城堡的内城区位于山嘴末端靠近悬崖处，守军驻扎的营房和巨大的主楼皆位于此区。主楼的墙面厚度接近2.5米，表面倾斜故可弹开箭弹，底部筑有可防止敌军挖墙破坏的壮观基座，本体呈圆形但附设一凸出的喙形结构朝向敌人唯一可来袭的方向。主楼中较低的楼层可当储藏室，较高的楼层则为守卫室，守卫室上方的城垛现已不存；内部几乎没有任何设施，连壁炉都未设置，很可能只当作紧急时刻的最后据点。加亚尔城堡的雉堞系以整排的承拱支撑，与阿维尼翁教皇宫的雉堞结构类似。主楼是建在内场周围的其中一侧墙面中，城墙的厚度亦为2.5米并以扶壁加固。

中城区内设有两座守卫入口的大型塔楼、大礼拜堂、厕所及其他壁垒；由当时人所绘的城堡图画可看见城墙上装设的是木造围板，而非像主楼一样设置雉堞。三角形的外城区位于城堡唯一易于进入的一侧，与中城区以9米宽、6米深的未注水护城河区隔，两城区之间仅以固定式桥梁相连，外城区的功能几乎与外堡相当。

加亚尔城堡应该是法国最早一座设有石砌雉堞的城堡，其塔楼像吉索尔城堡一样凸出城墙让守军可由侧翼射击，塔楼墙面的厚度约略小于3.5米。幕墙高达9米且筑有加固用的基座，面对敌军的那侧墙面厚度为3.5米，其他侧的墙面则厚2.5米。除了这座城堡之外，理查也在塞纳河上的一座岛屿上加筑防御工事，这座岛屿和位于小型半岛上筑有城墙的小桑德利相连，城镇上方筑有可以截断水路交通的围栅，围栅本身又和从加亚尔城堡沿悬崖向下延伸的城墙相连，如此一来英军在遭到攻击时就能有效封锁河面。

法王腓力二世于1203年开始围攻加亚

诺曼底加亚尔城堡

1. 外城区或外堡
2. 中城区或下层中庭
3. 内城区或上层中庭
4. 水井
5. 小礼拜堂
6. 主楼
7. 便门或突袭口
8. 开合桥
9. 护城河

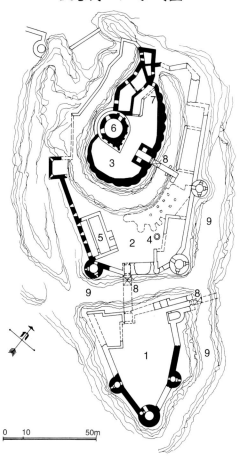

加亚尔城堡

◀由悬崖下方瞭望可看见主楼呈圆形的一侧

▲由下方的小桑德利镇向上瞭望城堡

▲▲外城区在左侧,内城区在右侧;中城区仅有极少部分的城墙保存至今

加亚尔城堡的主楼

（插图出自《军事建筑》，由格林希尔出版社提供）

尔城堡，筑有防御工事的岛屿和封锁水道的围栅首先被攻陷，城堡司令官罗杰·德·拉西为了节省粮食不得不将老弱妇孺逐出城堡。法军虽然让第一批难民离去，但是拒绝让第二批也跟着通过防线，于是这群难民在法王态度软化之前一直被迫待在壕沟内过冬。减少冗员的做法在中世纪很常见，而攻城部队也常拒绝让难民安然通过。法军于1204年春天开始攻击加亚尔城堡，一方面利用冲击塔和投石机朝守军投射石弹，另一方面工兵也开始一寸一寸填满壕沟并在活动掩体的遮蔽之下挖空高大塔楼的地基。有一份文献记述塔楼崩坍，但另一份则记载着一段幕墙坍塌，无论如何法军在防线出现破绽后很快就攻下外城区，而守军则退入中城区。法军发现靠悬崖这一侧有一处排放污物的厕所坑道无人看守，于是从坑道爬进城堡，之后从小礼拜堂仍开放的窗口进入并占领此地，守军只好再退入内城区。法军的重力抛石机没有机会重创外城区的城墙，这时开始攻击内城区较薄的城墙，工兵也掘出通往城墙下方的地道但被守军的对抗地道阻截。然而城堡地基由于下方被挖出两条地道而松动，其中一段城墙被重力抛石机击破，原先相信城堡固若金汤难以攻破的守军被迫投降，仅存的140人全都成了阶下囚。加亚尔城堡也与其他多座城堡面临相同的命运，毁坏处虽曾经过修复，但到了1603年时，波旁王朝的首位国王仍下令将其防御设施捣毁。

在布列塔尼和诺曼底的边界处有一座岩质岛屿，坐落于岛上的本笃会修道院即为圣弥额尔山；英王于11—12世纪下令建造新的罗马式修道院取代10世纪的旧建筑，到了下一世纪法王又下令增建哥特式风格的结构。这座修道院设有防御用的城垛，环绕在岛上城镇周围的城郭及塔楼则与上方的修道院相连。城镇外墙几乎整段皆设有雉堞，通往修道院的三座城门皆筑有防御工事，在蜿

布列塔尼圣弥额尔山

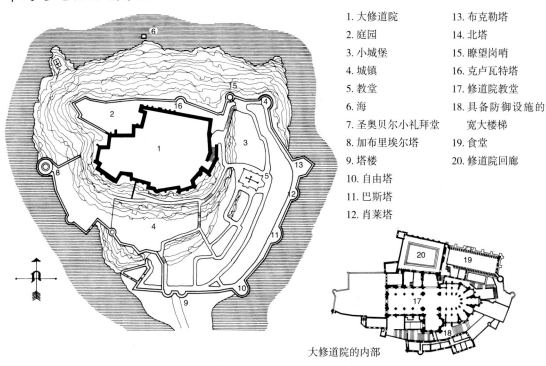

1. 大修道院
2. 庭园
3. 小城堡
4. 城镇
5. 教堂
6. 海
7. 圣奥贝尔小礼拜堂
8. 加布里埃尔塔
9. 塔楼
10. 自由塔
11. 巴斯塔
12. 肖莱塔
13. 布克勒塔
14. 北塔
15. 瞭望岗哨
16. 克卢瓦特塔
17. 修道院教堂
18. 具备防御设施的宽大楼梯
19. 食堂
20. 修道院回廊

大修道院的内部

布列塔尼圣弥额尔山
修道院坐落于只有涨潮时才会被水包围的潮汐岛,要塞下方为城镇外墙

圣弥额尔山
修道院及教堂所设朝向西方的防御设施

蜒向上通往修道院的小径末端还筑有法文中称为小城堡的结构，这种防御工事通常会建造在通道末端用来守卫入口，1434年守城的119名法国骑士就是在此处挡住来犯的英军。退潮时只要走过周围的沙洲即可到达圣弥额尔山所在的岛屿，但此岛在涨潮时就成了水中孤岛。

在左页平面图上10号位置所拍摄的布列塔尼圣弥额尔山特写

法国库西城堡

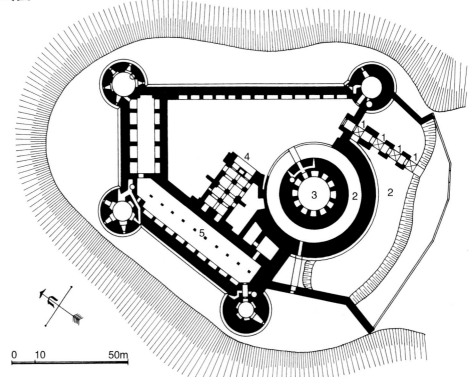

1. 桥梁
2. 护城河
3. 巨大主楼
4. 小礼拜堂
5. 大厅

库西城堡的遗迹，左侧为宏伟的主楼在第一次世界大战时遭到德军破坏之后的残迹

法国境内另一座宏伟的要塞建筑是库西城堡，其主楼的规模宏大在历史上可谓数一数二。库西的城镇和城堡皆位于侧壁陡峭的山丘顶端，防御型城镇周围以角塔且与城堡相连的城墙环绕。库西的昂格朗三世于1220年左右开始建造巨大的主楼，包含32座塔楼的城镇和城堡的复合结构则是在1225—1240年完工，大部分塔楼皆位于城墙侧边，其中有四座是城堡的大型角塔。由城堡可俯瞰埃莱特河的谷地及瓦兹，昂格朗及其后代许多年来皆以此为据点控制周围区域以及由北方前往巴黎的通道。

城堡及城镇之间是以开有城门的城墙区隔成的宽广下城区，周围的城郭设有13座塔楼和数个突袭口。城堡中庭里设有马厩、2座军营、为驻军服务的教堂、行政建筑以及其他设施，之后几世纪里则成为阅兵场。

库西城堡呈四边形，四角分别筑有高大的角塔，要由唯一的入口进入必须经过开合桥和横跨宽阔的外围护城河的长堤道。巨大的主楼砌建于面对下城区的城墙之中，与下城区之间以一道护城河与称为矮披墙、约20米高的半圆形矮护墙隔开，另外与上城区之间也以内圈护城河隔开。主楼的高度为54米，直径为31米，墙基处厚约7.5米，内部具备开合桥、吊闸、两道门、铁制格栅、楼梯和通往厕所的过道，此外还有大约64米深的水井可供住在较低层的居民汲取活水。主楼的第二层开有便门，此处另外设有一座连接矮披墙墙上走道的开合桥；第三层是大厅，距离楼板3米处为环绕大厅的廊道以及据说可容纳整批多达1500人驻军的木造阳台；由最上方的第四层可以通往城垛以及两层式的大型木造围板。主楼内部饰有精巧的雕刻以及壮观的哥特式拱形圆顶，这里无疑是中世纪时期法国境内最为华美的领主住所之一。要进入城堡只能经由主楼旁边唯一的一座城门，城堡西北边的内墙旁筑有可供居住的建筑物，其中的大厅和领主厢房曾由昂格朗七世下令翻修，由城堡内一座凸出内部中庭的小礼拜堂也可通往其中一个大厅。城堡结构也包括地下层。

1411年英法百年战争时期，由于法国国内的阿马尼亚克派与支持勃艮第人的派系相争，库西城堡首次遭到大规模围攻，再下一次围城战则是17世纪时投石党人企图占领城堡作为据点，城堡的防御设施后来在1652年遭到毁坏。之后城堡经过某种程度的修复勉强得以保存，但不幸的是，1917年德军决定在城堡附近装设巴黎大炮，他们在撤退之前炸毁了巨大的主楼。

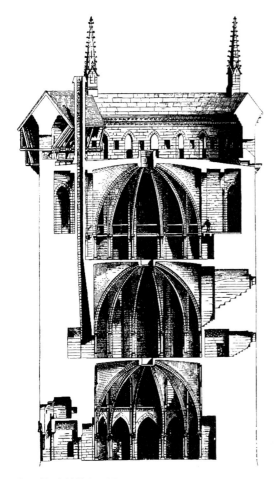

库西城堡主楼的剖面图
（插图出自《军事建筑》，由格林希尔出版社提供）

第5章 中世纪的城堡与要塞　209

法国万塞讷城堡

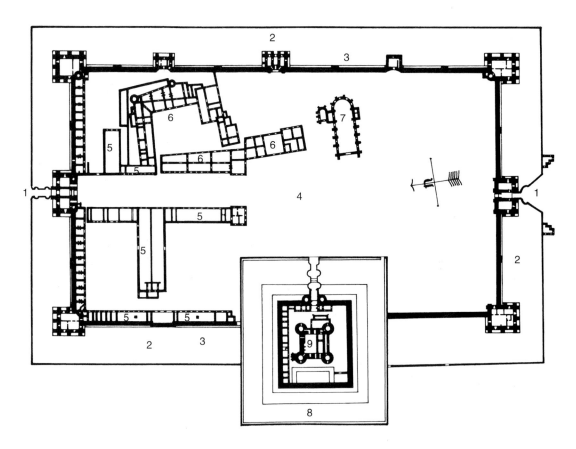

1. 城门塔楼
2. 护城河
3. 城郭
4. 阅兵场
5. 马厩
6. 13世纪建造的旧城堡
7. 教堂
8. 护城河
9. 14世纪建造的主楼

中世纪另一座宏伟耀眼的军事建筑是隶属法国王室的万塞讷城堡,这座城堡也是法国最重要的城堡之一。12世纪时只是法王在巴黎森林行猎时的小型行宫,路易九世于13世纪时加盖主楼,腓力四世又增建中庭,1337年开始,腓力六世在旧主楼以西50米处建造了现在所见的宏伟主楼,费时三十年才完工。66米高的主楼分为五层,包括四座圆形角塔及防守严密的入口。查理五世时代修筑城郭将主楼及其周围的大片区域围起,城郭共包含三座城门和九座长方形塔楼,其中四座为角塔。宏伟主楼和原先的城墙皆位于新建造的幕墙的其中一边,城郭外围宽阔的护城河原有注水,在文艺复兴时期才抽干。

万塞讷城堡是14世纪最庞大的王室住所之一,其规模可与阿维尼翁的教皇宫匹敌,不过库西城堡的主楼比万塞讷城堡的更为巨大。环绕主楼的矮披墙设有基座及连续的雉堞,每一角皆具有瞭望小塔或瞭望塔。在通往堡内王室住所的入口处有两座高大塔楼,守卫的外堡本身也有护城河环绕。

这座城堡在英法百年战争时期见证了许多重要大事,英王亨利五世于1422年接受法王的休战协定后便在此处过世,此堡于1430年再度由英军占领并成为英王亨利六世的住所,1432年才又由法军夺回。城堡最后改建为监狱且多年来皆用来羁押犯人,后来才又修复并回到法国王室手中。

中世纪要塞建筑于法国西南部特别常见,不仅有防御型城市卡尔卡松(见105—107页),还有多座在13世纪时遭到异端分子"洁净派"占领的城堡,这些城堡在教皇英诺森三世于1208年发起的阿尔比十字军战役中全都扮演了重要的角色。法王派遣西蒙·德·蒙福尔率领法国十字军从北向南侵入此区域,然而图卢兹伯爵雷蒙六世的态度是容忍洁净派在朗格多克地区的发展,他对于蒙福尔率军侵略感到不满便出兵抵抗,却在1213年被蒙福尔击败。

伯爵的部队落败之后,法国十字军持续屠杀洁净派教徒,但蒙福尔在1218年围攻图卢兹时被重力抛石机投出的石弹砸死。法王路易八世于是在12世纪20年代御驾亲征,终于一扫洁净派的势力,位于蒙特塞居尔以及凯里布斯的两座城堡最后分别在1244年及1255年沦陷。

这支十字军早期的目标是由特朗卡维尔子爵雷蒙-罗杰统治的卡尔卡松,这座防御型城市当时仅以旧时的罗马城墙屏障。围城战于1209年开打时城内有4000人,其中约有2000人具有作战能力,但他们要面对的是2万人的围城部队。到了1209年8月时围城战才开始半个月,城内的供水已经不足,子爵带着休战协定举旗骑马出城却遭到法军囚禁,卡尔卡松因此被迫投降。西蒙·德·蒙福尔自封为子爵及卡尔卡松城主,爵位由其子继承,路易八世之后将此城收归为王室要塞,特朗卡维尔家族的末代成员为了夺回家族产权而在1240年攻击卡尔卡松,但是路易九世派兵前来解围,特朗卡维尔的后人只好撤兵,从此不再妄想夺回该城。法王在奥德河另一侧建立了新城镇并让城内人民迁居至此,接着下令在旧城周围建造比内墙稍矮的外墙以便加强防御效果,新城墙包含15座塔楼,大部分皆为后侧开放式,另外还设有2座外堡。不过法王并没有因为新建了外墙就将旧城墙夷平,反而下令重新修复内墙并于1285年完工,卡尔卡松从此有了"朗格多克少女"之称。

英法百年战争期间英国的黑王子刻意避开不攻击卡尔卡松,不过由于法国在17世纪时向南扩张,法西边界南移之后此城也就失去了原先的战略地位。

高高矗立在山地区域的洁净派城堡包括米涅瓦、特尔梅斯、拉斯图、佩赫培图斯、蒙特塞居尔、皮伊洛朗及凯里布斯,其中拉斯图位于卡尔卡松的北边,是由沿着岩质山

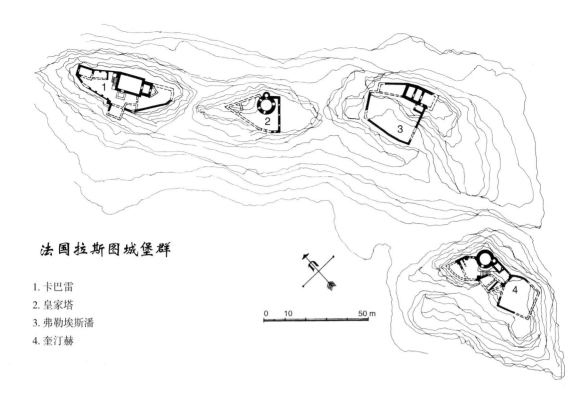

法国拉斯图城堡群

1. 卡巴雷
2. 皇家塔
3. 弗勒埃斯潘
4. 奎汀赫

▲奎汀赫是拉斯图的四座城堡之一,与皇家塔、弗勒埃斯潘同样是由法王下令修建以便监控并围堵卡巴雷城堡的"攻城城堡"

▼拉斯图的卡巴雷城堡,主楼严重毁损

脊建造的四座城堡构成。最古老的卡巴雷建于1063年，包含主楼及城墙的弗勒埃斯潘（意为山脊之花）建于1153年，坐落于岩石上的奎汀赫的建造年代稍晚，而靠近奎汀赫的皇家塔则是法王的军队在击败洁净派占领此据点之后才增建。传说卡尔卡松的百姓在1209年城市沦陷时曾经从地下通道逃到拉斯图避难，西蒙·德·蒙福尔于同年围攻卡巴雷不力，洁净派最后在1211年弃守。

防御型村庄米涅瓦位于卡尔卡松东北、纳博讷西北，其所在的山嘴周围环绕两座深谷，整个米涅瓦村除了邻近悬崖的一侧之外皆有城郭环绕，洁净派就在米涅瓦子爵纪尧姆的庇护之下在此处避难。1210年7月西蒙·德·蒙福尔围攻此村并以四架投石机同时攻击，其中一架称为"恶邻"者很可能是重力抛石机。城堡遭到沉重的石弹重创，守军于是派出一小批人出城突击试图捣毁投石机，可惜并未成功。米涅瓦遭到围攻将近七周之后，城内死亡人数不断增加，山嘴上已经找不到可以埋葬死者的地方，城堡内的景况惨不忍睹，纪尧姆子爵投降，被俘的洁净派由于拒绝放弃原先信仰而全数遭到屠杀。

佩赫培图斯城堡位于高度超过730米的山顶上，此地进出不易，早在罗马时代就筑有防御工事。城堡中设有方形的巨大主楼及教堂，相关的文献记载最早出现于1020年，于1240年落入圣路易（路易九世）手中，1245年在主楼旁边增建巨大的圆形塔楼，此外12世纪建造的城墙也加长了将近100米，在山顶上的这一部分圈出宽阔的中庭。东北边的城墙最高，城堡四周也只有这一侧还有少许空间能让攻城方组织部队进攻。在佩赫培图斯城堡上方的山岭上还有另一座建于1245至1280年间的圣乔治城堡，其具有主楼、大礼拜堂以及由主楼延伸至悬崖最北边的城墙。

位于岩质崖峰上的皮伊洛朗城堡建于10世纪，法王于1244年由洁净派手中夺下此堡之后在城堡的四角处各增建一座圆形塔楼，由陡坡往上通往城堡入口途中的城墙障壁则是在17世纪时增建，只有靠近入口、由其中一座圆形塔楼守护的方形主楼是由洁净派建造。

佩赫培图斯
下层城堡的主楼

法国佩赫培图斯城堡

1. 入口
2. 下层城堡的主楼
3. 小礼拜堂
4. 12世纪的城郭
5. 塔楼
6. 13世纪的城郭
7. 楼梯
8. 上层城堡，即圣乔治岩城

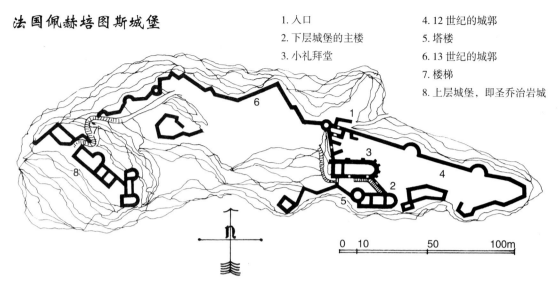

◀由上方的圣乔治岩城俯瞰13世纪建造的城堡

法国皮伊洛朗城堡

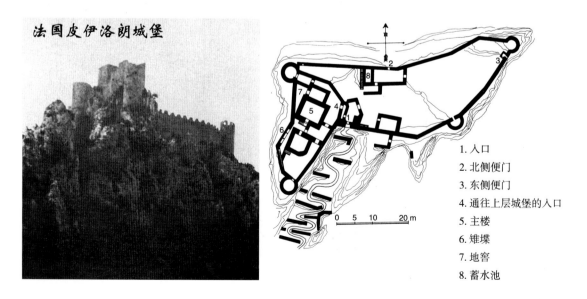

1. 入口
2. 北侧便门
3. 东侧便门
4. 通往上层城堡的入口
5. 主楼
6. 雉堞
7. 地窖
8. 蓄水池

蒙特塞居尔城堡位于高达 1200 米的山峰之上，和其他洁净派城堡一样进出不易，其一侧设有巨大主楼，其他三边则以城郭围绕，最长边可达 40 米。城郭在城堡由洁净派把持时仅为脆弱的矮墙，在易主之后便由法王下令增高并加固。城堡于 1204 年早期兴建，有证据显示此处曾为洁净派的宗教中心，法王路易九世在 1243 年时派遣十字军前来讨伐。前往山上城堡的路径蜿蜒难行，十字军蹑手蹑脚地将投石机的零件运上山，在城堡的对面组装起来以便充分发挥其威力，不过十字军的投石机最后在守军的攻城器械反攻之下被击毁。洁净派坚守了九个月才投降，之后很快遭到法军屠杀而其遗骸则被火焚毁，这是当时对付女巫和异端分子惯用的手段。

凯里布斯城堡坐落于另一座巍峨的山峰，其大型主楼内设有小型据点，提供可经由地下室前往看守城堡后方一处出入口的通道，而通往这个出入口的路径虽然陡峭但空间已足够装设攻城火炮。通往城堡的主要入口的位置较低，距离主楼大约 40 米，入口处皆有城墙环绕。凯里布斯城堡是洁净派的最后据点，一直到 1255 年仍持续抵抗十字军的攻击，法王的部队想办法在由城堡后方的小型据点看守的路径上架设一台重力抛石机，虽然成功破坏部分城墙及其围板，但还是无法大幅破坏城堡结构，挖地工兵同样无法顺势破坏城墙。直到今日仍然可在城墙遗迹下方发现此次围城战留下的炮弹。

洁净派一般不会在城堡内建造圆形或凸出的塔楼，因此如果在洁净派城堡中发现这类塔楼，通常都可推定是法王路易九世所增建。法王在取得鲁西咏地区的几座城堡之后就加以翻修作为对抗阿拉贡王国的边境要塞，该区共有大约 50 座城堡，他选中皮伊洛朗、佩赫培图斯、阿吉拉尔、特尔梅斯和凯里布斯这几座城堡沿用作为军事据点；此外由于当地人民在十字军征服洁净派之后仍未完全归顺，因此也整修了蒙特塞居尔和皮

蒙特塞居尔城堡的遗迹

法国蒙特塞居尔城堡

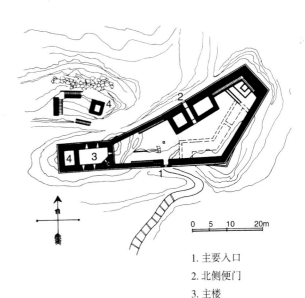

1. 主要入口
2. 北侧便门
3. 主楼
4. 蓄水池

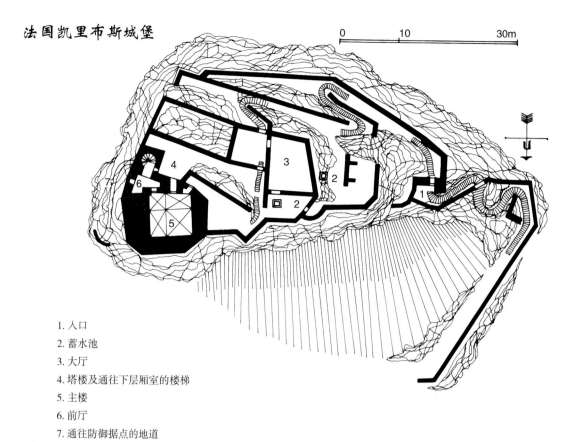

法国凯里布斯城堡

1. 入口
2. 蓄水池
3. 大厅
4. 塔楼及通往下层厢室的楼梯
5. 主楼
6. 前厅
7. 通往防御据点的地道

凯里布斯城堡遗迹
通往城堡的路径在右侧，但由于城堡本身的设计，守军在遭受攻击时可由左侧防守

卫赫两座城堡以便巩固在当地的控制权。

路易九世为了让手下十字军预作准备以对抗伊斯兰教势力，也于1240—1250年在伦讷河三角洲的沼泽区建立了大型防御型港口艾格莫尔特。路易九世首先建造高大的圆形主楼康斯坦茨塔，其墙面厚将近6米，周围设有护城河；塔楼位于城墙之外，经由连接两者的拱桥可通往塔楼的第二层。康斯坦茨塔仅在上层设有城墙射孔，其城垛于中世纪末期曾为了装设火炮而改造。城镇外墙历经绰号"大胆者腓力"的腓力三世及"美男子腓力"腓力四世两代法王修建，最后于1295年完工，长方形的城郭周长约有1.7公里，周围筑有护城河。艾格莫尔特共有五座城门，每座皆包含一座小城堡及两座高大的半圆形塔楼。距离城镇大约3公里处筑有设备先进的卡波尼埃塔，专为看守城镇通往沼泽区的路段而设计，这座塔楼之后也配合火炮的使用而进一步改良。这座防御型港口虽然之后丧失了军事上的重要性，但仍堪称路易九世在位期间最为可观的成就。

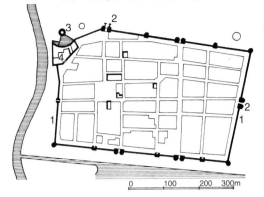

法国艾格莫尔特城堡

1. 城镇外墙
2. 小城堡
3. 主楼
4. 城堡

▼其中一座设于城镇外墙的城门，注意位于两侧的厕所

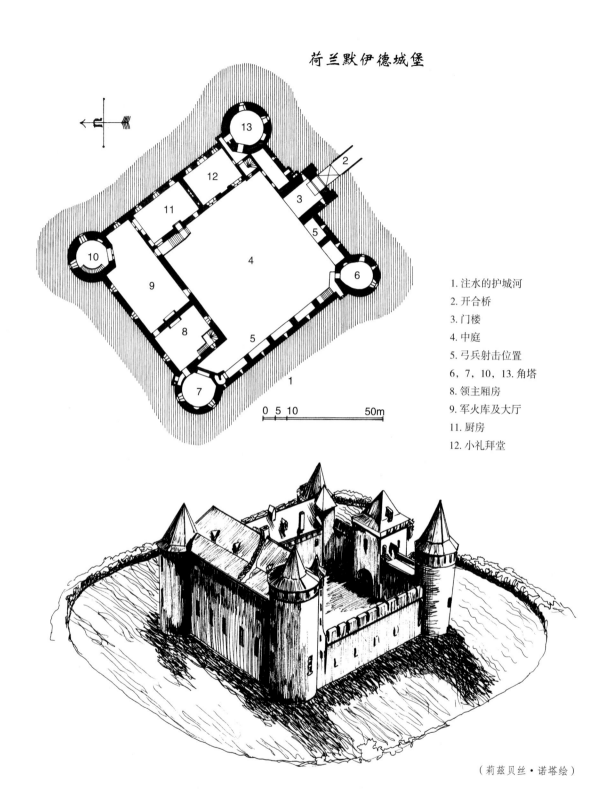

荷兰默伊德城堡

1. 注水的护城河
2. 开合桥
3. 门楼
4. 中庭
5. 弓兵射击位置
6, 7, 10, 13. 角塔
8. 领主厢房
9. 军火库及大厅
11. 厨房
12. 小礼拜堂

(莉兹贝丝·诺塔绘)

低地国家

荷兰、比利时和卢森堡虽然曾为神圣罗马帝国的一部分，但此地的要塞建筑却深受西欧的风格影响。荷兰由于地势较低，因此境内的大部分城堡周围皆筑有水路防御设施。

荷兰最为宏伟坚固的城堡之一是默伊德城堡，由此堡可以明显看出英王爱德华建造的威尔士堡群带来的影响。伯爵弗洛里斯五世于1280年下令在费希特河中游建造默伊德城堡，这座城堡和大部分的荷兰城堡一样呈正方形且用砖砌造，四角各有一座巨大的筒形塔楼凸出于幕墙，方形的门楼设有堞眼望台及开合桥，后墙前的空间几乎全被划为大厅。城堡结构在1296年弗洛里斯伯爵遭到暗杀之后曾经严重损毁，因此有一大部分皆在14世纪末重建。兼任荷兰伯爵的巴伐利亚公爵于1370年在旧城堡的废墟上建造了新城堡，最后加盖的部分中也包括大厅，之后一直到15、16世纪皆未曾经过改建。

比利时境内最重要的城堡之一是法兰德斯伯爵所拥有的"伯爵城堡"，在荷兰文中称为格拉文斯丁（意为伯爵之石）。城堡主楼最早是由阿尔萨斯的伯爵腓力于1180年建造，这处位于根特的堡址早在前一世纪即有人建造过要塞，而伯爵在建造新要塞时仿效了他以十字军身份出征时在黎凡特见到的要塞样式。

城堡外围幕墙前方大约20米处设有外堡，外堡与门楼之间以双层墙连接，通往门楼的入口则以堞眼望台看守。位于内场中央的大型主楼呈长方形，1180年砌成的墙面厚约1.7米，城墙射孔设置在离地面1.8米高的地方，使用时需站上鹰架。现存的主楼结构共有三层，其中两层设有射击孔，此外也将旧城堡较低的两层楼纳入其中作为地下室。城堡的其他结构则沿主楼的前方及侧边设置，其中包括堡主的住所及厨房，伯爵所住的宫殿位于主楼之后且与幕墙相连。

内场周围的城墙设有24座以扶壁支撑的半圆形角塔，每座角塔皆有两层，下层设有箭眼，上层则筑有城齿、以木造遮板掩蔽的射孔以及雉堞。其中一座角塔的规模超出其他座，其射孔埋设在墙面之内且上方以小型屋顶覆盖，下层与城墙走道相通。城堡的幕墙外围环绕着注水的护城河。

根特市民于1301年和1338年两度围攻并占领伯爵城堡，第二次围城时甚至突破幕墙。之后数百年间城堡的门楼和主楼皆用来关押囚犯，而法兰德斯的伯爵一直到1708年皆将堡内的宫殿当成法庭使用。

距离今日比利时首都布鲁塞尔不远处的布拉班特区内有一座水上城堡贝尔瑟尔，此处最早出现的要塞建筑是由布拉班特公爵亨利一世于13世纪建造，刚好可以利用当地的地形及水体作为屏障，该区另外有两座城堡也采用了类似的设计。贝尔瑟尔最早只是用简单的石墙将土地围住，陆续增建防御工事之后才形成城堡，其护城河是利用当地的小湖建成，D字形的塔楼是专为抵御火药武器而设计。其中一座塔楼的上层可作为守军的临时住所，如果是战时其他塔楼也可当成军营；中世纪晚期时各地领主相当倚重佣兵，但为了预防佣兵怀有异心，会安排守军驻扎在与其他塔楼分开的独立塔楼。幕墙及塔楼上皆设有雉堞；城门塔楼除了开合桥及操作装置之外，还设有吊闸及谋杀孔。城堡内常备有军械，只需50人的守军即足以守卫全堡。城堡建筑最为出色之处是17世纪才在塔楼上增建的梯形山墙，极富法兰德斯风味。贝尔瑟尔城堡曾二度遭到围攻，并于1491年重建，现存的三座塔楼都是在此次重建时完成。

由修复后的东侧城墙望去依稀可见外墙之后的伯爵宅邸的上层

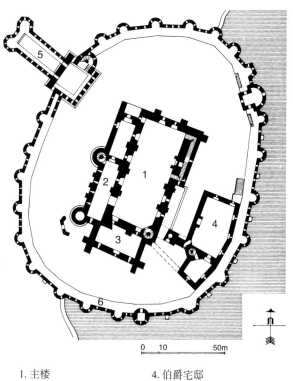

1. 主楼
2. 与主楼相连的建筑
3. 上层及下层皆设有厨房
4. 伯爵宅邸
5. 入口
6. 城郭

比利时根特格拉文斯丁

从半圆形瞭望小塔的东北方所见之小塔及其后经过修复的主楼

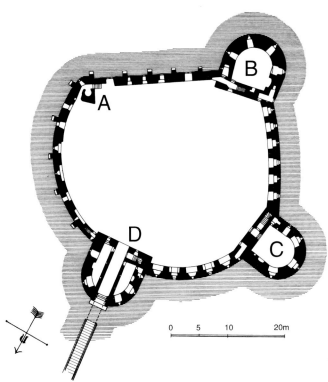

比利时贝尔瑟尔城堡

A. 东侧
B. 南侧塔楼
C. 西侧塔楼
D. 北侧塔楼及入口

城堡中的塔楼皆建于15世纪,不过湖中原址上最早出现的要塞是在13世纪建造;图中所示为西侧塔楼

第 5 章 中世纪的城堡与要塞

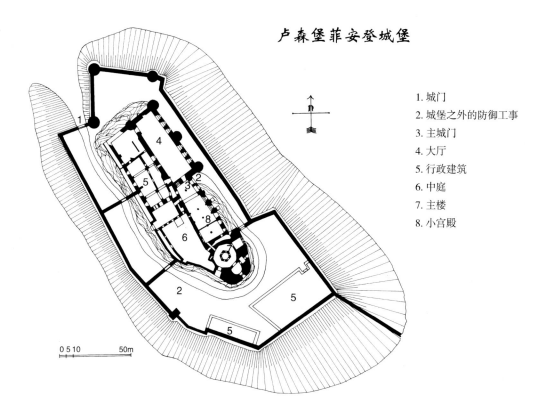

卢森堡菲安登城堡

1. 城门
2. 城堡之外的防御工事
3. 主城门
4. 大厅
5. 行政建筑
6. 中庭
7. 主楼
8. 小宫殿

菲安登城堡

这座位于山丘上俯瞰菲安登镇的城堡宫殿是全欧洲最大的一座复合式城堡要塞之一，图中所示是由西北方眺望城堡所见景象，其中塔楼靠近平面图上 1 号的位置

在比利时境内阿登高地的城堡皆位于地势较高处，统率第一支十字军的戈弗雷的布永城堡即为其中之一。这座 11 世纪的城堡位于瑟穆瓦河一处河湾形成的半岛与陆地相连的颈部处，不仅以制高优势控制河湾的两侧，入口处还另外筑有未注水的深护城河作为屏障。城堡于 17 世纪历经大幅翻修及扩建，当时军事工程师沃邦为了因应火炮的使用而加入诸多设计，布永城堡也因此成为由城堡演变为现代碉堡的发展史上最为人所称道的要塞建筑之一。

卢森堡的菲安登城堡是结合城堡及宫殿的要塞建筑，其建造年代最早可追溯至 11 世纪，堡址位于可俯瞰城镇与河流的山丘上，是以旧时罗马碉堡以及 9 世纪加洛林王朝留下的宫殿遗迹为基础建造的。菲安登的伯爵建造城堡的目的很明显，就是要强迫由陆路及水路经过的旅人缴通行费。11 世纪所建的城堡中设有方形主楼，城郭的另一侧则为圆形的小礼拜堂，雄伟的宫殿就矗立于两者之间；12 世纪时增设了第二座宫殿以及更巨大的主楼；13 世纪时在中庭中央处曾筑有一座八角形塔楼，由存留至今的遗迹可推知应该是专为征收通行费而设立。早期的石砌结构仍可见罗马时期典型的人字形样式，13 世纪时在此复合建筑上增建的结构则明显属于哥特式建筑风格，新建的宫殿壮丽新颖，宽阔的大厅能够容纳 500 人之多。通往城堡的入口连续设置了三道城门，可供严加看守穿越城墙下方沿新城郭前行的路径。13—15 世纪时再度增建防御工事，高耸幕墙上增加了凸出的圆形塔楼，山脚周围的城镇此时已扩张至河流及桥梁附近，周围也加筑了城墙作为屏障。菲安登于是成为欧洲规模最大的复合式城堡要塞之一。

布永城堡

位于比利时的布永城堡是由第一批十字军的领袖国王戈弗雷所建，坐落于瑟穆瓦河一处河湾的分水岭上

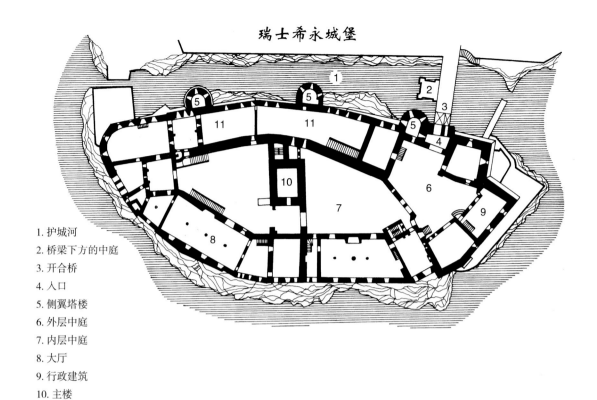

瑞士希永城堡

1. 护城河
2. 桥梁下方的中庭
3. 开合桥
4. 入口
5. 侧翼塔楼
6. 外层中庭
7. 内层中庭
8. 大厅
9. 行政建筑
10. 主楼
11. 城墙之间的开放空间

日内瓦湖畔的希永城堡，照片中最高的结构物为主楼

瑞士

瑞士从古至今一直是德国、意大利和法国文化汇流之地，而此地的城堡也反映了邻近三国带来的影响。哈布斯堡家族13世纪时所住的哈布斯堡城堡就位于瑞士北部，在德国风格的城堡中堪称数一数二，保存至今的射击塔是11世纪时建造，其他结构则是在其后几个世纪间增建。瑞士西部则有可俯瞰纳沙泰尔湖的格朗松城堡，其具有高大的幕墙以及三座巨大的圆形角塔，两座较小的半圆形塔楼则建于13世纪，城堡的其他部分在15世纪由沙隆伯爵接管之后曾经过大幅翻修。

瑞士城堡中最为知名者无疑是位于日内瓦湖岛屿上的希永城堡，城堡至少有一部分结构是由锡永的历代主教建造，最古老的塔楼的建造年代则可追溯至10世纪。城堡中央巨大的长方形塔楼的前身很可能是旧时的射击塔，不过现今所见的结构大部分是在13世纪时由萨伏依伯爵彼得二世建造。希永城堡由外墙、塔楼和建筑物构成，四座大型塔楼及朝向陆地的幕墙皆以雉堞加固，14—15世纪时曾加高城墙及塔楼并重建城门。城堡原先一直归萨伏依家族所有，后来被伯恩人占领并于1536年作为小舰队的湖上军火库，之后一度用来囚禁犯人。

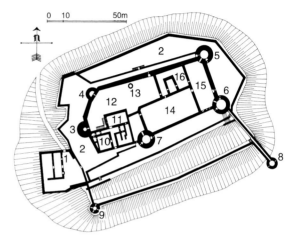

瑞士格朗松城堡

1. 小城堡
2. 城郭
3. 奥东塔
4. 休斯塔
5. 阿达尔贝特塔
6. 巴路塔
7. 彼得塔
8. 勃艮第塔
9. 沙隆塔
10, 11. 住所
12. 中庭
13. 水井
14. 旧时客栈
15. 旧时守军驻扎区
16. 厨房

于13世纪建造并于15世纪翻修，1476年发生在城堡旁的战役即为著名的格朗松战役；照片中可见两座高大的半圆形塔楼，注意幕墙几乎与塔楼等高

德国的普法尔茨城堡以"石舫"之名著称

古滕菲尔斯城堡俯瞰莱茵河,出现在照片前景中的是城堡的圆形塔楼之一

鼠堡的格局为方形,是14世纪莱茵河沿岸设计最为优良的城堡之一

神圣罗马帝国

神圣罗马帝国境内城堡分布最为密集的区域就在美因兹到波昂之间的莱茵河谷地，日耳曼诸贵族为了控制贸易路线，纷纷在这块大河流经的土地上建造城堡，仅仅是美因兹到科隆之间的区域就设有30处征收通行费的据点。这些由美因兹、巴拉丁、特里尔和科隆的选帝侯把持的城堡包括：埃尔特维勒、克洛普、埃伦费尔斯、鼠塔、莱茵石、桑内克、海姆堡、菲尔斯滕堡、施塔尔埃克（意为钢角）、古腾菲尔斯、普法尔茨、美堡、马克斯堡、鼠堡、博帕德、史特臣岩、埃伦布赖特施泰因、拉恩内克、马丁斯堡、汉莫斯坦、阿伦菲尔德、莱内克、德拉亨山以及戈德斯堡。

莱茵河流域的城堡中有多座皆位于河谷上方的岩层露头，故可控制下方的河道，大多数皆设有至少一座高耸的塔楼以便监控周围区，也有部分城堡矗立于河畔，其中有一座普法尔茨城堡甚至位于河中。这座由巴伐利亚国王路德维希于1327年建造的河上城堡最早当作收费站，后来被称为"石舫"，其大型中庭中央屹立着一座五角形主楼，10年之后主楼周围又增建六角形结构，数世纪以来曾经过数度翻修。在莱茵河东岸俯瞰普法尔茨的是古腾菲尔斯城堡，其射击塔高35米，大厅达三层楼高，幕墙极为坚固，属于比较典型的中世纪德国城堡。

位于莱茵河畔的城堡多由恶名昭彰的"强盗贵族"掌控，于13世纪时由于横征暴敛的情况太过严重，多个城市于是在1254年组成"莱茵城市联盟"对抗这群把持沿河贸易的贵族。最后由继任神圣罗马帝国皇帝的鲁道夫一世于1272年击溃贵族的势力，莱茵石、莱玄斯坦、桑内克及莱内克等城堡全部遭到破坏，唯有莱茵菲尔斯未被攻占。多数莱茵河区域的城堡在"三十年战争"及其后的战事中皆曾占有一席之地。

莱茵河众城堡中保存得最为良好的首推马克斯堡，其屹立于河流上方的高起险崖，是由艾普斯坦的伯爵埃伯哈德二世于13世纪初建造，具有罕见的三角形中庭。城堡内最巨大的建筑物是建在通行最不易的一侧的宫殿，在中庭东侧的建筑物称为莱茵楼，北侧的建筑物称为北楼，在莱茵楼与宫殿之间即为高大的皇帝塔，在莱茵楼另一侧还有一座较小的圆形塔楼。中庭中央高达40米的射击塔有四层，耸立于城堡区上方的角塔群可监控周围地区。城堡外围环绕着15世纪增建的幕墙，之后为了使用火炮而进行改造。马克斯堡是17世纪的"三十年战争"中唯一一座未曾沦陷的莱茵河城堡。

莱茵石城堡

德国马克斯堡

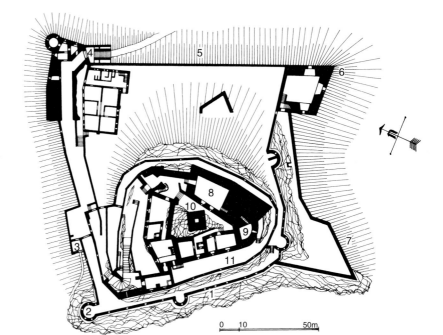

1. 面对莱茵河的较矮城墙
2. 司令官塔
3. 入口
4. 桥梁塔楼
5. 城墙
6. 火药角
7. 尖角
8. 宫殿
9. 亨利皇帝塔
10. 射击塔（主楼）
11. 莱茵楼

马克斯堡耸立于莱茵河畔，由40米高的射击塔俯瞰周围地区可一览无遗

坐落于山丘顶端的奥茨堡可以俯瞰下方城镇,是典型的由射击塔演变而成的德式丘顶城堡。作为射击塔的圆形塔楼本来只是为了瞭望和防守而建造,因此塔内没有预留居住空间。塔楼位于城堡的内城区,周围筑有高耸城墙,堡内其他的建筑物皆紧靠城墙筑成;环绕在内城区周围的是外城区,其周围则有宽大的护城河。已知此堡可能是在13世纪建造,但除此之外尚无其他更详细的资料。

奥登森林中的布鲁贝格城堡于12世纪开始兴建,其产权属于由王室所管辖的富尔达修道院。城堡坐落于壮伟山丘之上,可俯瞰称为诺伊施塔特("新城"之意)的城镇,城郭高度在10—14米,格局近似长方形,围起的城区的长和宽各为55米及38米。占据中庭中央的巨大方形射击塔是在1160年建造而成,至于内城区的其他几栋建筑物、入口处具有罗马风格的城门以及东北侧城墙旁的小礼拜堂则是1350年时增建,余下的建筑物包括宫殿在内大多是在1475—1510年建造,其中有四座专门为了使用火炮而设计的圆形塔楼是在1482—1507年筑成。外层设有另外两道城门的城堡是在15世纪时建造,在整个城堡群的外围环绕着宽阔的护城河。在16世纪为了因应火药时代到来而建造的城堡中,布鲁贝格堪称最佳范例。

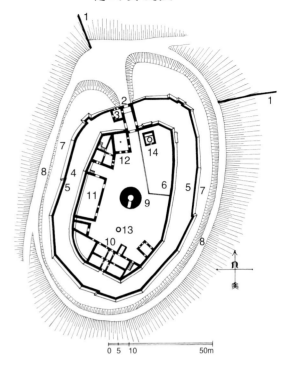

1. 水井
2. 城门
3. 守卫室
4. 界场
5. 外层幕墙
6. 内层幕墙
7. 护城河
8. 土筑工事
9. 射击塔(主楼)
10. 宫殿
11. 建筑物
12. 司令官室
13. 水井
14. 建筑物中的水井

有一部分城郭遗迹包括城垛现已不存

德国布鲁贝格城堡

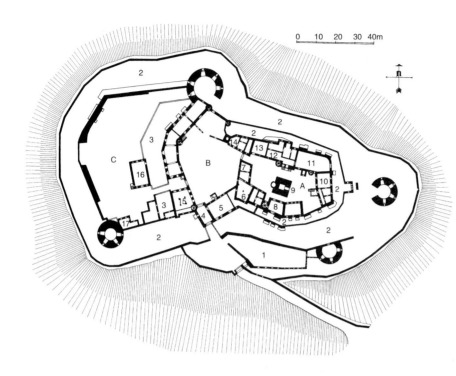

A. 上城
B. 下城
C. 下城区
1. 庭园
2. 城镇外围的护城河
3. 护城河
4. 主城门
5. 部分城门塔楼
6. 厨房
7. 厅室
8. 宫殿
9. 射击塔（主楼）
10. 大厅
11. 小礼拜堂
12. 旧厨房
13. 水井
14. 旧面包坊
15. 约翰·卡齐米日室
16. 军火库
17. 马厩

由德国的布鲁贝格城堡可俯瞰诺伊施塔特，左边照片是向西朝着平面图上 #2 位置所见景象，中景可见主城门（#4）；右边照片中前景为大厅（10），其左侧为宫殿（8）

德式城堡除了分布于神圣罗马帝国境内，另外也出现在条顿骑士团总部所在的普鲁士，此地最重要、规模也最大的城堡是位于波兰境内的马林堡（也称为马尔堡），此堡在分类上属于修道院城堡，也作为条顿骑士团团长的宅邸。条顿骑士团于1280年将修道院从邻近诺加河与维斯瓦河汇流处的萨姆提搬迁至诺加河较上游处，新址位于一块突入维斯瓦河三角洲的沼泽地带中的细长土地上，所在区域刚好横跨河流两岸。新址的建造工程其实在两年前就已经开始，最先开挖的是经由10公里长的运河与东部鲁夫卡湖连接的护城河，在新址南侧最早建好的一批建筑物包括称为"高堡"的巨大方形结构，其中设有小礼拜堂并附设防御用的角塔，之后很快又在高堡西南方兴建类似卫生塔的结构。接下来建造的是"中堡"，骑士团团长的宫殿就位于其中，在高堡及中堡周围皆筑有护城河，城堡外围最后再砌上同心式城墙即大功告成。要进入这座复合式要塞必须经由中堡北侧的城门塔楼，中堡前方的区域称为"前堡"，其中包括马厩、作坊及军火库等城堡居民日常所需的设施，这块区域周围筑有防御工事，之后形成"下堡"。城堡建造完成之后，人民在邻近聚居并发展为城镇，而城堡的城墙在1365年扩建至城镇外墙。城堡的塔楼及城墙皆设有雉堞，而廊道及塔楼皆为哥特式风格，城墙所围绕的区域一度扩张到800米长、250米宽。

马林堡在1280年由骑士团的统制威勒诺的亨利管辖，1309年骑士团团长福伊希特旺根的齐格飞将总部迁至马林堡。1320—1350年又有新一波的工程，城堡的三个主要部分就是在此期间完成。1410年，波兰人曾围攻此堡达两个月之久但最后无功而返，之后条顿骑士团将城堡结构改建成适合使用火药武器，15世纪晚期曾在此堡多次成功抵御波兰人的攻击，但是马林堡最后于1454年遭到波兰国王卡齐米日的部队攻占。城堡在17世纪落入瑞典人手中之后曾再度改建，但之后就遭到弃置，一直到第二次世界大战时才再度整修，至今已成为全世界规模最为宏大的砖砌要塞之一。

波兰马林堡：图中所示为下页的城镇平面图上的桥梁塔楼

波兰马林堡

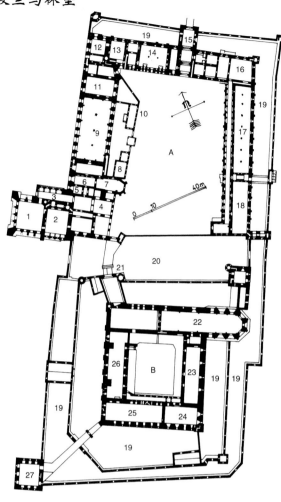

A. 中堡
B. 高堡
1~14，16~18. 骑士团团长的宫殿
15. 入口处的城门及开合桥
19. 界场
20. 护城河
21. 开合桥
22. 圣玛利教堂
23. 骑士厅
24. 修道院房间
25. 修道院食堂
26. 大厅
27. 卫生塔

马林堡镇

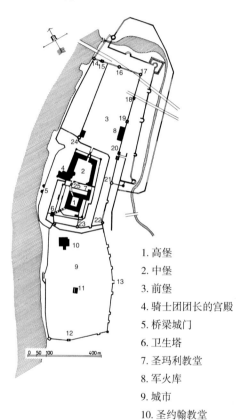

1. 高堡
2. 中堡
3. 前堡
4. 骑士团团长的宫殿
5. 桥梁城门
6. 卫生塔
7. 圣玛利教堂
8. 军火库
9. 城市
10. 圣约翰教堂
11. 市政厅
12，13. 城门棱堡
14~22. 棱堡
23. 便门
24. 棱堡及圣劳伦斯教堂
25. 护城河

马林堡是世界上最大的砖砌要塞之一

波罗的海区域

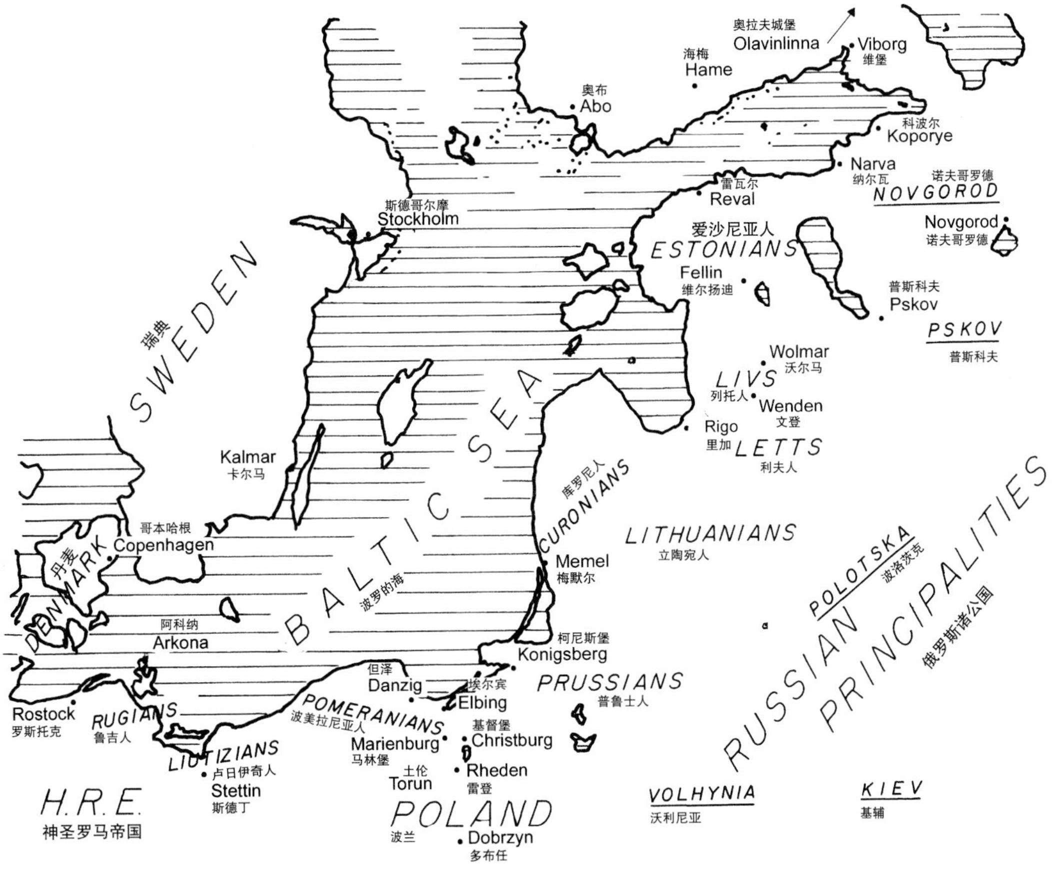

- 奥拉夫城堡 Olavinlinna
- Viborg 维堡
- 海梅 Hame
- 奥布 Abo
- 科波尔 Koporye
- 雷瓦尔 Reval
- Narva 纳尔瓦
- 诺夫哥罗德 NOVGOROD
- Novgorod 诺夫哥罗德
- 斯德哥尔摩 Stockholm
- 爱沙尼亚人 ESTONIANS
- Fellin 维尔扬迪
- 普斯科夫 Pskov
- PSKOV 普斯科夫
- Wolmar 沃尔马
- LIVS 利夫人
- Wenden 文登
- Rigo 里加
- LETTS
- SWEDEN 瑞典
- Kalmar 卡尔马
- BALTIC SEA 波罗的海
- 库罗尼人 CURONIANS
- LITHUANIANS 立陶宛人
- POLOTSKA 波洛茨克
- 哥本哈根 Copenhagen
- Memel 梅默尔
- RUSSIAN PRINCIPALITIES 俄罗斯诸公国
- 丹麦 DENMARK
- 阿科纳 Arkona
- Konigsberg 柯尼斯堡
- PRUSSIANS 普鲁士人
- Rostock 罗斯托克
- RUGIANS 鲁吉人
- Danzig 但泽
- Elbing 埃尔宾
- LIUTIZIANS 卢日伊奇人
- POMERANIANS 波美拉尼亚人
- Marienburg 马林堡
- Christburg 基督堡
- Stettin 斯德丁
- Torun 土伦
- Rheden 雷登
- VOLHYNIA 沃利尼亚
- KIEV 基辅
- H.R.E. 神圣罗马帝国
- POLAND 波兰
- Dobrzyn 多布任

第 5 章 中世纪的城堡与要塞

（莉兹贝丝·诺塔绘）

瑞典卡尔马城堡

12世纪晚期建造，13世纪重建，至16世纪大幅翻修

1. 火炮墙（16世纪）
2. 火炮棱堡（16世纪）
3. 城门
4. 城墙下方的弹药库
5. 城门塔楼
6. 13世纪的城区
7. 宫殿
8. 住所
9. 水井

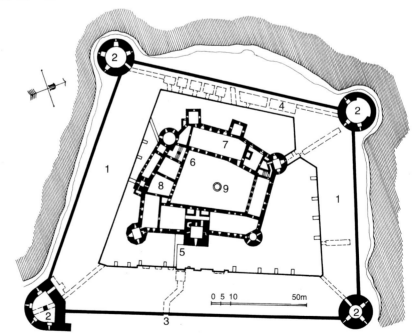

斯堪的那维亚及芬兰

此区要塞建筑的发展与历史同样千头万绪令人困惑：丹麦人在中世纪盛期初期是此区的主要势力，而瑞典人要到14世纪才建立强大的王国；1397年时挪威、瑞典及丹麦三个王国结为"卡尔马联盟"并推举丹麦女王玛格丽特为共主，然而梅克伦堡公爵很快就控制住斯德哥尔摩并且登基为瑞典国王。在这段时期各地陆续出现城堡，多数皆为私人所兴建。瑞典西南部沿岸有一座12世纪要塞的废墟，这座要塞原是丹麦人设在狭窄海峡的收费站，丹麦国王瓦尔德马尔四世于1370年在原址以砖重建具有极厚城墙的要塞，但在瑞典要等到1250年之后才进入城堡建筑的全盛时期。

瑞典最古老的城堡之一是13世纪建于东南部海岸卡尔马的要塞，可能早在13世纪50年代即开始兴建，最早完成的结构是圆形塔楼，而同时期所建造的其他建筑物皆已毁坏不存。

卡尔马城堡最早的功能是遏阻斯拉夫海盗的攻势，到了13世纪末时已建好具有凸出的圆形侧翼塔楼的城郭，在西侧城墙也增建了门楼，城堡区几乎涵盖所在的岛屿全区，周围则筑有护城河。其建筑风格可能受到英王爱德华所建堡群的影响，另外也和多数瑞典城堡一样邻近有城墙环绕的城镇，城镇的外墙是在14世纪初修筑，幕墙侧翼设有面对城堡的一侧呈开放式的角塔。

在海峡另一侧的厄兰岛矗立着一座博格尔摩城堡，此堡的建筑风格与卡尔马相似，不过其巨大的圆形塔楼位在幕墙内侧，另有一座大形角塔凸出近乎方形的城郭。博格尔摩有"瑞典之钥"之称，曾经历多次围攻及改建，也加盖了适于使用火炮的塔楼。有趣的是在斯德哥尔摩也有一座风格相似但是用砖砌造的要塞，斯德哥尔摩城堡的圆形塔楼是在13世纪中叶修筑，不仅城郭形式与博格尔摩相仿而且也位于岛屿之上，城堡结构

芬兰维堡城堡

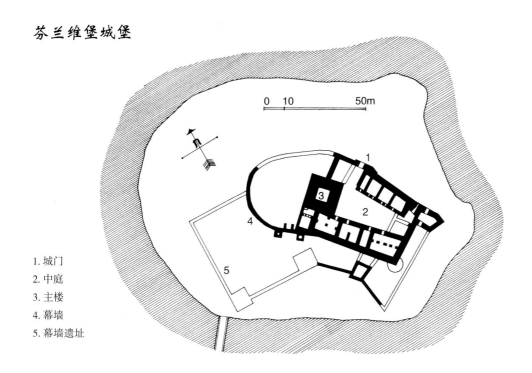

1. 城门
2. 中庭
3. 主楼
4. 幕墙
5. 幕墙遗址

芬兰瑞斯伯格城堡

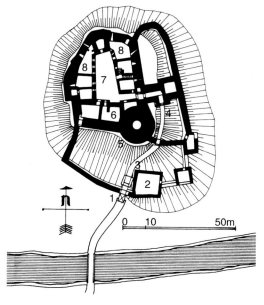

芬兰瑞斯伯格城堡
这座巨大的方形城堡是在 1374 年以花岗岩砌成,由瑞典国王指派执行官在此驻守并管理芬兰南部
(照片由雅罗斯瓦夫·丘兹帕提供)

1. 开合桥
2. 城门塔楼
3. 滑道
4. 通往上层城堡的主城门
5. 主楼
6. 大厅
7. 中庭
8. 行政建筑

和城镇外墙是在 13 世纪 50 年代兴建而成。然而以上提及的三座城堡中,仅有卡尔马的原始城墙仍保存至今。

瑞典人征服芬兰之后在各地兴建要塞以便巩固其势力,于 1293 年在卡累利阿地峡的重要贸易港口维堡(芬兰语称为维普里)的小岛建立了坚固的城堡,最早修筑的幕墙围起的内场呈长方形,之后又建造了大约 20 米高、分为四层的巨大方形塔楼,墙面厚约 3 米,长度则可达 15 米。14 世纪时由于当地贸易逐渐昌盛,维堡的聚落形成城镇,到了 15 世纪后半叶在城镇外围也修筑了城墙。

位于赫尔辛基以西的瑞斯伯格是 14 世纪下半叶在沿海修筑的城堡,其所坐落的小岩丘四面环水,瑞典人以此地为据点对抗属于汉撒同盟的海港雷瓦尔。瑞斯伯格的地位极具关键性,瑞典人、丹麦人和海盗等势力在 16 世纪初之前皆曾试图争夺此据点的控制权。

芬兰境内另一座由瑞典人建造的要塞是海梅城堡,此堡是一名伯爵在 13 世纪发动十字军对抗芬兰人期间兴建,最早只是具有城墙的防御型军营,城墙高 7 米,每边长约 33 米,一共筑有三座塔楼。1270—1300 年城郭中又增建了由多个房室组成的"灰石碉堡";1300—1350 年建造了当作主楼的城门塔楼,除了上层是木造之外,其他部分皆为砖砌;城堡结构在 1330—1500 年全部改用砖砌,重建时采用了哥特式风格,之后堡内也为了因应火药武器而进行扩建及改造。

奥拉夫城堡是由管理维堡的丹麦骑士埃里克·阿克塞松·托特于 1475 年在芬兰建造,当时和莫斯科公国之间对于该地某一区域的边界划分仍有歧见,埃里克为了守卫瑞典的东部边境才建造此堡。他一开始是在维普里市周围修筑2公里长且具有塔楼的石墙，接着就在岩质小岛屈勒沙密上建造奥拉夫城堡。为了防止野心勃勃的俄罗斯人前来滋扰，埃里克还特地建造可以为工匠提供掩蔽的木造工事。奥拉夫城堡建造的年代刚好是由中世纪进入火药武器时代的过渡期，因此城堡设有适合使用火炮的圆形塔楼。埃里克于1481年去世时城堡尚未完工，其弟继承爵位之后持续修筑，大部分结构是在15世纪90年代完成。城堡靠海的一边筑有三座巨大的棱堡，靠陆地的城墙则设有三座超出城垛之上、高达20米的中世纪塔楼，连接塔楼的中世纪城墙则高达10米，不管是棱堡还是塔楼在多年之后皆装上了火炮。城堡位居小岛，因此不需担心遭到敌方工兵挖掘破坏，城墙也在中世纪惯用的攻城器械射程之外，所以唯一能够有效攻击奥拉夫城堡的武器就是火炮。

1495年瑞典人拒绝交出圣奥拉夫之后便和俄罗斯开战，俄罗斯军队围攻维堡。当时坐镇奥拉夫城堡的皮耶塔里·屈里埃宁主教手下加上农民兵有大约150人，他率领这批士兵出城长途跋涉之后攻击围住维堡的俄罗斯人。最后迫使已经针对维堡的城墙发动大规模攻击但失败的俄罗斯人撤兵。俄罗斯人在1496年初折返，在撤退之前消灭了一支瑞典援军，到了夏季又再度前来围攻但再次失败而归。奥拉夫城堡在16世纪时进一步改建，之后仍持续扮演边防重镇的重要角色。

芬兰奥拉夫城堡（沃伊切赫·奥斯特洛夫斯基绘）

第5章 中世纪的城堡与要塞 **237**

波希米亚卡尔斯腾城堡

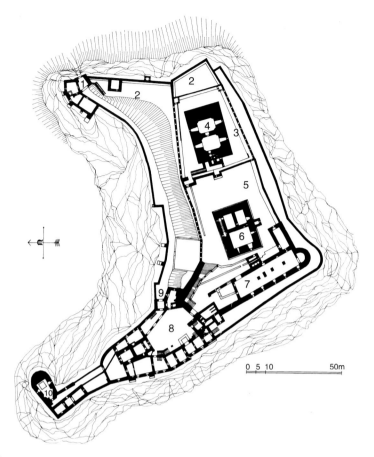

1. 作为城堡第一个入口的乌尔苏拉城门
2. 中庭
3. 中庭
4. 巨塔
5. 中庭
6. 小塔
7. 皇宫
8. 中庭
9. 城门塔楼
10. 井塔

波希米亚卡尔斯腾城堡

这座丘顶城堡是在14世纪中叶由匈牙利国王建造，照片中左侧为皇宫和其圆形塔楼，右侧为小塔及圣母教堂

由中庭朝内城门所见景象，在内城门右后方的是小塔，左后方是巨塔

中欧

现在的捷克和斯洛伐克境内从前虽然曾有许多城堡矗立,但是留存至今者绝大多数皆已经过大幅改建或者早已崩坍成为废墟。

捷克共和国境内最大的一座城堡就是波希米亚王国的卡尔斯腾城堡,这座城堡是匈牙利国王查理一世于1348—1357年建造,查理一世即神圣罗马帝国的查理五世。城堡位于山顶,原先是为了守卫主要道路并保护皇帝的财宝及圣物而建,具有高达37米且分为四层的庞大"巨塔"以及同样相当高大的"小塔",宫殿沿南侧城墙兴建,传说堡内西南角的圆形井塔设有地下通道可以通往邻近的河流。宫殿的角落处屹立着第四座圆形塔楼,第五座的位置则靠近南侧城墙旁的司令官住所。城堡的防御工事一度包含木造围板,是中德地区大多数城堡的标准设施。卡尔斯腾曾在胡斯战争中遭到围攻但守卫有方故并未沦陷。

斯洛伐克境内有多座引人入胜的中世纪城堡,其中一座是位于匈牙利和波罗的海之间的贸易路线上具有制高优势的斯皮什堡。最早以此地为据点的是匈牙利人,他们在此处的最高点建造巨大的石砌塔楼,其高度为海拔634米,周围设有木桩栅栏,但塔楼和周边防御工事在12世纪的一次地震中全部坍塌。13世纪时此处新建了大型石砌城堡和罗马风格的宫殿,斯皮什堡在蒙古大军于1242年席卷波兰和匈牙利两国土地时虽然完好无损,不过国王还是请了意大利匠师前来改造加强城堡的防御设施。14世纪时在原先

卡尔斯腾城堡(万德·欧卓斯佳绘)

第 5 章 中世纪的城堡与要塞

斯洛伐克斯皮什堡

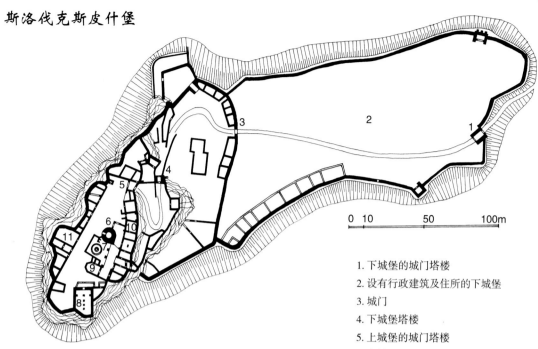

1. 下城堡的城门塔楼
2. 设有行政建筑及住所的下城堡
3. 城门
4. 下城堡塔楼
5. 上城堡的城门塔楼
6. 主楼
7. 蓄水池
8. 华屋
9. 小礼拜堂
10. 住所
11. 行政建筑

斯皮什堡：废墟中一景

的城堡附近建造了第二座城堡，现则称为下城堡，其幕墙所环绕的宽阔区域中筑有两座方形塔楼及一座门楼。上城堡于15世纪末重建并成为胡斯派的权力中心，到了16世纪整个城堡群皆经过翻修加固并因应使用火炮而改造，宫殿则改建为火药库。

匈牙利境内同样城堡林立，其中有多座皆曾在中世纪末期抵御土耳其人的侵略。布达佩斯以北、多瑙河畔的埃斯泰尔戈姆城堡是10世纪时在旧时罗马碉堡的遗址上兴建的，于12世纪国王贝洛三世在位期间扩建为壮观的城堡建筑；此堡初建时即为匈牙利国王的王宫所在，也是圣斯蒂芬一世于1000年加冕的地点。城堡坐落于城堡山山顶，由堡内的大型多边形主楼可以俯瞰河流，城墙之内还有数座大型建筑物及塔楼，15世纪中叶经过增建，诸多中世纪之后的设施便摇身一变成了货真价实的宫殿建筑。

国王贝洛四世在蒙古大军入侵之后兴建的布达城堡也位于城堡山上，与旧城镇佩斯隔着多瑙河相望，14—15世纪加盖的哥特式宫殿在17世纪时遭到土耳其人摧毁之后又重建，部分中世纪时修筑的城墙也经过修复。

另一座著名的匈牙利城堡是11世纪建造的维谢格拉德城堡，其在14世纪时是王室居所，于15世纪扩建。城堡坐落于可俯瞰多瑙河的高耸山丘上，壮观的所罗门塔即矗立于城堡下方的城市。

再往南，斯洛文尼亚境内有一座自11世纪初起即俯瞰布莱德湖的布莱德城堡，这座位于悬崖上的城堡是斯洛文尼亚最古老的城堡，在1011年时由于神圣罗马帝国皇帝亨利二世将城堡赐予布里克森的主教而首次出现于文献中。城堡具有下城区、上城区及幕墙；下城区的罗马式城墙设有城门塔楼，与城墙相连且邻近悬崖的圆形塔楼则为哥特式建筑，上城区内设有哥特式小礼拜堂及住所。

除了布莱德城堡之外，斯洛文尼亚还有其他城堡如卢布尔雅那城堡及采列城堡，前者规模宏大但有很大部分是重建而成，后者是该区最庞大的城堡之一，但在1400年之后就荒废了。坐落于多岩悬崖上的采列城堡拥有高大的长方形主楼，周围的幕墙沿山岭顶端而建，此外还筑有数座塔楼，城堡其中一端为独立的狭长内场，其中的土垒上筑有方形的石砌塔楼。

布达城堡
这座位于西南角的塔楼是在第二次世界大战之后重建的
（照片由克里斯托弗·绍博提供）

匈牙利维谢格拉德城堡

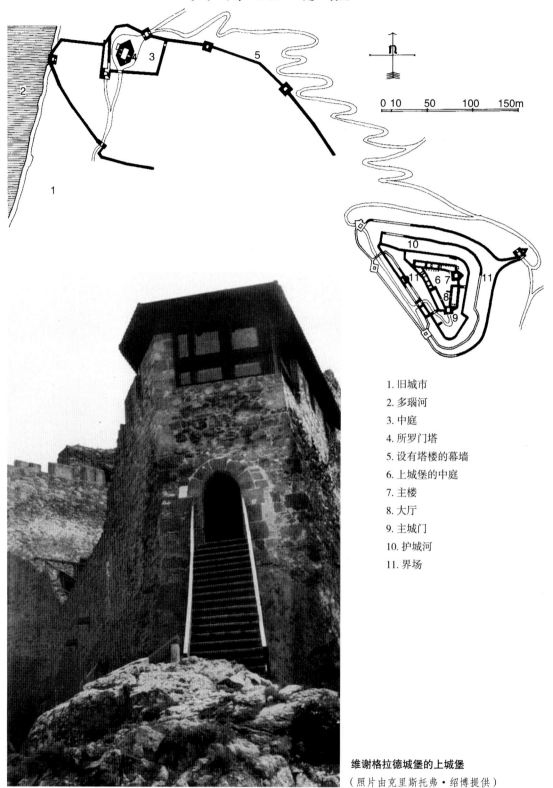

1. 旧城市
2. 多瑙河
3. 中庭
4. 所罗门塔
5. 设有塔楼的幕墙
6. 上城堡的中庭
7. 主楼
8. 大厅
9. 主城门
10. 护城河
11. 界场

维谢格拉德城堡的上城堡
（照片由克里斯托弗·绍博提供）

斯洛文尼亚布莱德城堡

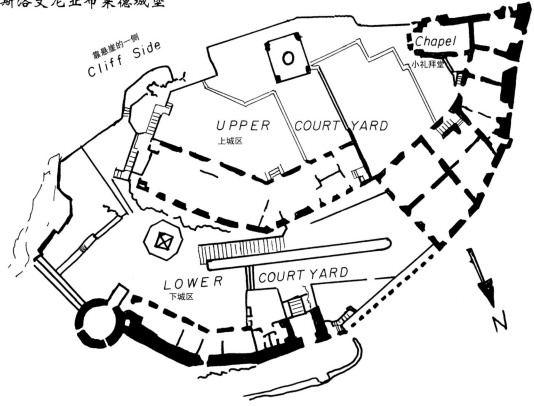

布莱德城堡
这座 11 世纪的城堡位于可俯瞰布莱德湖的悬崖之上

波兰本津城堡

波兰

波兰境内有许多城堡但保存状态不一，由于波兰的疆界和政治局势在数百年来变动剧烈，因此其中有多座城堡皆曾在国家发展史上扮演重要的角色。

波兰的中世纪要塞里最壮观者首推俯瞰维斯瓦河的克拉科夫的瓦韦尔城堡，这座位于岩丘之上的城堡从11世纪50年代至16世纪头十年皆为王室住所。皮亚斯特王朝的历代国王在10世纪以此区域为权力中心时即建造石砌宫殿并在周围利用土与木材构筑防御工事，整个要塞以护城河区分为上城堡和下城堡，住所及大教堂皆位于上城堡。之后数世纪间虽曾加盖砖石结构，但一直到1320年之后才经历大规模的改动，整个城堡包括外围城墙皆以石材重建成哥特式风格。卡齐米日大帝于14世纪中叶进一步扩建，数座新教堂及两座最高的防御塔楼都是在此时建造。瓦韦尔城堡在中世纪之后的发展趋向宫殿建筑，其风格与多座法国皇家城堡相同。

拉森切尔明斯基是条顿骑士团于13世纪初期利用土及木材建造的城堡，于14世纪时以砖重砌并成为骑士团之军事统治的根据地，城堡于17世纪对抗瑞典人的战事中遭受重创。

在克拉科夫与琴斯托霍瓦之间有一座称为奥格罗杰涅茨的骑士城堡，这座位于石灰岩构成的小山丘上的城堡是由沃迪克·苏里齐克建造，其后人一直在此居住，直到1470年才将城堡转售给克拉科夫的某个家族。城堡于16世纪时经过重建并改造成文艺复兴时期风格，不过在17世纪和18世纪初曾两度遭到入侵的瑞典人摧毁。坐落于山丘上的城堡建筑规模相当庞大，位于后侧的入口处设有门楼，另外还筑有数座圆形塔楼。

波兰拉森切尔明斯基

1. 主楼
2. 司令官室
3. 教堂
4. 食堂
5. 卫生塔
6. 廊道
7. 中庭
8. 城门走道
9. 开合桥
10. 中庭
11. 幕墙
12. 护城河
13. 外削壁
14. 下城堡

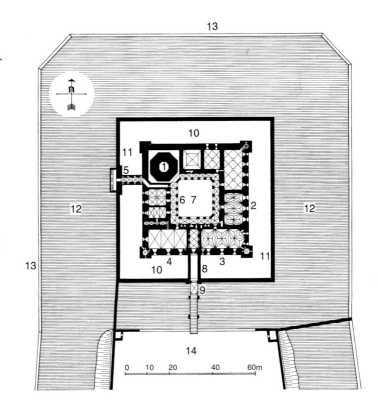

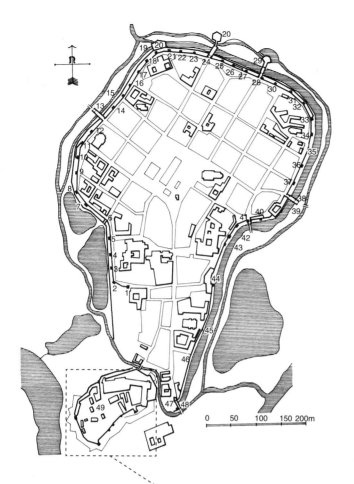

波兰克拉科夫市

每座棱堡皆根据所在城区及负责守卫的民众命名

1～19. 棱堡（中世纪时开始建造，之后到17世纪仍陆续增建）
20. 城墙
21～26. 棱堡
27. 设有军火库的木匠棱堡
28. 弗洛伦斯卡城门
29. 外堡
30～44. 棱堡
45～47. 圆柱式外堡
48. 格罗兹卡城门
49. 瓦韦尔

克拉科夫的瓦韦尔城堡

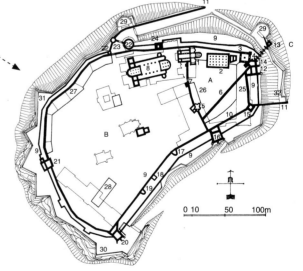

A. 上城堡
B. 下城堡
C. 城市
1. 圣格雷昂教堂（11—12世纪）
2. 宫殿（11—12世纪）
3. 塔楼
4. 主楼（11—12世纪）
5. 小礼拜堂
6. 幕墙
7. 城门
8. 皇家大教堂
9. 具有塔楼和棱堡的幕墙
10. 上城堡的幕墙
11. 连接城堡及城市外墙的城墙
12. 卡齐米日塔
13. 卫生塔
14. 丹麦塔
15～22. 棱堡
23. 下城门
24. 钟塔
25. 城堡（14—15世纪）
26. 厨房
27. 供朝臣使用的建筑物
28. 神职人员住所
29. 奥地利人于1850年之后建造的有顶通道
30～32. 奥地利人建造的棱堡

波兰奥格罗杰涅茨城堡

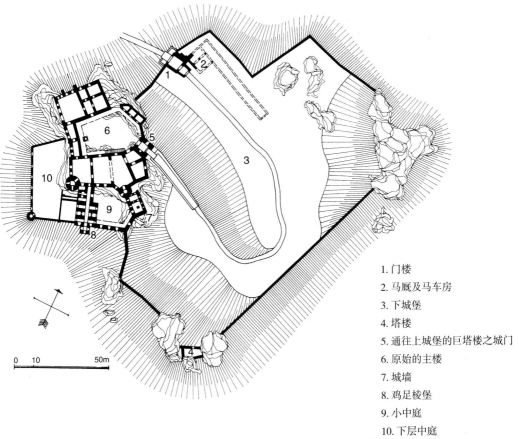

1. 门楼
2. 马厩及马车房
3. 下城堡
4. 塔楼
5. 通往上城堡的巨塔楼之城门
6. 原始的主楼
7. 城墙
8. 鸡足棱堡
9. 小中庭
10. 下层中庭

(莉兹贝丝·诺塔绘)

第5章 中世纪的城堡与要塞

波兰奥尔什丁城堡

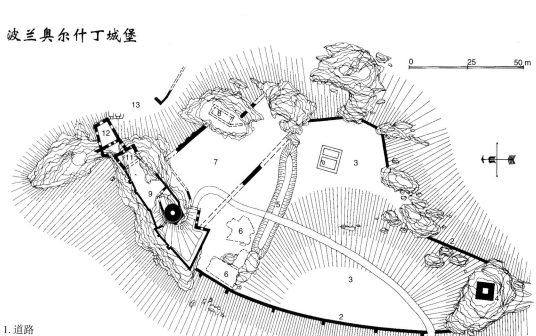

1. 道路
2. 幕墙（15—16世纪）
3. 下城堡
4. 16世纪的外堡
5. 未注水的护城河
6. 地窖
7. 14世纪时下城堡的中庭
8. 14世纪的住所
9. 上城堡的中庭
10. 主楼
11. 华屋
12. 16—17世纪时作为住所的三层塔楼
13. 下城堡废墟

波兰奥尔什丁城堡
照片中所示废墟景象里前景是塔楼（12），其后为华屋（11），再后面的是主楼（10）

在施德沃夫沼泽区的岛上，斯坦尼斯瓦夫·施德沃夫耶茨于15世纪中叶建造了作为要塞的骑士城堡。施德沃夫之后发展成具有城墙的城镇，在城区一角有一座小城堡，城墙环绕着犹太会堂、教堂和整个城区。其中一座的门楼具有两座瞭望角塔，内部防御设施仍保留至今，依然相当壮观。

戍卫边境的奥尔什丁皇家城堡是由卡齐米日大帝在克拉科夫以西的石灰石岩层上所建，堡址原为12或13世纪时郭区的遗址，整个城堡结构相当复杂，等同于包含两座或三座城堡。14世纪建造于山丘顶端的上城堡的历史最为悠久，包含一座圆形塔楼及大型石砌结构，其格局为长方形，是利用当地的石灰石砌造；西南角处以一座高约20米的圆形塔楼看守邻近的入口，塔楼的入口位于地面上方8米处，由城垛往下可俯瞰周围大部分区域，景致令人叹为观止。15世纪时这座塔楼再度扩建，增建八角形结构之后塔高增加了6米。塔楼后方的小型中庭周围环绕石砌建筑物，其中一座方形住所曾改建为两座大型的三层式建筑，后来又改建成居住用的塔楼。形状不规则的下城堡建于15—16世纪，其大小约为上城堡的四倍，周围有幕墙环绕，具有两个内场，在南侧很可能设有一入口，外围设有两处以城墙和护城河围绕的外垒结构作为外堡。波兰人与匈牙利人于1393—1396年为了领土纠纷而开战，互相争夺奥尔什丁城堡的控制权。15世纪时西里西亚的多位公爵屡次率兵攻打奥尔什丁，而城堡在此世纪也持续扩建。1488年时在城堡下方的山脚扩建了城镇；城堡于16世纪50年代经过扩张和改建，在1587年遭到哈布斯堡家族马克西米连的围攻，受到极为严重的损坏；17世纪瑞典人入侵时曾试图破坏奥尔什丁及波兰境内的其他防御据点。

波兰施德沃夫

构造繁复的城门是在17世纪遭到瑞典人毁坏之后重建而成

波兰施德沃夫

1. 城市
2. 城市外墙
3. 城堡幕墙
4. 门楼
5. 大厅
6. 于16世纪改建为藏宝库的塔楼
7. 中庭

第5章 中世纪的城堡与要塞 **249**

波兰境内另一座知名的城堡是位于克拉科夫和卡托维治之间的本津城堡，这座皇家城堡位居要津，可控制通往西里西亚的主要交叉路口，系由卡齐米日大帝于14世纪中叶建造，堡址在10世纪时曾筑有郭区但在12世纪遭到毁坏。1228年，此处曾有一座具有石砌地基的木造城堡，但1241年被蒙古人焚毁。卡齐米日大帝为了加强防御以备迎战西里西亚军队，便于1358年将原先的木造城堡改成石砌结构，在原址上最古老的城堡结构的城郭之中有一座巨大的圆形塔楼，墙面厚达4米，塔楼高度曾经达到现存塔楼的两倍高。城堡内的住所就设在庞大的方形主楼，另有一座墙面厚4米的塔楼与主楼相连，两座塔楼之间以开合桥连通，所形成的上城区周围环绕着高度在8—12米的幕墙，下城区则由另一座高约5米的幕墙围绕。城堡周围的护城河极深，在靠近河流的一侧还有连接城市外墙与城堡幕墙的第三段城墙，环绕本津城的外墙1364年才修筑，临河侧所设的通往城堡内部的两座城门可由幕墙城垛加以守卫。

切尔斯克城堡位于华沙南方可俯瞰维斯

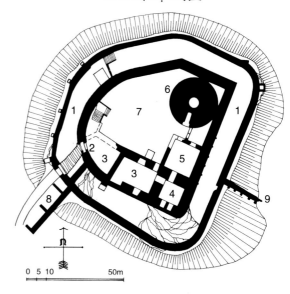

波兰本津城堡

1. 外城区　　6. 主楼
2. 主城区　　7. 内城区
3. 大厅　　　8. 前城门
4. 方形塔楼　9. 幕墙
5. 行政建筑

瓦河的悬崖之上，堡址坐落在维斯瓦河与另一条经由内陆的贸易路线交会的市集所在地。波列斯拉夫二世于 11 世纪末在此地建筑郭区以保卫市集以及从 6 世纪开始时兴起的村庄，郭区呈椭圆形，上城区与下城区之间以桥梁连接，郭区有三边皆依恃天然地形作为屏障，通往城镇且可俯瞰维斯瓦河的一边则建有土筑工事，但河流之后便改道。旧时郭区的城墙后来被铲平并改筑成人造山丘，现存的城堡即是利用此丘作为地基。

城堡在 14 世纪晚期全面改建，成为该区第一座砖砌要塞，原先用土与木材筑造的郭区城墙就当作新建砖石结构的地基。新要塞的大致轮廓仍然与旧时要塞相仿，西侧的城墙最长，约为 50 米，东侧则长约 40 米，形成不规则四边形；北侧的城墙厚 1.8 米，石砌地基下方即为旧时的郭区结构。凸出城墙的四层式方形门楼一度高达 22 米，墙面的厚度超过 3 米，常用入口之外还设有便门，入口设有开合桥但无吊闸；门楼较上方的楼层供守军长官居住。城垛上可设置供永久使用的木造围板以及高耸的三角形屋顶，但是对于木造围板的用途目前仍有争议，可能是为了防御而设置或在 16 世纪时为了美观而增建，另外最上面的楼层也可能是在 16 世纪时加盖。幕墙很可能高达 10 米，分别位于南侧和西侧角落的两座凸出的圆形塔楼的高度很可能和幕墙相当，经由楼梯可从塔楼内通往幕墙走道；南侧塔楼所设开口极少，可能不是防御据点。这两座塔楼内部都分为数层，可能是在 14 世纪之后扩建而增高，两者都具有可装置木造围板的撑架。切尔斯克城堡于 17 世纪时遭到瑞典军队破坏。

波兰切尔斯克城堡
经过横越护城河的桥梁即可抵达入口处的城门，此为由城门向内眺望的景象

第 5 章 中世纪的城堡与要塞 **251**

波兰亨齐内城堡

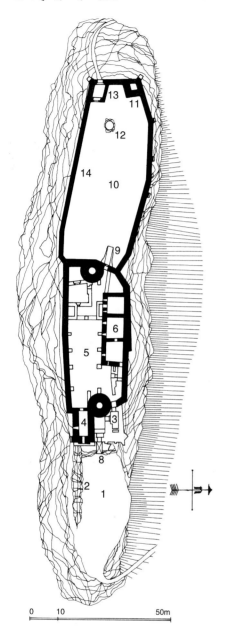

亨齐内是14世纪时在山脊顶峰所建的狭长形丘顶城堡，往下可俯瞰名为亨齐内的城镇。城堡中最古老的部分是由克拉科夫主教遵从波兰及波希米亚国王瓦茨拉夫二世之命于1300年所建，亨齐内后来成为波兰最坚固的城堡之一，于1318年成为波兰国王的皇家藏宝库，14世纪时波兰将与条顿骑士团作战所俘虏的重要人犯也关押于此。东侧的上城区是城堡中历史最为悠久的部分，两边各有一个入口且各自设有守卫用的巨大圆形塔楼。15世纪时在扩建的城郭西侧末端加筑下城区及一座方形塔楼，在水井附近设有从下城区通往山下亨齐内教堂的地道，通往下城区的主要入口位于城堡东边并以开合桥看守。上城区东端的圆形塔楼附近有一座毗邻南侧城墙的建筑物，其下层设有小礼拜堂，上层则作为藏宝库，这座建筑物也是堡内最后的防御据点，仅能从第二层的窗户进入，其内也可供守军储备粮食。亨齐内城堡于1607年遭到火焚，但从未在围城战中被攻克；两座高大的圆形塔楼的上方楼层似乎是在第一次世界大战中遭到破坏之后重建而成。

亨齐内城堡
由上城堡的东侧塔楼所见的景象，背景中的塔楼为平面图上的11号

1. 内场
2. 石墙
3. 城门塔楼与小礼拜堂
4. 藏宝库
5. 上城堡的中庭
6. 大厅
7. 护城河
8. 开合桥
9. 城门与滑道
10. 下城堡的中庭
11. 具有方形地基的圆形塔楼，后来当作监牢
12. 蓄水池
13. 下城堡的入口城门
14. 幕墙

立陶宛

位于格拉夫湖中小岛上的特罗基城堡原为木造结构,于14至16世纪间经过改建,现存的结构是在14世纪晚期立陶宛大公格季米纳斯在位期间开始建造,一直到了15世纪才完工。城堡于1383年遭到条顿骑士团攻占,之后在1392年又被大公雅盖沃夺回。内层城郭里有两栋两层楼的建筑物,此外城堡周围还具有格局呈长方形的同心式城墙以及可当作住所的五层式方形门楼,之后又在岛上原先空下的土地增建了外城区。供居住的建筑物分为三层,大厅则位于城堡中最早建造的区块,此区与外城区之间隔着一道护城河。建材除了红砖之外,由城堡较低处的结构可看出也使用了未经打磨的粗石。环绕外城区的幕墙包括三座角塔,基座为方形而上方则呈圆形,系经过设计适合装设火炮的塔楼。

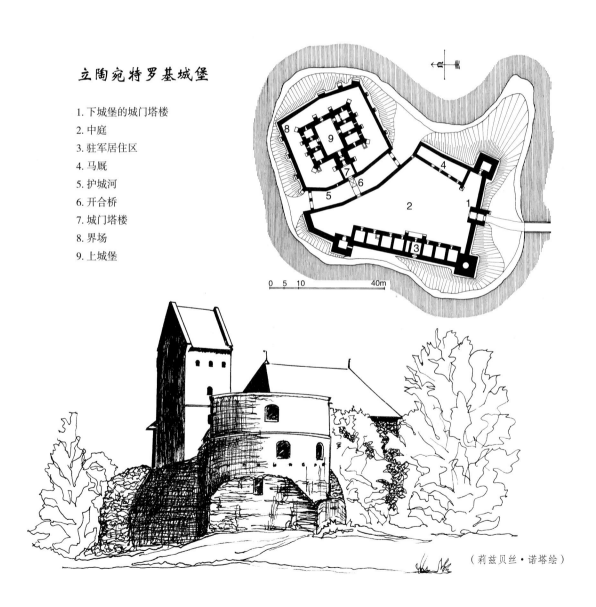

立陶宛特罗基城堡

1. 下城堡的城门塔楼
2. 中庭
3. 驻军居住区
4. 马厩
5. 护城河
6. 开合桥
7. 城门塔楼
8. 界场
9. 上城堡

(莉兹贝丝·诺塔绘)

乌克兰

乌克兰境内最为气势慑人的要塞之一是波兰人建造的霍恰姆城堡，堡内有一座塔楼早在13世纪下半叶即已建成，不过大部分的城堡结构是摩尔多瓦的斯蒂芬三世在1457—1480年试图脱离土耳其人掌控期间完成。霍恰姆城堡位于德聂斯特河畔，不规则的边界线上屹立着高耸的城墙，幕墙沿线筑有六座塔楼，其中包括大型角塔、两座圆形壁塔以及一座门楼，幕墙上的城垛与塔楼上的城垛高度相同，分隔为三层的主楼位于其中一角并凸出幕墙。城堡里的中庭皆高起约8米，周围环绕宽大的护城河及德聂斯特河。波兰人于16世纪中叶占领城堡并重建其中一座塔楼、门楼以及南侧的城墙，另外加筑了护城河以及两座开合桥。城堡到17世纪末皆扮演边境要塞的角色且曾多次易主。

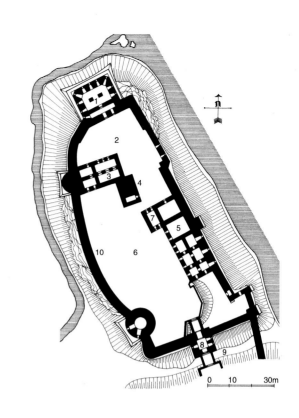

乌克兰霍恰姆城堡

1. 主楼
2. 中庭
3. 大厅或宫殿
4. 塔楼
5. 守军驻扎场所
6. 中庭
7. 小礼拜堂
8. 城门塔楼
9. 护城河
10. 幕墙

（照片由约翰·斯隆提供）

俄罗斯

在大多数地区皆落入蒙古人手中之前，俄罗斯的主要势力是类似基辅的独立公国，唯有罗斯人控制的诺夫哥罗德例外，此地最古老的中世纪要塞之一是大约建于1240年之前的科波尔（意为岩石）。城堡所在的岩层一边较低，与较高的一侧相差约30米，较高的一侧筑有很深的护城河作为屏障。1240年时的城堡外墙仍为木造，是由当时控制卢加河及普柳萨河两河交通的条顿骑士团所建，1241年时亚历山大·涅夫斯基为了报复条顿骑士团夺取普斯科夫而攻击科波尔，最早的要塞结构就在此年遭到摧毁，条顿骑士团在1242年的冰上战役失利之后又回头建设新的要塞据点。

1280年时诺夫哥罗德人决定重新打造石砌要塞以便保护科波尔城并守卫边疆，身为堡主的贵族曾试图建立自己的王国但在1282年失势，城堡也被破坏殆尽。到了1297年，诺夫哥罗德人为了对抗入侵的瑞典人不得不重建要塞，不过这次的要塞建筑比先前的更为宏伟繁复。

条顿骑士团于1338年回到此地并袭击城堡但被击败，之后德国人和瑞典人也曾试图侵略但都无功而返。一直到了15世纪，科波尔的重要性因为在靠近利沃尼亚边境的雅姆新建了要塞而降低，但由于雅姆于15世纪40年代三度遭到攻击，诺夫哥罗德人于是决定加强科波尔的防御工事，不过要等到16世纪新增防御设施才能赶上火药时代的军事需求。城堡内具有高达20米、五层的圆形塔楼以及厚达4至4.5米的城墙，很可能皆是后期增建；城门口设有两座凸出的大型塔楼，可供守军由侧翼沿着城墙射击。科波尔城堡一直到17世纪仍持续捍卫疆土。

在蒙古人入侵俄罗斯许久之后，随着季米特里·顿斯科伊于1381年成功摆脱金帐汗国的控制，以莫斯科为中心的俄国逐渐成形。莫斯科原先的要塞是用土和木材筑成，于1367年改建为石砌结构，在1462年之后，确切年代很可能是1485年，莫斯科大公伊凡三世下令修筑可以媲美罗马和君士坦丁堡的砖砌要塞，即为格局呈三角形的克里姆林宫。此要塞设有四座城门，在靠近莫斯科的一侧另外开有便门，周围城墙高20米，厚3.4米，绵延达2.5公里长，沿着城郭筑有三座圆形角塔、十数座方形塔楼以及可供设置火炮的门楼。克里姆林宫在之后数百年间仍持续改建，也一直是俄罗斯君主的皇宫所在。

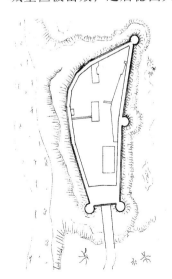

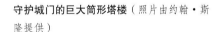

俄罗斯 科波尔

（沃伊切赫·奥斯特洛夫斯基绘）

守护城门的巨大筒形塔楼（照片由约翰·斯隆提供）

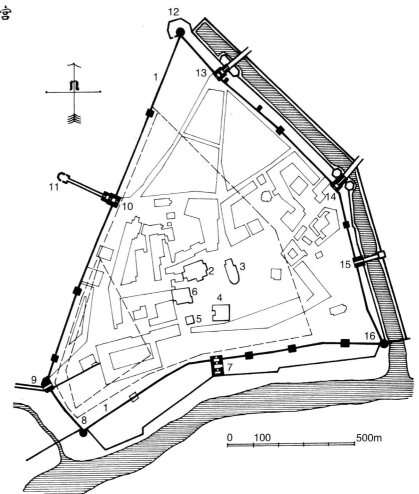

莫斯科克里姆林宫

1. 城墙
2,4,5. 圣议会
3. 钟楼
6. 宫殿
7. 便门
8. 水塔
9. 林门
10. 三一门
11. 外堡
12. 军火库
13. 尼古拉门
14. 斯帕斯基门
15,16. 棱堡

东地中海地区

在东地中海地区，由亚得里亚海至君士坦丁堡、从巴尔干半岛到黎凡特之间的区域遍布拜占庭帝国所建要塞，其中亦包含罗马时代遗留的旧时要塞或是修复后再利用的要塞，除此之外还有十字军和阿拉伯人建造的城堡，这几种城堡各有独特的建筑风格。从圣经时代就存在的耶路撒冷及其周围城墙在中世纪经过持续翻修，十字军也为其他多个城市重新构筑防御工事，建筑多座城堡时融入了拜占庭及伊斯兰教工程师所用的技法。

建于此区的诸多城堡中，风格创新且极为宏伟壮观者首推贝尔沃城堡。这座城堡是由医院骑士团于1168年在约旦河河谷上方480米处的西部高地建造，位于加利利海（又称太巴列湖）以南不远处，是已知的第一座同心式城堡。目前认为原先建造时是仿造罗马军营，具有12世纪才流行的方形内场，据说医院骑士团因为修建这座庞大的要塞而破产。

贝尔沃周围环绕约20米宽的巨大护城河，四边各自延伸约100米长的城墙构成正方形，具有内圈及外圈两层防线。在可俯瞰河谷的城堡东侧筑有一座巨大的塔楼，其上层甚至与护城河的底部相连。外圈城墙包含七座方形塔楼，在连接约旦河谷陡坡的一侧还设有门楼，幕墙上有三座以基座加固的壁塔，这些塔楼中有部分设有通往护城河的入口。进入城堡的路径则设在位于东南角的东门之内，这条呈现U字形的路径先通往与巨大的东侧塔楼相连的城墙再往回绕到东南角的塔楼，接着右转90度之后才抵达内圈的城门，整条进入城堡的路径皆在廊道内箭眼的射击范围之内。南侧的城墙包含马厩及仓库区，外城区设有大型的拱顶蓄水池及附属于雇佣兵所住军营的蒸气浴池；方形的内城区里设有修道院，根据约翰森·莱利·史密斯在《十字军地图集》（纽约，1990年）所述，这座修道院主要是为了因应宗教上的需求而设计，可作为隐修院，设有专属门楼、修士宿舍、食堂及小礼拜堂。内圈城墙所构成的正方形在四角各具有一座凸出的塔楼，守军可从城墙上的箭眼射击以掩护整个外城区。虽然贝尔沃城堡结构实际上已经完全毁坏，但残存的遗迹至今仍散发着耀眼的壮盛军威。

萨拉丁继1187年哈丁战役击败十字军之后，又对十字军建立的耶路撒冷王国发动攻击，耶路撒冷的人民在遭到围攻两周之后投降，其他原由基督教势力控制的要塞也一个接一个沦陷，只有贝尔沃屹立不倒，坚守了超过一年之久，也因此延缓了萨拉丁的攻势并挽救了提尔城。其后埃及苏丹于1241年将贝尔沃城堡交还给十字军，城堡于此年重建后一直到1247年皆为重要据点。

以色列贝尔沃城堡

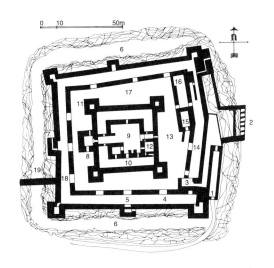

1. 外东门
2. 外层东塔
3. 内东门
4. 仓库及马厩
5. 便门
6. 护城河
7. 便门
8. 内西门
9. 内层中庭
10. 食堂
11. 内层角塔
12. 厨房
13. 东侧中庭
14. 仓库及马厩
15. 蓄水池
16. 浴池
17. 北侧中庭
18. 外西门
19. 桥梁

第5章 中世纪的城堡与要塞

在今叙利亚境内，昔日伊斯兰世界与拜占庭帝国的边界上，矗立着十字军时代所建造的最为宏伟的城堡之一——骑士堡，此堡和贝尔沃一样是由医院骑士团所建，堡址位于霍姆斯附近奥龙特斯河西岸上方大约650米处。本来是的黎波里伯爵用来看守边境的要塞，后来伯爵在1144年将城堡转手给医院骑士团，而骑士团随后便将之加固翻修成为具有罗马风格的城堡。

骑士堡仅能由一侧出入，内侧幕墙包含三座相连的巨大塔楼，由塔楼可俯瞰位于塔楼与外侧幕墙之间的护城河兼蓄水池，环绕在内侧城郭周围的外侧城墙是在13世纪时翻修内层结构时增建的。

骑士堡建成之后至少曾于1142年及该世纪末经历了两个阶段的大幅重建，此外在1157年、1170年及1201年因为地震而受损，所以重建前必须大加修复。在第二个重建阶段增建了具有半圆形塔楼的外层城墙，而骑士团可能是在同个阶段或是再这之后修筑了具有拱顶的通道，让全副武装的骑士能够骑马由主城门直接进入内城区，中途不必下马，这段通道在抵达内城区之前共需转三次直角的弯，沿路还设有箭眼及吊闸，必要时也能在此布下陷阱。内层城郭及城堡中央的塔楼也在第二个重建阶段加固，城堡的塔楼上皆设有雉堞，幕墙基部则布满堞眼望台，据称有需要时甚至可以将厕所当成堞眼望台使用。

萨拉丁于1188年率军围攻骑士堡但无法将之攻占。堡内守军在13世纪初约为2000人，城堡在1207年、1218年、1229年、1252年及1267年陆续遭到围攻但都未被攻克。马穆鲁克人于1270年侵袭城堡及周围地区，重挫堡内守军的士气，也因为如此，当拜巴尔斯苏丹率马穆鲁克部队于1271年

叙利亚骑士堡

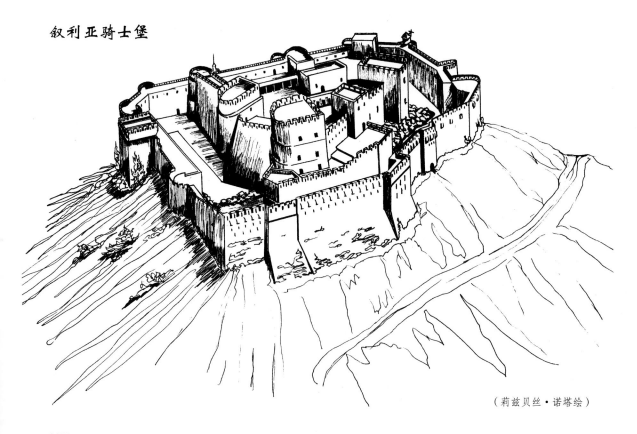

（莉兹贝丝·诺塔绘）

3月初前来围攻骑士堡时,围城战只持续了六周就沦陷,当时堡内的骑士人数只有200出头。城堡的外层城墙和塔楼在拜巴尔斯苏丹带来的攻城器械攻击之下受到重创,城门塔楼在遭到轰炸之后很快就被攻陷,人数远逊于攻城方的守军被迫退到内层幕墙之内。马穆鲁克人攻克外城区之后,又派出工兵挖松地基让内层幕墙的其中一座塔楼坍塌,骑士团不得不退守最后的据点。拜巴尔斯最后说服骑士接受优渥的投降条件,让他们返回的黎波里,己方也省下了最后攻击所需付出的高昂成本。占领城堡的阿拉伯人在之后数百年间持续修整并维护此堡。

拜占庭帝国统治的希腊群岛与周边沿海地区要塞林立,其中最为宏大坚固者即为君士坦丁堡,在伯罗奔尼撒半岛西南部海岸靠近皮洛斯则有一处称为迈索尼的要塞据点,此处自从古典时期即筑有防御工事。迈索尼人在中世纪盛期早期曾经驾船四处劫掠,挑起了威尼斯人的怒火,后者于是攻击迈索尼人的城镇并在1124年毁去其从前建造的要塞,次年拜占庭帝国便重新取得迈索尼的控制权。第四次十字军东征时期,维拉瓦的杰弗里接管只剩残迹的旧时要塞并于1205年将要塞转让给威尼斯,威尼斯人一度因为战败而将要塞拱手让给热那亚人,但之后又夺回并于13世纪予以重建,此外也将城堡之名改为莫东。威尼斯人所修筑的新城墙包含后侧开放的小型方形塔楼,此外也包括环绕半岛的矮墙,将半岛北端完全涵括在城堡区之内。新建的城郭之内设有大教堂和港口城镇,当地由于位于通往黎凡特的贸易路线上而热闹昌盛。热那亚人在1354年再度占领迈索尼,不过在1403年发生了一场站在城镇即可望见的海战之后,控制权又回到威尼斯人手上。15世纪时在岩岬周围增建城墙,还挖掘了横越靠近内陆的一侧的护城河,在这一侧的城墙前方还加筑了辅助防御墙。

虽然迈索尼具有坚固的城墙,但是土耳其苏丹的部队仍旧在1500年征服迈索尼并再度增建防御设施。土耳其人在勒班陀战役落败之后开始加强迈索尼及其他据点的防御,他们建造了中世纪风格的海门,由此可通往布尔齐塔(布尔齐在土耳其语中为塔楼之意)所在的多岩小岛。八角形的塔楼也具有中世纪风格,塔内所设大炮的攻击范围可涵盖整个港口区。

勒班陀战役落幕之后,医院骑士团曾于1531年试图收复迈索尼但失败了,之后奥地利的胡安尝试收复也未果。接下来的三百年间,迈索尼就在基督教徒和土耳其人之间多次易主,双方皆持续修复并改造此要塞。

希腊迈索尼
由海门眺望可看见土耳其人于1572年在附近岛屿上建造的塔楼

(照片由皮埃尔·埃切托提供)

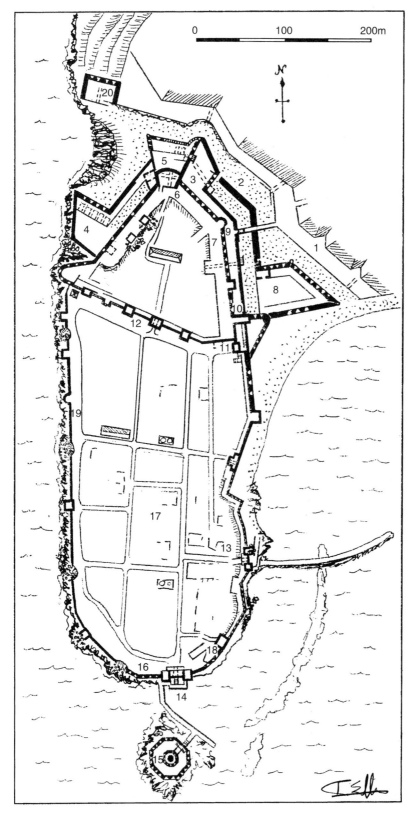

希腊迈索尼

1. 有顶通道
2. 凹角矮堡及壕沟
3. 辅助防御墙
4. 临海棱堡
5. 本博棱堡
6. 炮组台
7. 城墙
8. 洛雷丹棱堡
9. 陆门
10. 第二城门
11. 第三城门
12. 城堡后墙
13. 港口城门
14. 海门
15. 布尔齐塔
16. 土耳其炮台
17. 城市遗迹
18. 福斯科洛塔
19. 面海城墙
20. 独立棱堡

(草图由皮埃尔·埃切托提供)

▲城堡南侧正面可见威尼斯人于13世纪所建的城墙
▼海门（两帧照片皆由皮埃尔·埃切托提供）

意大利费拉拉城堡
14 世纪晚期建于意大利北部的城堡,具有方形塔楼及雉堞且周围有护城河环绕

亚平宁半岛

亚平宁半岛就像连接地中海世界各个角落的中枢,此地不仅是文艺复兴的摇篮,也是军事建筑史上多项新发明的源头。遍布于半岛的无数城堡及防御型城市形形色色,多半具有独树一帜的特点,若与西方其他地区的要塞相比,由亚平宁半岛上大多数的城墙和城堡,我们可以看到千年以来要塞建筑技术的发展最为写实的风貌。

神圣罗马帝国皇帝腓特烈二世在意大利建造了多座城堡,而福贾附近的卢切拉城堡也是由他下令建造,不过根据文献记载,他似乎只命人建造了巨大的方形塔楼。此塔所在的地基规模极为浩大,每边长 50 米,塔楼上层呈八角形,下层则为诺曼风格,塔内的廊道设有可供弓兵由四面八方射击的射孔;塔楼于 18 世纪晚期遭人毁去。1270—1283 年担任那不勒斯国王的安茹的查理手下有一位建筑师阿让库尔的皮耶,查理要求他重建多角形城堡原先城郭的其中三侧。新建成的幕墙设有 24 座塔楼,其中有几座五角形塔楼彼此之间的距离相等,在当时算是罕见的设计。城堡坐落于山嘴之上,四周全是林木丛生的陡坡,城堡与城镇之间以极深的人工护城河隔开,皮耶还在城墙沿护城河的一侧加盖了两座巨大的圆形角塔。固若金汤的卢切拉城堡素有"普利亚之钥"之称。

腓特烈二世的功劳也包括将伊斯兰教的建筑风格融入其在位期间下令修建的建筑物。部分资料显示,腓特烈二世将几名伊斯兰匠师送到卢切拉,不过其他资料中则指出这些人其实是由西西里押送到普利亚的伊斯兰教叛贼。腓特烈似乎特别着迷于八角形,他不止一次下令建造此种格局的建筑物,而八角形的设计似乎比较常见于拜占庭和伊斯兰教的建筑物。意大利南部阿普里利亚的蒙特堡同样运用了八角形设计,不仅城堡的格局呈八角形,分立于八角的塔楼也呈八角形;这座城堡的主要功能是狩猎行宫而非防御据点,之后安茹的查理则利用此堡关押人犯。

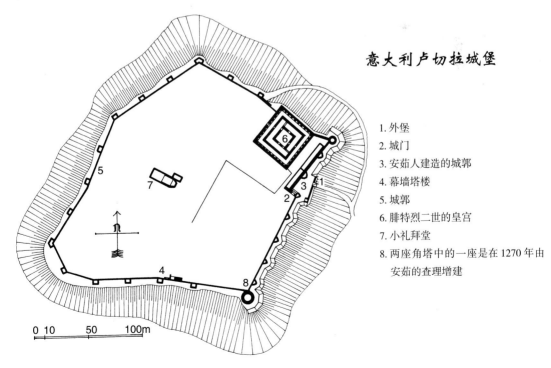

意大利卢切拉城堡

1. 外堡
2. 城门
3. 安茹人建造的城郭
4. 幕墙塔楼
5. 城郭
6. 腓特烈二世的皇宫
7. 小礼拜堂
8. 两座角塔中的一座是在 1270 年由安茹的查理增建

那不勒斯新堡

（万德·欧卓斯佳绘）

意大利新堡

那不勒斯奥沃城堡
通往大陆的堤道位于右侧

（沃伊切赫·奥斯特洛夫斯基绘）

阿让库尔的皮耶也为安茹的查理设计了那不勒斯的新堡，国王在下令建造新堡同时也重新修复了奥沃城堡，这座有高墙环绕的堡垒位于距离海岸线200—300米远的一座岩质小岛的湾口之内，堤道上的桥梁可以随时移走。奥沃城堡与包括新堡在内的另外几座城堡在那不勒斯周围构成一圈防御阵线，其最原始的结构是在1220年由腓特烈二世所建，但在1503年被西班牙人摧毁，现存的结构是17世纪重建的。

同样属于防御阵线一部分的新堡入口及城墙以五座巨大且设有雉堞的筒形塔楼守卫，其中四座分别矗立在城堡的四角，第五座则建筑在入口和一座角塔之间的城墙中央处，城堡入口以中央壁塔及角塔看守。高耸的内层幕墙周围还有一道较矮的外层城墙，两道城墙沿护城河边缘形成同心式环形结构。后期为了因应火炮的普及曾进行改建，外层城墙可能就是因此由先前的辅助防御墙改建而成。保存至今的结构大多是在15世纪四五十年代由阿拉贡的阿方索一世下令增建，实际施工的匠师则来自意大利和伊比利亚半岛。

位于加尔达湖南端的半岛上的锡尔苗内城堡为斯卡拉家族名下的城堡之一，此堡最初的设计是在战略上巩固在当地的势力，斯卡拉家族由于拥有加尔达湖，权势几乎可以比拟莱茵河上的强盗贵族。这座砖砌城堡的建造工程始于13世纪末，于14世纪初完工，城墙之内所设的港口将城堡划分为二，从位于东南角顶端筑有雉堞的方形塔楼可以俯瞰港口及城堡，城墙则利用三座方形角塔及两座门楼看守。城堡位于半岛上极狭窄的区域，与大陆之间以宽阔且引入湖水的护城河隔开，护城河也具有分支以围住城堡的另外两边。海岬上的要塞完全被护城河隔绝，要横越护城河只有两途，一是经过一座通往城堡门楼的开合桥，二是经由城堡旁边通往城市的第二座城门，门楼位于西侧。锡尔苗内城堡的位置极为特殊，完工以来不曾遭到围攻。

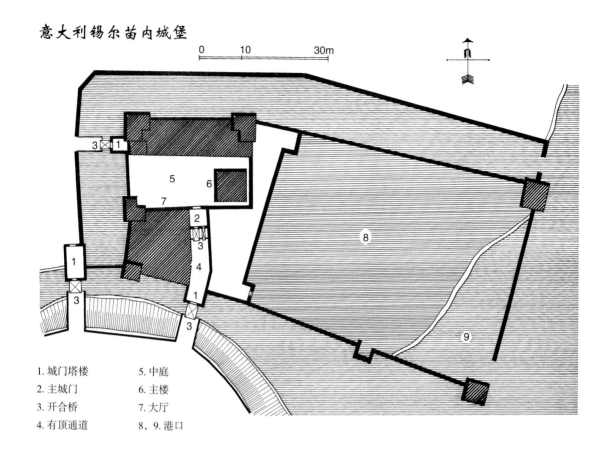

意大利锡尔苗内城堡

1. 城门塔楼
2. 主城门
3. 开合桥
4. 有顶通道
5. 中庭
6. 主楼
7. 大厅
8，9. 港口

加尔达湖上的锡尔苗内城堡

切斯塔城堡

位于意大利境内的小国圣马利诺的三座城堡之一,三座城堡分立于同一道山岭顶端,彼此之间以沿着山岭修筑的城墙相连;图中所示是从其中最古老的罗卡城堡眺望所见

西班牙阿尔曼萨城堡

伊比利亚半岛

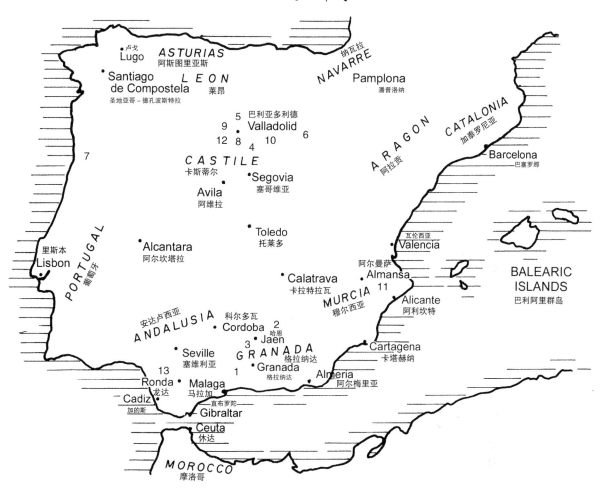

1. 格拉纳达阿尔罕布拉宫
2. 巴埃萨
3. 巴纽斯恩西纳
4. 科卡
5. 蒙特阿莱格雷
6. 戈尔马斯
7. 吉马拉斯
8. 坎波城
9. 芬沙里达
10. 佩纳菲耶尔
11. 萨克森
12. 托雷洛瓦
13. 萨阿拉

西班牙阿维拉

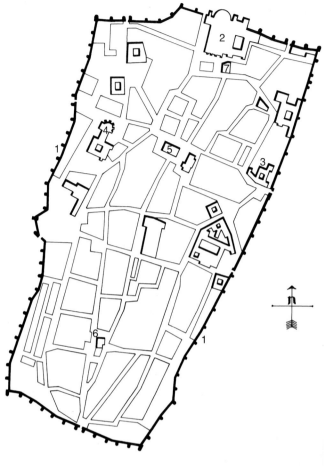

1. 城墙
2. 大教堂
3. 宫殿
4. 圣殿
5. 市政厅
6. 圣埃斯特班教堂
7. 宫殿

▲砌入城市外墙的防御型教堂护墙

◀阿维拉的圣文森门

伊比利亚半岛

在8至15世纪的西班牙收复失地运动时期，伊比利亚半岛上的中世纪要塞林立，这些防御型城市在解放半岛的过程中扮演了关键性的角色。除了守卫边境的防御型城市之外，随着基督教与伊斯兰世界之间的疆界在半岛上不断变动，不同的城堡及瞭望塔也如雨后春笋般绵延分布。

卢戈是半岛西北角加利西亚历史上最为悠久的防御型城市之一，周围环绕着270年建造且绵延达2.14公里的近圆形罗马城墙，城墙高12米，宽度则有4.5—7米。这道货真价实的罗马城墙的主要材质为水泥，并覆以板岩及花岗岩制的石造饰面，据说在罗马统治期间，整座城墙都因覆以水泥而呈白色，而石造饰面很可能是在中世纪时加上的。卢戈共有五座罗马城门及五座中世纪风格城门，其城墙包括85座凸出的方形或半圆形塔楼，其中72座屹立至今，大部分的塔楼很可能分为两层以容纳弓兵。由于位于伊比利亚半岛北部，因此这些要塞设施并未受到伊斯兰教建筑风格的影响。

西班牙最为人所熟知的防御型城市之一是位于高原边缘俯瞰杜罗河某一条支流右岸的阿维拉，城镇周围的城郭长2.5公里且设有超过80座塔楼，据认为是在中世纪建造以取代较早期的罗马城墙，城墙厚达3米，高12米。阿维拉共有九座城门，其中最为壮观的是圣文森门，其入口上方具有拱顶且附设两座凸出城墙的巨大塔楼，现存的结构很可能建于15世纪，城门附近有一座塔楼具有相当特殊的双层城垛。莱昂国王阿方索六世于1090年要其婿勃艮第的雷蒙重建阿维拉的城墙，工程由雷蒙带来的法国石匠与另外3000名西班牙人、穆斯林和犹太人合力完成。据传重建工程总共费时十年，不过须注意的是关于完工时间的记录未必精确，因此无法确知究竟是在何年何月完工。城墙上的城齿顶端呈金字塔形，这是摩尔人建筑的典型特色，而半圆形的塔楼在当时也属少见。城内未设要塞，但是有一座在12—14世纪建造的大教堂，其护墙砌入城市外墙，而大教堂则是西班牙建筑由罗马式风格过渡到哥特式风格的极佳范例。

西班牙阿维拉
其中一座防御设施最为完备的城墙塔楼

(万德·欧卓斯佳绘)

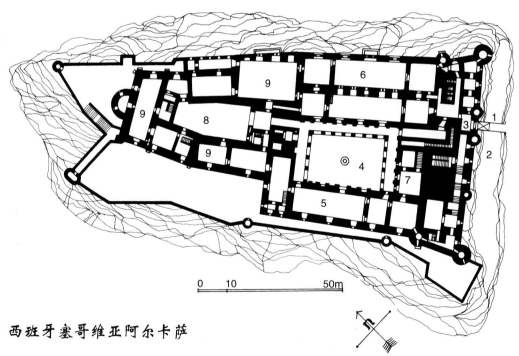

西班牙塞哥维亚阿尔卡萨

1. 开合桥
2. 护城河
3. 主城门
4. 中庭
5. 宫殿
6. 居住区
7. 主楼
8. 中庭
9. 行政及居住用建筑

摩尔人最早在西班牙建造的要塞（或称"阿尔卡萨瓦"）之一位于半岛南部哈恩省的巴纽斯恩西纳，此处的要塞是由科尔多瓦哈里发哈卡姆二世于10世纪建造，坐落在可监控卡斯蒂与安达卢西亚的通路上。其建筑特色与拜占庭要塞多有相似，在建造时明显师法了拜占庭建筑，至今保存状况仍相当良好。呈椭圆形的城郭仅有约100米长，沿线筑有14座凸出的方形塔楼，城门则设有伊斯兰教建筑中典型的双层马蹄形拱券。要塞在1212年拉斯纳瓦斯-德托洛萨战役之后落入基督教徒手中，而主楼便是在13世纪时增建。

摩尔人在西班牙也建造了另一种称为"阿尔卡萨"的城堡，即筑有防御工事的皇宫，通常比阿尔卡萨瓦更加宽敞，装潢也更加奢华，西班牙最知名的阿尔卡萨就是位于格拉纳达的阿尔罕布拉宫，其名称原意是指建造时所用的红石。阿尔罕布拉宫堪称西班牙伊斯兰教建筑中的明珠，规模在同类型建筑中排行第三，由于坐落在内华达山脉白雪皑皑的山峰之间，因此保存状态极佳。在阿尔罕布拉宫上方有一处建于9世纪旧要塞遗址上的小型阿尔卡萨瓦，由此可俯瞰阿尔罕布拉宫，两座阿尔卡萨瓦皆由奈斯尔德王朝所建，这个伊斯兰教王朝也建造了具有24座塔楼的格拉纳达城墙，所有的建造工程皆在13—15世纪完成。格拉纳达是伊斯兰教势力在伊比利亚半岛上的最后一处据点。

最终基督教徒也采用了"阿尔卡萨"一词以指称筑有防御工事的皇室或贵族住所，其中最为人所熟知者无疑是塞哥维亚的阿尔卡萨，最闻名的主人即为天主教君主（即斐迪南国王和伊莎贝拉女王）。这座阿尔卡萨最初是在11世纪由莱昂的阿方索六世在摩尔人的城堡遗址上建造，建造及翻修工程一直延续到16世纪，之后便成为国王的主要住所。城堡位于一处岩质山嘴，最陡峭的几侧刚好有两条小河流过形成天然的护城河，由山嘴则可俯瞰小河汇流处，在靠近陆地的一侧设有可横越极深护城河的拱桥。城堡的其中一端形如船首，设有与巨大长方形塔楼及另一座圆形塔楼连接的数座角塔，长方形塔楼即为旧时的主楼。靠近城堡前侧另有一座建于15世纪的大型结构物名为胡安二世塔，在每一角各设有两座角塔，此外还具有融合伊斯兰教及哥特式建筑风格的穆德哈尔式雉堞。

1. 幕墙
2. 城门
3. 上城堡
4. 主楼
5. 宫殿
6. 城镇
7. 查理五世的皇宫
8. 赫内拉瑞弗花园（苏丹夏宫）
9. 赤红塔
10. 住所
11. 教堂

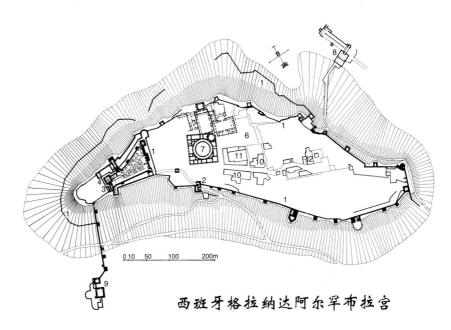

西班牙格拉纳达阿尔罕布拉宫

第5章 中世纪的城堡与要塞

巴利亚多利德派

伊斯马埃尔·巴尔巴·加西亚撰

中世纪时在欧洲许多区域发展出不同的城堡建筑风格或派系,其中"巴利亚多利德派"是于15世纪下半叶在西班牙的杜罗河谷发展出的独特风格,主要源于国王恩里克四世在建造塞哥维亚的坎波城、波蒂略及新塔等皇家城堡时所给予的指示。这些城堡的格局与皇家城堡相同,皆呈正方形且具有庞大的效忠塔或主楼,城墙的高度等于一边城墙长度的一半,效忠塔的高度等于一边城墙的长度或是城墙高度的两倍。经济能力不强的低阶贵族只能建造规模较小的城堡,但建筑时仍然依循相同的比例,因此他们的城堡实际上就像是大贵族的城堡缩减比例之后的复制品。大贵族的城堡通常高40米,而小贵族所建者则仅为25米高。

此地的贵族世家很快就模仿国王,根据同样的样式开始建造自己的城堡,比如托雷洛瓦、富恩特斯德瓦德佩洛、佩纳菲耶尔及芬沙里达皆属此类。有趣的是,大多数具有巴利亚多利德风格的城堡其实是晋身贵族阶级不久的中产阶级家庭所建,他们必须争取具有悠久历史的贵族世家的认同,新贵家族中有不少皆具有犹太人血统。

大部分城堡皆按照相似的程序建造,通常须历时两代才能完工。来自杜罗河谷诸城的重要人士在朝中取得高位之后便与宫廷攀上交情,这些人接下来就会试图借助购得芬沙里达或维拉富亚迪等邻近城镇以便取得较低阶的贵族头衔,这可能需要持续经营长达二十年才能做到。等到晋身贵族之后,他们就有权将皇室授予的土地在自己的家族中世代相传,接着就能着手修筑代表社会地位的城堡。

这类具有巨大效忠塔的城堡在几年之间就因为火炮出现而逐渐绝迹,慢慢成为单纯让堡主炫示地位的象征物。

西班牙芬沙里达城堡

巴利亚多利德地区由于境内拥有多座城堡而著称，其中包括蒙特阿莱格雷、芬沙里达、托雷洛瓦以及坎波城。

蒙特阿莱格雷是此区最为坚固壮观的城堡之一，具有高耸幕墙及少见的五角形塔楼，此塔在西班牙语中称为"效忠塔"，功能等同主楼，原先分为三层但最上层已经毁坏。从蒙特阿莱格雷的其中一角可以俯瞰下方的平原，城墙厚4米，高约20米，现存的结构包括方形角塔及位于其间的圆形塔楼，皆是在14世纪初期建造；入口设有横越护城河的开合桥，但护城河现在已被填平。

托雷洛瓦城堡建于14世纪，建筑风格也如同巴利亚多利德邻近的大多数城堡一样系出同门。位于城郭一角的三层式主楼建于14世纪初期，不过其中一些楼层很可能是之后才加上的，此外还有三座加筑雉堞的圆形角塔；城堡结构在之后曾经过大幅改造。

芬沙里达城堡是由名为穆罕默德的伊斯兰石匠大师设计，建造工程始于15世纪30年代，除了主楼之外的其他部分皆与托雷洛瓦很相像。四层式拱顶主楼于1453年开始建造，极为宽阔的上层又再分隔为两层楼，这座巨大结构物的格局为长20米、宽15米

西班牙蒙特阿莱格雷城堡

的长方形，最长的一边砌入城堡的一侧。幕墙角落共筑有四座圆形塔楼，在较长的城墙中央和塔楼上方则设有瞭望小塔。

坎波城的莫塔城堡的建造年代可追溯至12世纪，不过早期所建的结构只有城墙较低矮的部分仍保存至今。莫塔城堡的改造工程始于13世纪阿方索八世在位期间，延续到15世纪才结束，现存的砖砌结构是在15世纪60年代建造，而城垛则于20世纪重建。巨大的方形主楼高约30米，屹立于堡内一角，三层中最下面一层又再分隔成三层楼，由此层可通往堡内的地底廊道。主楼的特殊之处在于每一角皆具备罕见的双角塔或双瞭望小塔，此点与塞哥维亚的阿尔卡萨相似，在瞭望小塔之间还筑有雉堞。内层城墙具有五座长方形塔楼，周围环绕着深且宽阔的护城河，其中另外设有防御据点。围绕整个城堡的外层城墙是在15世纪增建，包含四座圆形角塔、两座位于入口处开合桥的圆形塔楼，以及位于圆形塔楼之间的较小半圆形塔楼；城墙以基座加固并曾因应火器攻击而进行改造。

西班牙蒙特阿莱格雷城堡

西班牙坎波城莫塔城堡

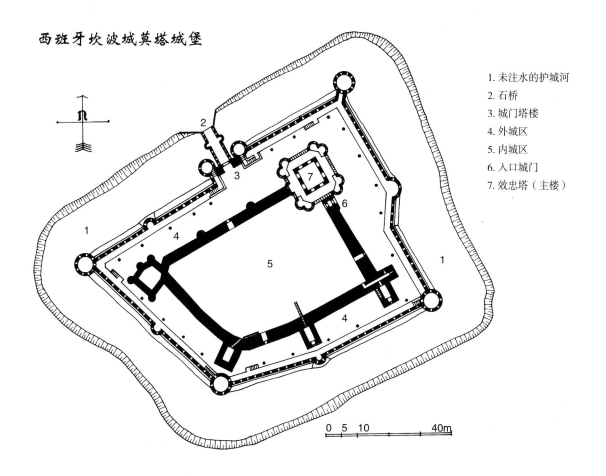

1. 未注水的护城河
2. 石桥
3. 城门塔楼
4. 外城区
5. 内城区
6. 入口城门
7. 效忠塔（主楼）

西班牙坎波城莫塔城堡

城墙及塔楼
从外侧的塔楼可看出为了使用火炮而改造的痕迹

（万德·欧卓斯佳绘）

佩纳菲耶尔城堡位于巴利亚多利德以东，这座素有"卡斯蒂尔精忠岩"之称的城堡外观就像在杜罗河周围平原浮起的一艘船，其结构在山岭上绵延超过150米。上层城墙之间的空间为中庭，宽度不超过10米；位于中央的巨大长方形主楼将城区分隔为北城区及南城区，主楼共有三层，每一层可能又分隔为数层，楼高超过20米。外层城郭是在11世纪建造，其中包含历史最为悠久的几段城墙，全长约210米，宽度约20米。

佩纳菲耶尔原本是摩尔人所建的要塞，后为桑乔·加西亚伯爵自阿尔曼苏尔手中夺去，伯爵在11世纪时予以修复，之后有一段时间皆由熙德手下的一名尉官管理。上层或称内层城墙是在14世纪增建，具有8座塔楼和用梁托支撑的21座角塔，后者具有当时多座西班牙城堡的共通特色，仅有两座角塔由于留有内部空间因此并不坚实；上层城墙、主楼及塔楼皆筑有雉堞。位于外层城墙的城门以特定角度朝向内层城墙开放，因此通往堡内的路径会完全位于主楼及内层城墙的射击范围之内。城堡在15世纪时经历最后一阶段的改造，此次是由卡拉特拉瓦骑士团首领佩德罗·希龙下令修建；而历代堡主中另一位赫赫有名者是别名"智者"的国王阿方索十世的侄子胡安·曼努埃尔，这位出身贵族的文人在13—14世纪于城堡内写下多篇闻名后世的论文以及《卢卡诺尔伯爵》一书。

西班牙佩纳菲耶尔城堡

效忠塔（主楼）位于中央

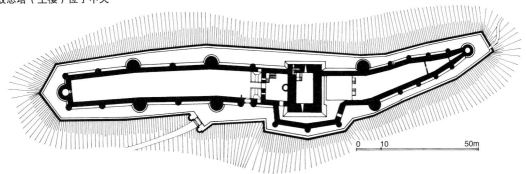

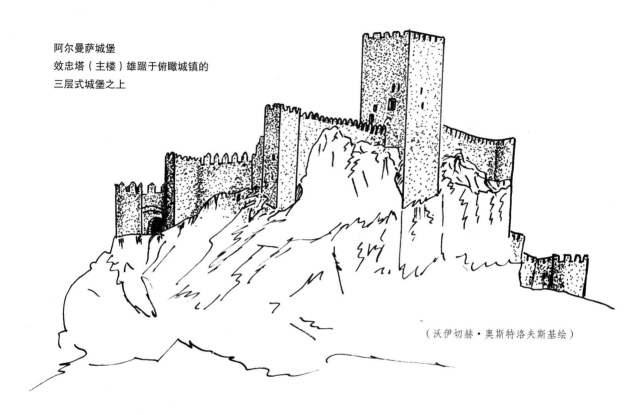

阿尔曼萨城堡
效忠塔（主楼）雄踞于俯瞰城镇的
三层式城堡之上

（沃伊切赫·奥斯特洛夫斯基绘）

阿尔曼萨城堡位于半岛东侧、瓦伦西亚西南方，堡址原是9世纪的小型阿拉伯要塞，由摩尔人在10世纪于其上扩建，12世纪落入基督教势力手中之后增建了城墙，之后阿拉贡国王于1255年进行翻修并将城堡赐给驻守的圣殿骑士团。阿尔曼萨极为壮观，坐落于可俯瞰周围平原的岩层之上，与佩纳菲耶尔城堡相似但是规模大得多。堡内最高的结构是位于北侧濒临悬崖的巨大主楼，是在15世纪时才增建，可由南侧一道极长的楼梯进入，周围以沿岩层所建的高低不同的城墙及塔楼守卫，城墙等防御设施往下延伸连接紧临悬崖底部的城镇。

距离阿尔曼萨不远处有一座摩尔人在萨克森建立的阿尔卡萨瓦，由其所处之山脊顶端俯瞰城镇，堡内有一座巨大的方形主楼，东侧则有外观似为摩尔风格的角塔，塔楼结构之间以城墙相连；主楼和西侧两座只余遗迹的圆形塔楼可能是由基督教徒所建。要进入城堡仅能经由距离城镇较远的北侧。西班牙乡间多处皆分布了摩尔人或基督教势力所建的要塞，萨克森的这座阿尔卡萨瓦可说是其中极具代表性的建筑。

（沃伊切赫·奥斯特洛夫斯基绘）

萨克森的阿尔卡萨瓦

西班牙防御型城市 阿尔梅里亚

圆形塔楼及教堂是伊莎贝拉女王和斐迪南国王从摩尔人手中取得城市之后增建

1. 阿尔卡萨瓦
2. 圣克里斯托瓦尔教堂
3. 圣地亚哥教堂
4. 城门
5. 市政厅
6. 修道院
7. 圣佩德罗教堂
8. 大教堂
9. 圣多明戈教堂
10. 港口
11. 港湾
12. 通往马拉加的道路

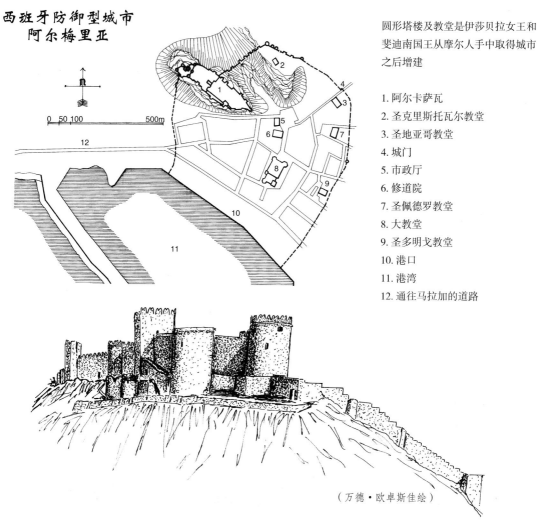

（万德·欧卓斯佳绘）

西班牙阿尔梅里亚的阿尔卡萨瓦

1. 城门塔楼
2. 下层中庭
3. 幕墙
4. 护城河
5. 城门
6. 教堂
7. 行政建筑及住所
8. 蓄水池
9. 开合桥
10. 城门塔楼
11. 主城堡
12. 大厅
13. 主楼
14. 城市外墙

A. 上城区
B. 中城区
C. 下城区

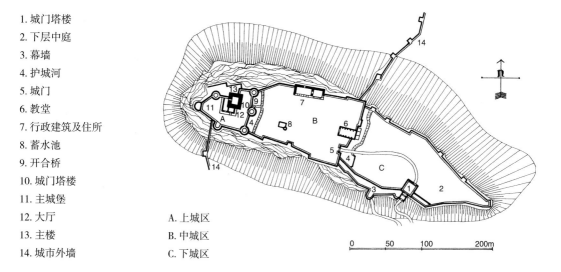

摩尔人在西班牙建设的防御型城市中最为雄伟壮丽者首推昵称"海之镜"的阿尔梅里亚，这座阿尔卡萨瓦最早是由摩尔人于8世纪在一处腓尼基堡垒的遗址上所建。城堡从65米高的山脊往下俯瞰城镇，共有三个城区，周围的幕墙皆筑有侧翼塔楼，只能从南侧进出。北侧的下城区内设有蓄水池；中间的城区里有清真寺、浴池以及地下囚室；上城区与其他部分之间以护城河区隔，其中的主楼仍屹立至今，主楼结构上哥特式的尖拱造型开口是伊莎贝拉女王和斐迪南国王在15世纪占领阿尔梅里亚之后才加上的。上城区内还设有地下廊道以及另外增建的三座巨大塔楼，其中一座经由隧道与崖坡相连，另一座则作为女眷住房，剩下一座俯瞰通往城堡入口的城墙及城门。环绕在城镇周围的城墙也与城堡的两侧相连。

卡斯蒂尔国王阿方索七世于1147年在热那亚人的协助之下攻占阿尔梅里亚，但十年之后城堡又被摩尔人夺回。阿布·西迪进一步加固城堡的防御设施，将阿尔梅里亚提升至"格拉纳达之钥"的地位。阿拉贡国王詹姆斯二世一度攻下城堡，但是收下格拉纳达国王的赎金后便让其取回城堡；阿尔梅里亚最后在1489年落入伊莎贝拉女王和斐迪南国王的手中。

西班牙阿尔梅里亚
两帧照片皆为由城堡眺望环绕城镇的城墙所见景象

第5章　中世纪的城堡与要塞

葡萄牙王国境内同样不乏城堡与要塞建筑，里斯本在1147年遭到十字军攻占之前是由摩尔人统治，摩尔人在此建筑了防御工事，因此在这里许多葡萄牙要塞皆具有浓厚的伊斯兰教色彩，不过其中有一例外者是北部的吉马拉斯城堡，此堡的风格比较偏向欧洲而非阿拉伯建筑。吉马拉斯的雏形是10世纪时建造的基督教风格塔楼，11世纪晚期由统治此处的卡斯蒂尔国王增建城郭；现今的不规则四边形格局是在15世纪改建而成，当时也增建了方形角塔以及大型主楼，后者位于城郭以内而非砌建于幕墙之内。

位于辛特拉的摩尔人城堡的城墙及塔楼不仅绵延于岩地，也在地面及峭壁之上蜿蜒盘旋。十字军攻占里斯本之后，摩尔人城堡的守军并未抵抗就于1147年向葡萄牙的首任国王投降，这也是葡萄牙国王的首件战功。摩尔人城堡的建筑属于典型的穆德哈尔风格，也称为安达卢西亚风格，这种风格最早在8世纪起源于安达卢斯，其特色为10世纪时以土、砾石、石灰及稻草制成的混凝土为建材，塔楼与主城墙以桥梁连接以及具有巨大的地下蓄水池等，后者可见于阿尔梅里亚。穆德哈尔风格从10世纪至13世纪末之间曾经过一些变化，但整体风格在伊比利亚半岛上的伊斯兰世界以及属于马格里布地区的摩洛哥仍持续流行。

葡萄牙吉马拉斯城堡

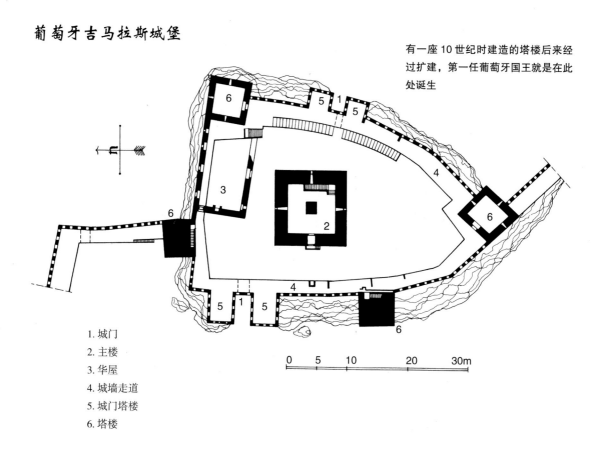

有一座10世纪时建造的塔楼后来经过扩建，第一任葡萄牙国王就是在此处诞生

1. 城门
2. 主楼
3. 华屋
4. 城墙走道
5. 城门塔楼
6. 塔楼

北非

在摩洛哥市城墙之内的阿尔卡萨瓦及阿尔卡萨几世纪以来几乎都维持着原本的风貌,其中一部分历史最为悠久的城墙属于马拉喀什,可能是 11 世纪阿尔摩拉维德人占领此城时所建。位于北非另一端今开罗城附近由法蒂玛王朝于 969 年建立的卡希拉(意为胜利者之城)极为壮丽,是具有伊斯兰教风格的皇家卫城;1087 年时在位的"维齐"(即宰相)于城镇周围加筑石墙、方形塔楼及具有防御设施的城门。卡希拉东南方的开罗是在 1176—1183 年兴建,堪称萨拉丁的绝世堡垒,萨拉丁修筑的城墙绵延长达 1200 米,每 100 米设有小型的半圆形塔楼,沿着城墙还筑有数座庞大壮观的防御型城门。开罗的要塞建筑工程在整个中世纪盛期可说是无休无止:1207 年时埃及苏丹卡米勒加固塔楼及城门,此外又加盖了五座巨大的方形主楼;马穆鲁克人在西南边增建了两道城墙以加强防卫皇宫、军营及仓库区;到了 16 世纪,土耳其人修建了两座可以控制整个堡垒的巨大圆形塔楼。

▲开罗
堡垒外墙局部(照片由皮埃尔·埃切托提供)

◀摩洛哥拉巴特
14 世纪城墙所开的城门

▲亚历山大里亚
世界七大奇观之一的古代灯塔的遗址上如今屹立着卡伊特·巴伊城堡

第 5 章 中世纪的城堡与要塞 **283**

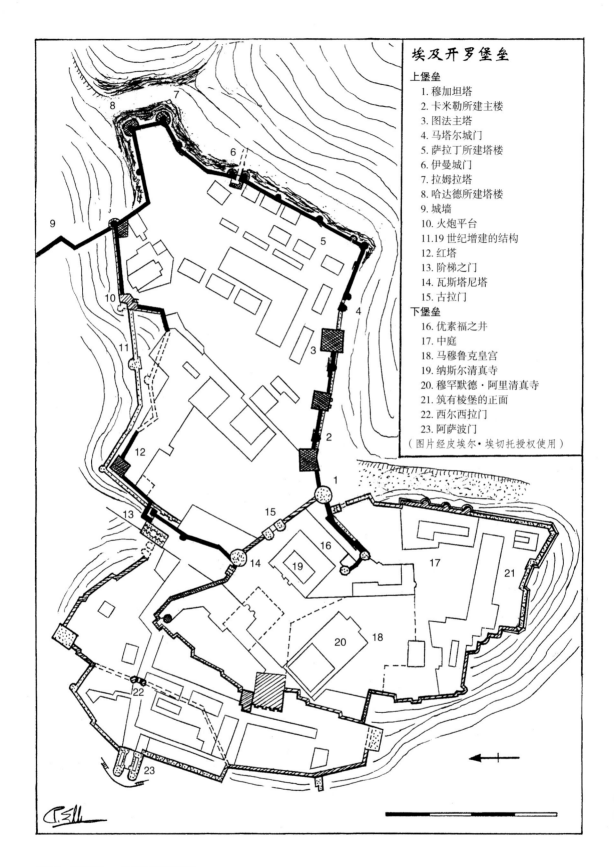

附录一

中世纪要塞的建筑师及营造师

中世纪时大多数负责设计、建造城堡及其他要塞的人员姓名都已失传，当时的史家在记录时多半将重点放在出资建造者而非实际执行建筑工程者。负责主导工程的通常是资历丰富且地位崇高的大师级石匠和木匠，他们过去的作品皆已博得同侪的认可及高度赞誉，很多匠师在建造城堡要塞之前可能经手过其他大型建筑工程，比如修建教堂和石桥。每个国家给予匠师的头衔皆不相同，而历史文献中泰半以头衔称呼他们，而其本名也就慢慢为人所遗忘，不过还是有一些匠师的名字得以流传后世，以下所列即为众多出色匠师中的佼佼者。

朗格勒：法国，10 世纪晚期；设计塞纳河畔伊夫里。

贝克的贡杜夫：诺曼底和英格兰，11 世纪；征服者威廉的顾问。

奥斯纳布吕克主教本诺二世：神圣罗马帝国，11 世纪；亨利四世的顾问；设计哈尔茨堡。

贝勒姆的罗伯特：诺曼底和英格兰，11 世纪晚期至 12 世纪早期；建造阿伦德尔和吉索尔的城堡。

尤里·多尔戈鲁基大公：俄罗斯，12 世纪；于 1156 年参与设计并下令建造莫斯科的第一座堡垒（克里姆林宫）。

英王理查一世：12 世纪；设计法国的加亚尔城堡。

欧塞尔主教努瓦耶的休：法国，12 世纪晚期；加强瓦尔济与努瓦耶的主教城堡的防御。

神圣罗马帝国腓特烈二世：意大利，13 世纪；设计蒙特堡和其他结构。

英王爱德华一世：13 世纪；参与设计威尔士等地的城堡。

英王爱德华二世：13 世纪；参与设计威尔士等地的城堡。

圣乔治的詹姆斯大师：萨伏依，13 世纪；三十年来曾为爱德华一世在威尔士设计并监造过包括哈勒赫城堡在内的 10 座当时最为先进的城堡，也曾为爱德华设计苏格兰的城堡。

蒙特勒伊的厄德：法国，13 世纪；为路易九世及腓力三世设计并监造艾格莫尔特及其他要塞。

菲利普·希纳尔：法国，13 世纪；为腓特烈二世建造蒙特堡的大师级石匠。

阿让库尔的皮埃尔：法国，13 世纪；建造意大利卢切拉的城墙。

雷蒙·迪·唐普勒：法国，14 世纪；建造万塞讷城堡。

阿伦德尔的纪尧姆：法国，14 世纪；建造万塞讷城堡。

让－勒努瓦：法国，14 世纪；设计皮埃尔丰城堡府邸。

季米特里·顿斯科伊大公：俄罗斯，14 世纪；参与设计并下令以白石为材料改建莫斯科的克里姆林宫。

约翰·勒温：英国，14 世纪；在英国约克夏郡建造波尔顿城堡的大师级石匠。

米科劳斯·费伦斯坦：14 世纪；为条顿骑士团设计城堡的匠师中最为知名者。

胡安·瓜斯：卡斯蒂尔，15 世纪；建造蒙贝尔特兰、贝尔蒙特、曼萨纳雷斯等地的城堡和托莱多的大教堂。

阿里·卡罗（受洗后改名阿隆索·丰赛卡）：卡斯蒂尔，15 世纪；建造柯卡堡。

胡安·卡雷拉：卡斯蒂尔，15 世纪；建造科里亚和圣费利塞斯－德洛斯加列戈斯的城堡。

马拉尼翁的费尔南·戈麦斯：卡斯蒂尔，15 世纪；建造阿尔梅里亚、丰特拉维亚和佩纳菲耶尔的城堡以及丰特斯－德瓦德佩洛城堡的塔楼。

洛伦索·巴斯克斯：卡斯蒂尔，15 世纪；建造卡拉奥拉和西韦拉的城堡。

路易·法哈多（改信伊斯兰教）：卡斯蒂尔，15 世纪；建造贝莱斯布兰科和穆拉的城堡以及穆尔西的阿尔卡萨。

亚里士多德·菲奥拉凡提（意大利裔）：俄罗斯，15 世纪晚期；为大公伊凡一世修筑莫斯科克里姆林宫的红砖墙。

朱利亚诺·达·桑迦洛与安东尼奥·达·桑迦洛：意大利城邦；来自佛罗伦萨的桑迦洛兄弟建造的数座要塞皆为由中世纪过渡至后期的重要建筑，他们负责的工程包括改建罗马的圣天使堡（1493 年）以及奇维塔卡斯泰拉纳（1494—1499 年）。两人的侄子小安东尼奥则为建筑师并承接教皇的委托案，在 16 世纪时设计了数座要塞建筑。

洛伦索·德·东切：卡斯蒂尔，16 世纪早期；建造格拉哈尔－德坎波斯城堡（1519 年）及修复锡曼卡斯（1521 年）。

费奥多尔·萨韦利耶维奇·科恩：俄罗斯，16 世纪晚期；建造莫斯科"白城"的城墙、斯摩棱斯克的城墙（1595—1602 年）以及其他俄罗斯城市的城墙。

建筑师及营造师的头衔

【法国】

  木匠大师 Maître charpentier
  建筑大师 Maître de chantier
  石匠大师 Maître maçon
  石匠 Tailleur de pierre
  采石匠 Carrier
  建筑师 Architect
  工程师（17 世纪） Ingénieur

【葡萄牙】

  木匠大师 Mestre Carpinteiro
  建筑大师 Mestre das Obras
  建筑师 Arquitecto
  工程师（17 世纪） Engenheiro

【西班牙】

建造石砌城堡者

  首席工程师 Maestro Mayor*
  （负责管理所有匠人；亦担任建筑师）
  石匠大师 Maestro Cantero
  （亦担任建筑师）
  建筑大师 Maestro de Obras
  石匠 Cantero
  （切割并抛光石块）
  石工 Pedrero
  （技术不如石匠，通常负责处理粗石或在采石场内工作）

*首席工程师、石匠大师和建筑大师可能由同一人兼任；多半为犹太裔或穆斯林，但无论是为基督教徒或是摩尔人雇主工作皆能尽心尽力。

建造砖砌或土坯砖砌城堡者

  营造大师 Maestro Alarife*
  砌砖匠 Albañil

* 此词源自阿拉伯语，"营造大师"通常是摩尔人或摩尔人的后代。

15 世纪晚期用以称呼要塞的营造师傅的词语

  军事工程师（建筑师） Capitán
  结构工程师 Maestro

【荷兰】

  石匠大师 Bouwmeester
  （关于这类人员的身份或确切头衔的资料极少。）

【瑞典】

  石匠大师 Byggmästare
  （关于这类人员的身份或确切头衔的资料极少。）

16 世纪中叶

  石匠大师或大师 Byggmästare 或 Mästare
  （关于这类人员的身份或确切头衔的资料极少。）

【俄罗斯】

  建筑艺术师 Zodchij
  （建造要塞和教堂者）

附录二

围城战年表

中世纪曾发生过无数次大大小小的围城战役，虽然很难精确估计战役次数，但却可以从要塞建筑的数目找到线索。欧洲和地中海沿岸地区的中世纪要塞合计超过5万座，即使只有十分之一曾经遭到围攻，由此推估而得的战役次数仍旧多得惊人。由于多数中世纪围城战仅牵涉少数人员，因此其发生的频率实际上确有可能如此频繁，以下所列举的围城战皆具有某种程度的重要性。

673～678年君士坦丁堡围城战：阿拉伯人围攻五年之后因损失惨重而撤兵。

717～718年君士坦丁堡遭到围攻：阿拉伯人在此战中再度损失4万人；此战与7世纪的围城战结果确保巴尔干半岛在之后数百年皆免于受到伊斯兰教势力的威胁。

885～886年巴黎围城战：维京人虽然倾巢而出，但法兰克人并未投降；这场浩大的围城战让参战双方都印象深刻。

955年奥格斯堡围城战（8月8～9日）：奥托一世率领撒克逊部队前来解围，在次日的莱希费尔战役中大败马扎尔人，令其从此无力入侵。

1016年伦敦围城战：埃德蒙·艾恩赛德在4月登基成为英王之后，丹麦国王克努特大帝率维京大军围攻伦敦，不过埃德蒙趁着丹麦军队无力维持完整防线时趁隙突围，然而埃德蒙在一年后去世，克努特于是把握机会取得英国的统治权。

1049年及1054年栋弗龙围城战：征服者威廉开始扩张在诺曼底的势力范围，于是围攻安茹领土上坚固的石砌城堡栋弗龙，这场围城战极为漫长，起初在1049年失利，但受困的守军在1054年得知威廉占领阿朗松后处置守军毫不留情之后终于投降；之后征服者威廉持续东征西讨以扩张领地。

1071年曼齐刻尔特围城战：在这座位于小亚细亚的亚美尼亚城镇遭到围攻之后，拜占庭帝国虽然派出援军但在战场上被击溃，之后帝国在中东地区的势力就急速衰退。

1081年都拉基乌姆围城战（靠近阿尔巴尼亚的都拉斯）：诺曼人罗伯特·吉斯卡尔在7月开始攻城，拜占庭帝国派来的援军在10月败于人数远逊于己方的诺曼部队，诺曼最后在次年2月成功攻克城镇；拜占庭先前在诺曼人的进逼之下就已退出意大利南部，经过此役，在欧洲又多了一道需要严密防守的前线。

1083～1084年罗马围城战：教皇格列高利七世避居圣天使堡之后遭到神圣罗马帝国皇帝亨利四世的部队围攻，1084年5月一支由诺曼和伦巴第组成的盟军从南部前来解围。

1093～1094年瓦伦西亚沦陷：全城在遭到围攻九个月之后由于缺粮被迫向熙德投降。

1097年小亚细亚的尼西亚围城战（5～6月）：十字军在此战中建造并运用了各式各样的攻城器械，他们在击败一支前来救援的土耳其部队之后将死去敌军的头颅用器械投入城中，而拜占庭皇帝也下令停驶船只以方便十字军由临湖的一侧攻击。外墙有一座塔楼的地基被挖松而崩坍，外墙结构也遭到投石机重创，最后土耳其人投降。这是第一次十字军东征途中第一场重要围城战，也是第一次获胜。

1097～1098年安条克围城战（10月至次年6月）：此战堪称史上最盛大的围城战之一，十字军于10月围攻安条克，建造了三座塔楼分别堵住三座城门，攻守双方都饱受缺粮之苦。守军于12月29日出城突袭但失败；前来解围的土耳其援军于12月31日被击败；另一批人数更多的援军在2月9日也被击败；3月时守军再度出城试图突围但失败；十字军再次用投石机将土耳其人的头颅投进城内。克波加率领新的一批援军在6月抵达，但在此之前由于一名叛徒打开城门，十字军得以占领安条克，土耳其人仍在城内的堡垒苦守至克波加到来。克波加以堡垒为据点攻击城镇但被十字军挡下，土耳其军接着围攻城内的基督教部队。最后十字军因为在城内找到一件据认为是圣物的物品而士气大振，在塔兰托的博厄蒙德的带领之下冲出城外在战场上痛宰土耳其军。通往耶路撒冷的路途从此开放。

1099年耶路撒冷围城战：不到1万人的十字军于6月到达之后团团围住圣城，当时城内除了居民尚有2万名守军；由于安条克已经沦陷，因此不会有任何援军前来。十字军在7月中旬建造了三座巨大的冲击塔，此外也开始填平护城河以便将冲击塔分别推送到可攻击不同区段城墙的位置。土耳其人也不甘示弱地利用城墙上的投石机加以反击，同时在城墙上悬挂可防护的铺垫。雷蒙四世在南侧发动攻击但被挡下，布永的戈弗雷也在北侧发动攻势，其部下成功打开城门，胆敢抵抗十字军者一律遭到屠杀，剩余的守军先退到大卫塔，之后也投降。第一次十字军东征由十字军取得最后胜利。

1109年格沃古夫围城战：神圣罗马帝国皇帝亨利五世在围攻这座波兰郭区时试图将人质当成人肉盾牌，不过最后被波兰国王波列斯拉夫带来的援军击败；这场关键性的战役挫败了日耳曼人并吞波兰的野心。

1111～1112年提尔围城战：耶路撒冷的鲍德温一世数年来皆试图攻打几座沿海城市但是成效有限，他在11月攻击法蒂玛王朝控制的沿海城市中防守极为森严的提尔，守军利用火攻、爪钩和绳索毁去几座巨大的冲击塔（部分配备攻城锤）。伊斯兰教援军于4月前来解围，反过来围攻鲍德温这一方的营地及土筑工事，最后鲍德温率军突围之后撤走。

1124年提尔围城战：鲍德温于2月会合威尼斯海军后再度围攻这座岛屿城市，他截断唯一可供应城市淡水的输水道，而攻城唯一的途径是翻越亚历山大大帝在几世纪以前修建的人工地峡。数个月之间双方炮火相向，守军用了"希腊火"让鲍德温多次进攻失利，但守军最终还是在7月投降。

1144年埃泽萨围城战：土耳其的赞吉苏丹于11月攻击这座防御型城镇，攻城部队挖出通往城墙下方的隧道并于圣诞夜突破城墙，之后占领全城，退守堡垒的守军也在两天后投降；此战引发了第二次十字军东征。

1147～1148年里斯本围城战：由3万名葡萄牙人、盎格鲁-诺曼人、法兰德斯人及日耳曼人组成的十字军攻打驻扎在里斯本的5000名摩尔人守军。盎格鲁-诺曼人带来28米高的冲击塔遭到摩尔人以火箭及投石机射出的炮弹破坏，十字军又建造了另一座冲击塔但也被毁去，十字军挖掘的地道也在9月时被摩尔人的对抗地道阻截，不过摩尔人在地下的小规模战斗中失利，而十字军于10月利用地道成功破坏了一大段城墙，十字军原想由空隙进攻但被守军挡下。在另一段战线上的十字军建造了24米高的冲击塔并推送至城墙边，摩尔人被迫投降，里斯本于是由新上任的葡萄牙国王接收成为首都。

1153～1154年阿什凯隆围城战：耶路撒冷国王鲍德温于1月全军出动围攻此城，由海路堵住港口，法蒂玛王朝在数个月之后派遣一支海军由埃及前来为守军提供补给。鲍德温的部队利用一座高耸的攻城塔越过城墙直接朝城内街道攻击，阿什凯隆守军冲出城放火焚烧攻城塔，但是火势延烧之后也破坏了城墙，圣殿骑士团便趁机冲入城墙的破洞，守军奋力消灭攻入的敌军并修补城墙；之后阿什凯隆持续遭到猛烈的炮火攻击，守军慑于攻势便在 8 月投降。此战是耶路撒冷历代国王最后一次获胜的重要战役。

1158 年米兰围城战：神圣罗马帝国皇帝红胡子腓特烈从 1154 年便开始试图夺回意大利北部的控制权，他在 1158 年挥军围攻米兰，米兰人在坚守一个月之后于 9 月投降。

1159～1160 年克雷马围城战：由于米兰这方持续抵抗，因此红胡子腓特烈于 7 月开始围攻克雷马，他在挫折之下甚至下令先将人质缚在冲击塔上再向前推送攻击城墙。然而克雷马军民不为所动，仍顽抗达六个月之久，直到最后因断粮才被迫投降；皇帝下令将城墙及城市夷为平地。

1161～1162 年米兰围城战：红胡子腓特烈和米兰之间的争斗仍未止歇，皇帝在 5 月时再度围攻米兰，经历将近一年的攻防战，米兰终于在 1162 年 3 月投降；皇帝下令驱逐市民并彻底摧毁米兰。

1174～1175 年亚历山德里亚围城战：意大利北部各方势力组成的伦巴第联盟于 1167 年反抗神圣罗马帝国皇帝，联盟成员之一亚历山德里亚在 1168 年时才由塔纳罗河上两个各自具有土木建筑防御工事的城镇联合组成，并以教皇亚历山大三世之名来命名。由于镇民拒绝放弃亚历山德里亚而回到原先所属的城镇，皇帝的军队于 9 月开始围攻此城，虽然挖掘了秘道且深入城墙地基之下，但是腓特烈的攻城行动还是以失败告终，最后在 4 月撤兵。

1187 年耶路撒冷围城战：萨拉丁在哈丁获胜之后继续进军耶路撒冷，并在 9 月展开围城，守军指挥官伊贝林的贝里昂为了防守无所不用其极，将城内包括男孩在内的男性皆任命为骑士。萨拉丁的挖地工兵在九天之后成功破坏城墙，但后续攻势遭到守军阻截，贝里昂困于兵员不足，最终只能投降。

1188 年索恩围城战：萨拉丁及其子马利克·查希尔合力围攻索恩，萨拉丁利用四座投石机越过极深的护城河攻击东侧城墙并破坏了东北角，查希尔的部队利用两台攻城器械攻上北侧城墙，之后找到空隙便快速进攻，很快席卷整个城镇；与敌军人数相差悬殊的守军逃到主塔之后与攻城方协商投降事宜。

1189～1191 年阿卡城围城战：在耶路撒冷王国覆亡之后，蒙费拉的康拉德及时赶来营救提尔，他在 1189 年 8 月和耶路撒冷国王盖伊合力围攻位于半岛之上地形险峻的阿卡城，前来解围的萨拉丁一度从外围困攻城的基督教部队，经历一年的攻守之后双方皆因为疾病和缺粮而损耗甚巨。攻城方在 5 月时曾利用冲击塔攻击但失败。在博福特堡于 1190 年 7 月沦陷之后，萨拉丁派出军队前往小亚细亚迎战红胡子腓特烈手下的十字军。狮心王理查和法王腓力二世在 1191 年加入第三次十字军并参与围城战，腓力利用新制成的攻城塔再度发动攻击，但在 1191 年 4 月宣告失败，而挖掘的地道也因为被守军的对抗地道阻截而失效；理查建造了一台四层的庞大攻城塔，但在到达城墙前时遭到攻击而损毁。阿卡城的守军最后在 7 月投降，这批十字军虽然好不容易取胜却因为内斗而开始分裂。

1203～1204 年加亚尔城堡围城战：腓力二世在 1203 年 9 月开始围攻此堡，约翰王派驻城堡的司令官罗杰·德·拉西在法军的攻击奏效之后于 1204 年 3 月投降献城；法国在夺得此堡之后便能够控制塞纳河，之后得以将英国的势力完全逐出诺曼底。

1204 年君士坦丁堡遭到围攻：第四次十字军是由威尼斯人载送到君士坦丁堡，他们协助遭到废黜的拜占庭皇帝伊萨克二世复位，但之后伊萨克二世命令他们撤离，十字军于是攻击城市，这是君士坦丁堡首次沦陷于外人之手。拜占庭帝国的势力在这场围城战之后大幅衰减，其国土一度落入拉丁人的掌控。

1209 年卡尔卡松围城战：这场围城战是阿尔比十字军参与的战役之一，雷蒙 – 罗杰子爵在郊区与十字军交战两周之后试图进行协商但在会面过程中被俘虏，以致卡尔卡松很快就投降；此城在法王的十字军对抗整个朗格多克时成为王室兵力的大本营。

1211年图卢兹围城战：由于图卢兹的城墙绵延超过六公里，因此由西蒙·德·蒙福尔率领的阿尔比十字军无法将城市完全围住，在图卢兹获得物资补给之后反而是西蒙手下的十字军面临断粮危机，十字军曾利用攻城器械进攻也无济于事，最终宣告失败。

1215年罗切斯特城堡遭到围攻：叛变的贵族企图控制此据点并对抗约翰王，在派出的工兵成功破坏幕墙及主楼一角之后进占城堡。

1216年奥迪厄姆围城战：约翰王位于奥迪厄姆的城堡规模小且较不重要，仅由三名骑士及十名军士驻守，然而在英国贵族叛乱期间，几名守军却在法国的路易王子率领140名士兵来攻时支撑了两周之久；此战昭示了中世纪盛期第一阶段以要塞对抗传统部队的优势，在这个过渡阶段才刚开始进一步组织军队以便在围城战中有效发挥战力。

1216年多佛围城战：法国的路易王子于1216年登陆英国与反叛约翰王的贵族会合，虽然英吉利海峡沿岸的五港同盟已全数沦陷，但国王的驻军坚不投降，多佛的司令官于1217年阻截前来支援的法国舰队并在海上将其击败；围城的部队于英军在林肯取胜之后撤兵。

1217年图卢兹围城战：图卢兹的雷蒙于9月抵御来犯的西蒙·德·蒙福尔，虽然图卢兹几乎不具有防御工事，双方还是在街道上展开激烈的战斗，西蒙被投石机的石弹击杀之后围城战宣告结束。等到下一次为了铲除洁净派而发动十字军时国王不得不御驾亲征，法军于1219年再度围攻图卢兹。

1218～1219年达米埃塔围城战：第五次十字军登陆尼罗河三角洲并展开长达十六个月的围城行动，1219年11月时十字军的攻击终于奏效，当时守军由于染病而战力减弱，十字军找到一道乏人看守的城墙之后很快大举进攻，继而攀上内层城墙并攻占城市。

1220年布哈拉及撒马尔罕沦陷：这两座筑有重重工事且防守严密的中亚大城在蒙古大军的袭击之下很快就沦陷，此战中无论任一方军队的人数皆远超过同时代任何一个欧洲国家所能动员的士兵数量。

1220～1221年赫拉特沦陷：此城虽然很快就向蒙古人投降但随后再度反叛，经过六个月的围城战之后赫拉特的军民被迫投降，但是蒙古人借助屠城向各国昭示反抗东方铁骑的下场。

1224年贝德福城堡围城战：此堡当时由叛变的佣兵把持，前来围攻的王室军队筑造可装置投石机的塔楼以便持续轰击城墙，英王亨利三世采用了在今日也相当常见的策略，他警告守军如果不归顺便会在城破之后处决他们。英王的挖地工兵后来成功重创内层城墙及主楼，守军最终投降但仍被处以绞刑。

1226年阿维尼翁遭到围攻：法王路易八世率领十字军前去剿灭洁净派途中攻击了由图卢兹的雷蒙管辖的阿维尼翁，守军虽然以重力抛石机顽抗，但是阿维尼翁最后还是遭到攻占，法王命人将所有防御工事毁去；之后城墙经过重建，另外也在此处加盖教皇宫。

1236年科尔多瓦遭到围攻：卡斯蒂尔国王斐迪南三世先是大举进攻此城，接下来往南与摩尔人的战争也屡传捷报，将摩尔人在伊比利亚半岛上的势力范围大幅削减到只剩下格拉纳达王国。

1238年布雷西亚围城战（7—9月）：在击败伦巴第联盟之后，神圣罗马帝国皇帝腓特烈二世又养精蓄锐整整一年才集结足够的兵力围攻布雷西亚，派出的部队除了日耳曼人以外还包括许多英国人、西班牙人、萨拉森人、克雷莫纳人和希腊人，这支成分复杂的军队甚至无法挡下出城突袭的守军。皇帝下令建造巨大的冲击塔以便在9月攻城，但是因为天候的关系被迫中止行动。腓特烈于1241年围攻法恩扎，由于法恩扎顽抗长达半年，因此腓特烈无法继续攻占博洛尼亚。两场围城战都显示当时的城市具有比城堡更加复杂的防御设施，而皇帝的军队已经无力承担围攻城市的重任。

1240年基辅遭到围攻：蒙古人先利用投石机猛烈轰击基辅，接着在12月5日以雷霆之势进攻防守薄弱的城市，虽然伤亡惨重仍旧成功占领基辅；次日弗拉基米尔郭区（即城内堡垒）及守军最后坚守的苏菲门皆遭到攻击，最后市民惨遭屠杀，城市也被焚烧殆尽；俄罗斯在接下来有超过一世纪的时间皆从属于蒙古。

1241年克拉科夫沦陷：蒙古大军在城外的战场上击败波兰军队之后很快就占领了波兰首都。

1244年蒙特塞居尔围城战：十字军出征在这座具有关键地位的洁净派城堡沦陷之后宣告结束，此战中值得注意的是攻城方所用的作战方法：国王的人马将投石机的零件运送到山上，在城堡对面重新组装完成后攻击，可以达到更强的杀伤力。

1258年巴格达遭到围攻：蒙古人进军巴格达并在1月开始围攻，东侧城墙在猛烈的炮火攻击之下于2月就已有部分崩坍，哈里发在2月稍晚投降之后遭到处决，整个城市被夷为平地。

1266年凯尼尔沃思城堡围城战（7—12月）：由于以此堡为据点的叛军人数超过千人，再加上几乎整座城堡周围皆有人工湖池等大型水体作为屏障，要塞坚固难攻的程度或可媲美多佛城堡，因此亨利三世采取了大规模的攻城行动。英王的军队以投石机猛攻，守军也不甘示弱以投石器械反击，成功击毁两座巨大的冲击塔甚至几门大炮；攻城方也在船上设置投石机以便从湖上轰击外层城墙。守军数度袭击围城军队，不过最后仍然因为断粮而必须协商投降。

1268年安条克围城战：埃及苏丹拜巴尔斯先是在1265年攻占凯撒利亚和阿尔苏夫，继而在1268年攻占雅法，之后便进军安条克，于5月发动攻势击败人数较少的守军，接着毁去安条克的防御工事；拜巴尔斯的胜利意味着十字军失去了在圣地的根据地。

1271年骑士堡围城战：拜巴尔斯挟重力抛石机及挖地工兵之力大举进攻势单力薄的守军，此外也筑造攻城用的塔楼，其中一座甚至可俯瞰南侧城墙，苏丹的种种努力并未白费，在此战中取得最后胜利。

1291年阿卡城围城战：马穆鲁克苏丹阿什拉夫在境内建造了为数众多的攻城器械，此外还下令建造另外100台新攻城器械，其中两台很可能是巨大无匹的重力抛石机。这场参与人员超过22万人的围城战于4月开打，阿卡城内的居民不足4万人，其中包含1.5万名骑士和士兵，5月时有2000名士兵前来增援。苏丹的军队一方面利用火药之力投射炮弹，另一方面以1000名挖地工兵朝环绕半岛的双层城墙的各个塔楼下方挖掘隧道。工兵在5月时成功破坏多座塔楼及外层城墙的部分区段，守军在马穆鲁克人的攻势之下退守内层城墙，但内层城墙很快也出现破洞，基督教部队试图由海路逃离；在靠近内层城墙的城堡内的守军坚守了比较长的时间，但城堡最后也因为遭到挖掘攻击而崩坍。此战后，十字军丧失了在圣地的最后一处重要据点。

1300年卡拉弗罗克城堡围城战：与苏格兰交战的英王爱德华一世围攻此堡，城堡内的60名守军在遭到猛烈的炮火轰击之后决定接受条件投降。

1304年斯特灵围城战：爱德华一世本来计划在此战中动用巨大的重力抛石机，但是斯特灵在攻城器械出场之前就降服了；事实证明大多数苏格兰要塞面对爱德华的巨大攻城器械都不堪一击。

1305年希维切城堡围城战：此堡其实是可俯瞰维斯瓦河附近一处战略据点的郭区，在遭到围攻后支撑了十周，但由于城内的叛徒破坏了投石机和弩，守军不得不接受攻城方条顿骑士团提出的投降条件；波兰在接下来的一百五十年都无法直通波罗的海。

1308年格但斯克（但泽）沦陷：此城人民为了对抗布兰登堡的骑士便请来条顿骑士团但却遭到后者入侵，条顿骑士团占领城堡之后屠杀市民，于是掀起波兰人与条顿骑士在14世纪的第一场战事。

1344 年阿尔赫西拉斯围城战：阿方索十一世围攻这座海港并在守军投降之后毁去全城；在阿尔赫西拉斯沦陷之后，伊斯兰教在伊比利亚半岛上的势力只剩下格拉纳达王国。

1346～1347 年加莱围城战：英法百年战争中爱德华三世在克雷西获胜之后围攻加莱，在此战中很可能使用了射石炮，守军最后由于援军无法前来而投降；加莱在下一世纪成为英军在法国执行军事任务的重要基地之一。

1372 年拉罗谢尔沦陷：拉罗谢尔的英国守军指挥官由于目不识丁而被法籍市长欺骗，误认为国王在信中要他率领堡内守军到城内演习，市长让指挥官误以为他们最后会获得薪饷（载送薪饷前来的船只在半途就遭到卡斯蒂尔舰队拦截），指挥官将守军全数带出城堡后误入法军陷阱，最后只能投降；市长将城市和要塞的控制权交给贝特朗·迪·盖克兰。

1390 年维尔纽斯城堡围城战：波兰部队前来为立陶宛守军解围，条顿骑士团与后来继位成为英王的亨利四世的攻城行动宣告失败。

1396 年尼科波利斯围城战：匈牙利国王卢森堡的西格蒙德率领由各国派人合组的 6 万名十字军对抗土耳其人，在围攻多瑙河畔的尼科波利斯之前与保加利亚的土耳其守军交战尽皆取胜，但围攻此城时多次直接攻击皆未有成效，由于军中没有攻城器械，十字军于是开始挖掘地道并准备攀登城墙。由苏丹率领的援军在围城战开始约两周之后抵达，成功引诱十字军与其交战以将之击败。

1415 年阿夫勒尔围城战：亨利五世登陆诺曼底并围攻该地的主要港口阿夫勒尔，英法百年战争的战火继续延烧，亨利五世在此战所用的火炮小有成效，由这场战事引起的行动最后导致关键性的阿让库尔战役。

1417 年卡昂围城战：亨利五世于 9 月回到诺曼底并挥军进攻塞纳河以西的诺曼底重镇卡昂，在剪除卡昂的势力之后，法国其他城市在接下来的一年也陆续沦陷，此战最后导致法莱斯和瑟堡投降。

1418 年鲁昂围城战：亨利五世将矛头转向诺曼底残存的重要据点以及通往巴黎路途的要津鲁昂，守军在 1419 年 1 月投降；一直到 1422 年为止接连发生了数次围城战，最后法王惨败。

1428 年奥尔良围城战：在英军攻陷奥尔良之前，圣女贞德及时鼓舞法军并成功为奥尔良解围，英军的这次失败是英法百年战争的转捩点。

1449～1450 年比罗兄弟参与的 60 场围城战：在英法百年战争中受雇于查理七世的比罗兄弟专精于发展在围城战中利用火炮的有效方法，其行动昭示了中世纪要塞的黄金时期终结。

1450 年克鲁亚（阿尔巴尼亚要塞）围城战：土耳其苏丹围攻了五个月之久，终究无功而返，此战造成 2 万人伤亡；乔治·卡斯特里奥蒂·斯坎德培成为阿尔巴尼亚的民族英雄并在接下来数年继续阻止土耳其人入侵。

1453 年卡斯蒂永围城战：由于法军围攻这座波尔多附近的城镇，约翰·塔尔博特率领英军前来救援，但在这场英法百年战争的最后战役中败给法军。

1453 年君士坦丁堡沦陷：土耳其苏丹的部队借助火炮等各种攻城武器之力大败拜占庭守军，攻占君士坦丁堡无疑给予了拜占庭帝国致命的一击；此战有时作为中世纪结束的标记，之后土耳其人进军巴尔干半岛几乎顺畅无阻。

1454 年马林堡（马尔堡）围城战：条顿骑士团的主要根据地，最晚于 1450 年曾增建一道新城郭；波兰军在 3 月围攻此地，攻守双方都使用火炮，最后波兰军于 9 月解除包围并撤退。

1456 年贝尔格莱德围城战：经历三个月的攻防战，匈牙利的亚诺什·匈雅提成功抵抗穆罕默德二世的军队，暂时遏止了土耳其人的侵略行动。

1472 年博韦围城战：由于法王路易十一并未履约交出部分城市的统治权，勃艮第的大胆者查理于是进军皮卡第地区的博韦，此地的守军约 80 人，再加上一些外国援军，还有几门火炮可用，于 7 月时守军的兵力才增至约 1.5 万人，而围城部队在 6 月下旬时可能超过 4 万人。来自勃艮第的部队虽然在将近两周之内持续以猛烈炮火轰击试图破坏城墙，但终究无法攻占博韦，大胆者查理落败。

1480 年罗得岛围城战：土耳其人虽然用了火炮但还是无法攻占此城，这是土耳其人强势横扫地中海东岸的过程中少数几次失利的战事之一。

1492 年格拉纳达围城战：此战虽然是大规模战事的终曲，但在许多层面可说是急转直下，尽管如此，伊比利亚半岛上最后残存的摩尔人王国终究覆灭了，复地运动大功告成，接下来半岛上的摩尔人和犹太人将被驱逐，而西班牙宗教法庭开始主宰一切。

1495 年维堡围城战：俄罗斯人于 1495 年 9 月入侵芬兰时围攻维堡，芬兰人引颈期盼的瑞典援军并未到来，但他们仍苦守至 11 月 11 日，"维堡大爆炸"就发生在这一天。野史记载，当时俄罗斯人已经攻占城堡中的火药塔并准备走下阶梯，而城堡司令官克努特·波瑟将火药塔和其中的俄罗斯人一起炸毁，迷信的俄罗斯人认为这是恶兆，因此全军退出城堡。俄罗斯人也曾围攻奥拉夫城堡但未成功，不过他们持续侵略芬兰南部，甚至深入至图尔库及海梅附近，然而终究无法攻占并控制这几个战略上的防御重镇。

1522 年罗得岛围城战：第二次罗得岛围城战中，土耳其人以强势炮火轰炸甫经改造的要塞建筑并以雷霆之势攻入，十字军在东方的最后一处据点沦陷。

1521 年贝尔格莱德围城战：由于此战发生时的领袖不如 1456 年时的匈雅提富有智谋，匈牙利人在土耳其军挖掘地道破坏部分城墙而且大举进攻得胜之后归顺。

1529 年维也纳围城战：虽然守军只有 2 万人，但是 10 万人的土耳其军却无法攻破城墙，只好在三周之后撤军；土耳其横扫欧洲的攻势终于在维也纳受阻。

附录三

中世纪火炮的发展史

在大炮出现之前，中世纪的攻城部队有各式各样的武器可以利用，历史最为悠久的很可能非投石机与攻城锤莫属，其出现年代可追溯至古典时期。攻城锤基本上是一根原木，可用来撞击城门和城墙直到目标碎裂。投石机有各种尺寸，是用来将石弹或燃烧弹投入城市或城墙之上，通常只有在击中品质不佳的石砌城墙、木桩栅栏或木围板时才有可能造成某种程度的损害；由于射角高且准确度有限，直接命中目标的概率并不高。此外，大部分投石机的射程约为200米，而守军在塔楼或城墙上架设的投石机射程会较远，因此它们很容易遭到守军攻击。不过在围城战中多半会利用投石机进行心理战，可以达到恫吓及致命的效果，例如可将动物或死者的尸体抛入城墙之内散播病菌并威吓百姓。

12世纪时出现了重力抛石机，这种攻城武器杀伤力更强而且准确度更高，其利用重力而非扭力作为投射沉重弹丸所需的动量，取代了投石机和类似的投射器械等扭力武器成为主要的重型攻城炮。历史文献中虽然曾出现数种不同的重力抛石机，但任何一种中世纪文献皆未提供关于此类武器的精确描述。已知在1291年阿卡城围城战中攻城方曾使用一台极为巨大的重力抛石机，在拆卸之后需要动用100辆拉车来载送；1428年奥尔良围城战中登场的重力抛石机需要用26辆拉车运送。根据一位中世纪史家的记载，需要50吨的沙才能填满某一架重力抛石机的配重桶，由其他史家所述也可得知，有些重力抛石机的射程可达500米，而抛掷出去的弹丸重量多达200—300磅。

弗吉尼亚军校的韦恩·尼尔教授在1999年与法国的城堡修复专家雷诺·贝菲耶及其他几位专家应美国公共电视网的科学新知节目"新星"之邀，在俯瞰尼斯湖的厄克特城堡以复制的武器进行实验。结果证实重力抛石机能够投出250磅重的弹丸且准确度高得惊人，不过射程就没有中世纪史家指称得那么远。

有的理论认为城墙高度增加是为阻截炮弹并保护城郭之内的区域，不过这样的说法似乎并不成立，因为城墙越高，其结构也就越加脆弱，此外高度增加也就更容易被击中。由于重力抛石机炮弹的飞行轨迹极高，在落下时就能蓄积足够的动量构成强大的破坏力。

火药武器最早出现在14世纪，15世纪时不同种类的火炮纷纷登场，此处不会提及手炮及轻型火炮，因为这类武器对于中世纪要塞造成的损害很轻微，顶多在城墙上另外制造一个类型不同但仍可供守军利用的射孔。然而中型及重型火炮相形之下就显得重要，其可连续射击城墙形成弹幕，而且在攻城时出动数组炮组比起建造数组重力抛石机似乎更加务实且有效。这些15世纪的火炮能以噪音及发射之后初步造成的损害震慑守军，在攻心的效果还未减弱之前就足以让大部分守军吓得立刻投降。等到英法百年战争首次出现大规模的火炮大队时，光是慑人的威势就让许多军兵未战先降。

14世纪的火炮只是粗制滥造的铁管套上加固用的铁环，通常称为射石炮，但发展到15世纪便有很大的变化，威力也大幅提升。很多早期的射石炮对于操作者和射击目标而言同样危险，后膛炮带来的风险又特别高，而且在开始使用火炮的前几世纪是由平民负责制造并操作，一直到17世纪仍旧如此。由于大多数火炮皆未装设在可移动的载具之上，必须拆卸之后搬移，因此运送相当不便。当时制作火炮没有标准尺寸可言，这也表示在围城或作战时不是所有的石弹、铅弹或铁弹都能装进所用的火炮。各方开始使用许多不同类型的火炮，最小型火炮发射的炮弹只能击倒人员，有些则可破坏防御土墙和木墙。法国人在1360年至15世纪末期使用的中型火炮"粗短炮"重达1000磅，射出的炮弹重量可达18磅。一般较为熟悉的前膛射石炮较重且采用平射，不同于与迫击炮类似的较大口径射石炮，前者用来攻击各种要塞建筑最为有效，这种炮有数门仍存留至今。这种火炮发射的石弹重量多半超过100磅，有些甚至可以发射重达280磅的炮弹。

火炮射出弹丸的速度远超过重力抛石机，但对于目标物造成的损害有时却较小，这是因为炮弹可能直直射入城墙，但是冲力太大以至于直接埋入城墙而非将城墙击倒。火炮的优势在于通常可以从较远处发射，比较不易遭到守军反击而毁损，不过守军如果也使用火药武器就失去这项优势；而且火炮距离目标越远，炮弹飞行长距离之后击中城墙的威力也会消减。如果不是因为有这层顾虑，之后数世纪的攻城工兵也就不用挖出平行或之字形的壕沟以便将火炮推到最前线，不管是搬运和操作火炮皆需要大批人马。迫击炮型的射石炮可用来将极重的炮弹以很高的弧线投向敌方城墙或墙内，一门于15世纪在拉昂制造的射石炮重量超过1000磅，所射出的石弹约为60磅重。

在比罗兄弟的指导之下，法国成为第一个试图将射石炮的尺寸标准化的国家，兄弟俩在15世纪设计了七种炮弹，规格介于2磅到64磅。

15—16世纪出现的火药武器大多皆可根据以下名称加以归类，炮弹的尺寸则参考不同资料而得：

隼炮、吹枪：射出1—2.5磅左右的炮弹。
蛇炮：射出6磅的炮弹。
猎隼炮：射出5磅的炮弹。
半重炮、小炮：射出8磅的炮弹。
蜥炮：射出20磅的炮弹。
重炮：射出20—24磅的炮弹。
粗短炮：射出60—100磅的炮弹。
大炮或射石炮：一般射出50—300磅的炮弹。
迫击炮：射出300磅的炮弹。

巨型火炮比较少见，而且仅见于几场重要围城战。

另外还有一些巨大无匹的火炮，比如土耳其人在围攻君士坦丁堡时所用的乌尔班巨炮，还有在根特制造重达3万磅的巨炮，其射出的炮弹将近800磅重，射程长达1000米。勃艮第的巨炮"蒙斯·梅格"重达1.2万磅，所射炮弹将近550磅重，发射时需要消耗100磅的火药，射出一发炮弹需要6分钟，在当时已经算速度快的。史上最为巨大的火炮是俄罗斯人在1502年制造的"火炮之王"，仅是射出的石弹就重达2000磅。

术语一览

三画

土围（rath）：圆形的围栏场地，亦可称为"ring fort"，可能由防御土墙以及壕沟构成或是将山丘顶端铲平后筑成；在爱尔兰通常指称由某个家族拥有的土围。

土垒（motte）：法文中用以指称土垒与内场式城堡中的人造山丘。

大道（boulevard）：法文中指称位于城门或城墙区段前方供设置火炮的低矮土筑工事，亦可指防御土墙后方的平坦区域，在中世纪之后出现的石砌要塞中通常用来放置火炮。

小城堡（châtelet）：法文中指称一种通常包含两座塔楼及常见防御设施的门楼，其与城墙相连但也可独立防守，英文中除了**门楼**一词似乎没有其他对等的词。**小城堡**有时会被误认为**外堡**，而法国人也会用同一个词指称**防御塔**，因此会出现混淆的情况。

门楼（Gatehouse）：通常包括一座以上塔楼的防御结构，其中辟有可通过城郭或所构成城墙区段的入口。

四画

内场（bailey）：即中庭。

无照私建城堡（adulterine castle）：未获得建筑许可的城堡。

五画

丘顶要塞（hill-top fort）：与凯尔特聚落有关联的铁器时代要塞，通常是筑有防御工事且有人员看守的丘顶据点；很多丘顶要塞皆分布于西北欧，而在不列颠群岛上的多处要塞直到黑暗时代仍为人所使用。

主楼（donjon）：法文中用以指称城堡主楼。

凹角矮堡（tenaille）：设在幕墙前方的防御设施，在中世纪之后建造的要塞中通常位于棱堡之间，可进一步守卫城郭。

外堡（barbican）：设置在门楼前方提供防护的防御工事，也称为外垒（outwork）。

石堡（zamek）：波兰文中用以指称石砌城堡。

古典时期（Classical era）：古代史后半期，始于希腊文化而终于罗马文化；罗马人在要塞建筑领域很多重要的发展皆深刻影响中世纪的军事建筑。

六画

吊闸（portcullis）：垂直落下的格栅式城门，通常为木制且以铁包覆，法文中称为"herse"。

冲击塔（belfry）：可推动的木造攻城塔。

防御塔（bastilles）：起初是指有兵员驻扎的小型木造碉堡，供围城部队保护己方营地之用，法文中也称为"**小城堡**"；后来法国人将两词皆用来指称具有一座以上的塔楼且可守卫通路的石砌要塞。

七画

希腊火（greek fire）：根据在拜占庭帝国研发的秘方制造出的燃烧性武器，很可能含有硫黄、生石灰、沥青等成分。

扶壁（buttress）：支撑墙面的凸出部分，法文中称为"contreforts"。

攻城城堡（counter-castle）：与**攻城碉堡**、**围城城堡**皆指称由围城部队建造的坚固要塞，形式多半与"土垒与内场"式要塞相似，主要是为了防堵目标城堡中的守军逃脱或是阻断敌方援军可能利用的解围路线；此类要塞通常仅为临时建造的结构，因此仅有极少数仍保存至今。

攻城碉堡（counter-fort）：见**攻城城堡**。

围板（hoarding）：覆于石墙上方且设有开口的木造结构，守军除了垛口之外也可由此朝位于城墙正面处的敌军射击。

围城城堡（siege-fort）：见**攻城城堡**。

壳式主楼（shell keep）：实际上呈圆形且中央为开放式中庭的城堡主楼。

壳式主楼

阿尔卡萨（alcázar）：源自阿拉伯文的西班牙文词，指称防御型宫殿，多相当于可当作住所的城堡。

阿尔卡萨瓦（alcazaba）：西班牙文中指称位居城市或城镇内高处的城堡或要塞，可能源自阿拉伯文的"casbah"，指北非贵族或酋长筑有防御工事的领地。

八画

注油口（oillet）：城墙上或附属于箭眼供窥伺的圆形小孔，又称窥孔。

环形防御工事（ringwork）：源于古代的圆形防御工事，通常由土及木材筑造而成，与**土围**的差异不大，不过环形防御工事通常设有土筑工事以及比围起区域更宽大的沟堑，与东欧的**郭区**也很相像，但郭区和土围比较相近；到了中世纪有多处这类要塞仍为人所使用，一直到 11 世纪在英国还相当普遍，在爱尔兰甚至沿用到 11 世纪之后。

厕所（garderobe）：公用厕坑。

罗马风格时期（Romanesque era）：此风格虽是 11—12 世纪的主流建筑风格，但其实早在数世纪前就已开始发展，最具代表性的特色首推多见于教堂的厚墙和沉重扶壁，当时有些要塞建筑也采用了此种风格。

九画

便门（postern）：小门或城门形式的突袭口。

垛口（crenel）：城齿之间的开口。

城区（ward）：同中庭、内场。

城堡（castle）：源自拉丁文中的"castellum"，其他语言中常用以指称城堡的词汇包括："château-fort"（法文）；"burg""Schloss"（德文）；"castello"（意大利文）；"zamek"（波兰文）；"alcázar""castillo"（西班牙文）以及"zamok"（俄文）。

城堡主楼（keep）：城堡中最为坚固难攻的部分，在 12 世纪晚期之前一般皆为方形，也作为堡主的住所；起初沿用法文称"donjon"，在中世纪之后才改称"keep"。

城郭（enceinte）：环绕城堡的城墙。

城齿（merlon）：城垛上位于两垛口之间的部分。

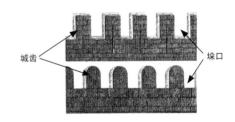

城墙走道（chemin de ronde）：法文中用以指称幕墙走道或城墙走道。

屋顶室（solar）：城堡中的私人厢房，不过通常指称光线充足的房间。

拱上堞眼（machicoulis sur arche）：法文中用以指称设在拱券之内的堞眼，可见于城墙上或入口处上方。

拱上堞眼

活动掩体（mantlet）：保护士兵及工兵用的大型木盾。

突袭口（sally port）：作为要塞出口或供守军由此冲出突袭围城部队的小型城门。

十画

哥特时期（gothic era）：开始于12世纪并盛行于15世纪的建筑风格分期，在各地教堂常可见到此时期的多个典型特色，包括飞扶壁、高墙、小尖顶及尖拱，部分特色在此时期建造的要塞建筑中亦可得见。

射孔（loops）：城墙上可透入光线的狭窄缝隙，也可设计成具有足够空间以便弓兵或弩兵由此射击。

射击塔（bergfried）：德文里用以指称许多特征与城堡主楼相似的高塔，不过此种构造并非源自土垒与内场式要塞，而且内部未必留有居住空间，不过有些较大型的射击塔实际上和西欧较小型的城堡主楼并无二致。射击塔的规模通常小于西欧的城堡主楼。

浮凸石工（bossed masonry or bossage）：源自法文的词，指称以料石砌成的城墙外表面由于未经切割加工而有多处浮凸，或者可能是为了兼顾装饰和防御效果而特别雕刻出来的浮凸造型。

胸墙（parapet）：有时用以指称在幕墙走道附近设有城齿和城墙射孔的护墙。

郭区（gród, grad, gorod, grody, grady, or gorody）：斯拉夫人的防御据点，可能是小型据点或以土及木造的护墙守卫的防御型城镇。

十一画

基座（plinth）：见**斜面**。

屠孔（meurtrière）：即法文的**谋杀孔**，通常设在具有繁复装饰的入口处的顶板上，任何强行进入者皆会暴露于屠孔的攻击范围之内。

斜面（batter）：城墙前方用来增加厚度及坚固度的斜坡，同**基座**，法文中则称为"talus"。

梁托（corbel）：胸墙上用来撑托围板和雉堞的石制或木造物件。

辅助防御墙（fausse braie）：通常位于外削壁前方以守护壕堑及主要城墙的低矮城墙，尤指在火炮盛行之后所建者；此种护墙通常设计成可保护城郭主墙的低矮城郭。

谋杀孔（murder hole）：见屠孔。

营（battles）：中世纪的军队编制，意指由同一人指挥的士兵；当时的大军多分为三营，在行进时通常一营跟在另一营之后，作战时则多排列成右营、左营和中营。有时称"大队"。

十二画

琢石（ashlar）：切割加工而成的边缘方正且表面光滑的石块，相对于粗石而言。

筒形塔楼（drum tower）：圆形塔楼。

棱堡（bastion）：突出城墙以便守军由侧翼提供掩护的结构。

堞眼（machicoulis）：法文中用以指称延伸超过城墙或塔楼的城垛的雉堞，不同于仅设置在城门、门口或窗口上方的堞眼望台。

堞眼

堞眼望台（bretèche）：法文中用以指称一种设在窗口或门口上方处的开放型石砌雉堞结构。

堞眼望台

堡（hrad）：捷克文中的"郭区"或"城堡"。

堡垒（bastide）：原指发展成防御型聚落的法国城镇。

十三画

矮披墙（chemise）：12世纪建造在土垒之上的主楼周围的护墙，可能与主楼相连进而形成**壳式主楼**，之后在16世纪的火炮碉堡中则发展成比较不同的防御结构。

雉堞（machicolation）：增设于城垛上方且延伸超过城墙的工事结构，可供守军利用地板上的开口攻击位于下方城墙处的敌人。

幕墙（curtain）：连接塔楼的城墙。

幕墙走道（allure）：幕墙上方的走道，法文中称为"chemin de ronde"。

十六画

壁塔（mural tower）：与壁墙相连的塔楼。

壁墙（mural）：指城墙。

十七画

瞭望小塔（bartizan）：中世纪盛期后半期开始出现的小型角塔，通常是建造在塔楼或城墙角落的瞭望用哨站，其特色为以梁托支撑，常见于文艺复兴时期的要塞建筑。中世纪要塞的梁托通常不会很靠近城墙顶端，而是用于城墙中段及角落处。

瞭望小塔